资助基金为：
国家自然科学基金项目(71232013)
江西省软科学研究计划项目(20151BBA10026)
江西省“十二五”重点学科管理科学与工程建设项目

◎ 薄秋实／著

企业市场进入的战略决策模式研究

Research on Firms' Strategic Decision Making Patterns of Market Entry

经济科学出版社
Economic Science Press

图书在版编目（CIP）数据

企业市场进入的战略决策模式研究/薄秋实著．—北京：经济科学出版社，2015．12
ISBN 978－7－5141－6392－6

Ⅰ．①企…　Ⅱ．①薄…　Ⅲ．①企业管理－市场竞争－战略管理－决策－研究　Ⅳ．①F274

中国版本图书馆 CIP 数据核字（2015）第 298906 号

责任编辑：段　钢
责任校对：郑淑艳
责任印制：邱　天

企业市场进入的战略决策模式研究
薄秋实　著
经济科学出版社出版、发行　新华书店经销
社址：北京市海淀区阜成路甲 28 号　邮编：100142
总编部电话：010－88191217　发行部电话：010－88191522
网址：www．esp．com．cn
电子邮件：esp@esp．com．cn
天猫网店：经济科学出版社旗舰店
网址：http：//jjkxcbs．tmall．com
北京财经印刷厂印装
710×1000　16 开　15．5 印张　280000 字
2016 年 4 月第 1 版　2016 年 4 月第 1 次印刷
ISBN 978－7－5141－6392－6　定价：48．00 元
（图书出现印装问题，本社负责调换。电话：010－88191502）

前言

当前商业环境中新产品市场的不断涌现对所有企业的生存和发展来说既是机遇又是挑战，即无论是在位企业还是潜在的创业型企业都需要考虑如何在适当的时间进入到相应的市场中，而这些战略决策的制定将是企业获取竞争优势的重要来源。以往研究在资源基础观的视角下关注市场进入者战略决策的具体内容，即进入时机的选择和对先前经验的运用如何导致各种不同类型的市场进入者的绩效差异，这些研究的局限性在于涉及过多的研究变量而使得实证结果往往缺乏一般性。基于此，本书选择了行为决策理论作为整合和拓展市场进入研究的理论基础，以市场进入者的战略决策制定过程对组织绩效的影响为研究的分析主线，并将与先前经验有关的企业知识基础和与进入时机有关的市场环境特征分别作为这一作用关系的前因变量和调节变量，逐步开展从理论探索到实证检验的一系列相互依存的研究。

在行为决策理论的问题解决视角下，本书提出的理论框架借助于人类问题解决中的核心概念“启发式”来阐释市场进入者的战略决策制定过程，即依据认知心理学中的各项研究范式界定了两种类别的启发式，继而在组织层面将其分别与遵循“习惯逻辑”和“理性逻辑”的决策制定过程相关联，并且假定这些过程会受到企业基于先前经验的陈述性记忆和程序性记忆的作用以及相应的知识类型的影响。

子研究一是一项仿真研究，在上述理论框架的基础上将市场进入者按照不同的问题解决方式划分为四种类型，并通过借鉴和拓展

Gavetti和Levinthal（2000）的仿真模型模拟了组织层面的陈述性记忆、程序性记忆以及由这两种记忆系统驱动的启发式决策制定过程，仿真实验结果显示不同类型的市场进入者会在同一市场中获得不同的绩效水平，在短期按照绩效高低依次是专家、理论家、熟手和新手，而在长期则是理论家、专家、新手和熟手。

子研究二是一项案例研究，进一步将市场进入者的战略决策制定过程看作由问题表征和解决方案搜索两个阶段构成，以此利用探索性案例研究方法对两家企业进行深度访谈而获取了七项市场进入的案例样本，并通过多案例的比较和分析刻画了战略决策制定过程中与不同类别启发式相关的各项过程维度即知觉性表征、分析性表征、直觉性搜索和系统性搜索，从而将这些过程维度两两组合形成的战略决策制定过程界定为以不同的问题解决方式为特征的四种战略决策模式。

子研究三是一项问卷调查研究，首先，出于研究整合的目的，从以上两个子研究中提取相关的研究变量构建了一项检验市场进入者知识基础、战略决策模式、市场环境特征和组织绩效之间影响关系的实证模型，并提出了相应的研究假设；接着，开发设计了基于本书理论框架的市场进入者战略决策模式的测量量表，结合其他变量的成熟量表对259家企业的市场进入行为进行了问卷调查和数据分析。研究结果表明，市场进入者知识基础的宽度、深度和集中度会通过作用于战略决策模式的选择而影响其在市场中的组织绩效，而市场环境的动态性、复杂性和宽松性则在战略决策模式和组织绩效之间具有一定的调节效应。

作　者

2015年9月

目　　录

第1章

绪 论

1.1

研究背景和问题提出

技术的不连续性创新通常会为相应的产品和服务提供新的市场。进入21世纪以来，随着科技进步迈入了一个急速飞跃的发展时期，在电子信息、生物工程、新材料和新能源等领域的科研专利和革新技术的发明和应用，不仅使世界范围内涌现出一系列新兴的朝阳产业，也在许多传统产业内部形成了改造和升级的巨大空间，继而加速了新旧技术范式和产品代系的更迭。企业为了生存和发展，需要不断地对新出现的产业部门、技术领域以及产品市场做出响应。一方面，日趋增强的经济全球化加剧了市场环境的震荡和企业间的竞争，在位企业在原有市场领域中积累的竞争优势逐渐消失殆尽，多元化和区域性扩张成为许多国内大中型企业在一定时期战略性发展所必需的措施。另一方面，中国经济的转型和产业结构的深化改革也极大地推动了新一轮的创业热潮，作为助推技术变革和产业升级的生力军，一些科技型创业企业在新市场中的创新和开拓为其自身提供了“后来者居上”的有力基础。

由此可见，市场进入是所有类型的企业所频繁经历的一种组织变革和发展行为，而大量的产业经验数据和已有实践均证明了具有不同历史背景的企业进入同一市场之后往往会面临着迥异的命运。最典型的如近几年蓬勃发展中的智能手机市场，在当前由3G无线通信技术促生的无线互联网时代，全球智能手机销量已由2006年的8100万部迅速增长至2012年的7.8亿部。智能手机的广泛运用不仅改变了传统手机产业的产品设计与商业模式，也因此吸引了除既有手机制造商之外的不少电脑制造商以及软件服务商的加入，使得产业内的竞争程度日趋激烈。在此之中，苹果公司凭借其 iPhone 系列手机获取了巨大的成功，HTC 公司、RIM 公司等专业性的智能手机研发企业也迅速崛起，三星、摩托罗拉等传统手机制造商则在主流产品市场的变迁中稳固了其竞争地位，而在国内，近一年内异军突起的创业型企业小米公司也在这个市场中获得了一定数量的客户群；反观之，十几年来一直处于产业龙头位置的诺基亚公司由于在智能手机市场的停滞不前导致市场份额的逐年下降，其他一些以多元化形式进入的知名企业如 Intel 公司和联想公司则同样陷入了一定的困境。业界人士分析指出，这一局面的形成体现了上述各家企业进入市场时之初在软件系统平台、增值服务和产品运营商的选择等方面所采用的发展模式的综合竞争力水平，如图 1.1 所示。

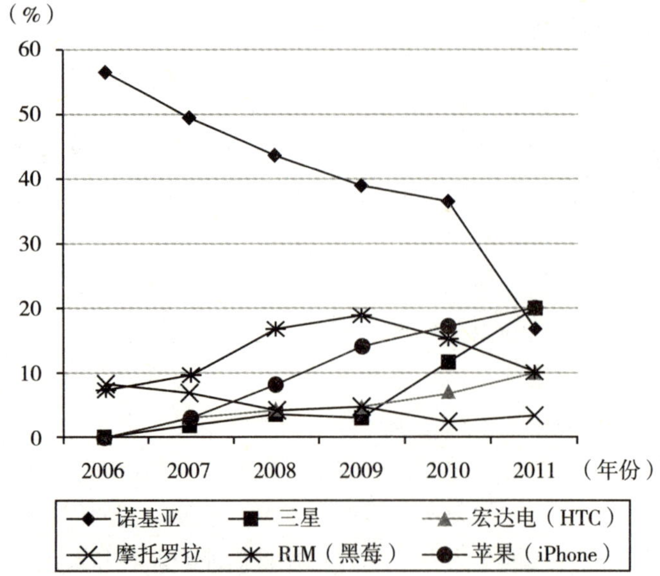

图 1.1　智能手机市场中各主要竞争企业的市场份额变化

资料来源：Canalyse Estimate。

事实上，产业经济学、战略管理、市场营销和创业管理等多个研究领域的研究者已经将市场进入作为理解企业演进、成功和失败的一项中心论点（Holbrook et al.，2000；Boulding & Christen，2003；Delmar & Shane，2006），而对这一主题的研究一般聚焦于探讨产业集群中各企业个体或群体的异质性的组织能力和竞争优势的来源，即试图验证企业在市场进入时期的核心特征能否持续影响其后的组织形式、技术研发和产品选择等，继而产生作用于企业长期发展的绩效水平的“烙印效应”（Imprinting Effect）（Boeker，1989；Ganco & Agarwal，2009）。

在组织生态学、演化经济学和资源基础观等传统研究视角下，研究者往往是从企业的运作能力角度出发，强调特定企业在新市场中的绩效差异主要由其初始条件所决定，即企业拥有的各项特定资源和能力是否与市场环境机会相匹配（Cockburn et al.，2000）。因此，已有对市场进入行为的研究呈现出两个主要的研究分支：其一是对市场进入时机（Entry Timing）的研究，倾向于将市场进入者分为先驱进入者、早期跟随者和晚期进入者，探讨在市场发展的不同阶段进入的企业各自的优势和劣势（Lieberman & Montgomery，1988，1998；Dowell & Swaminathan，2006），包括早进入者的先动优势或者晚进入者的后发优势，以及影响这种进入次序效应的内外部因素；其二是对市场进入者先前经验（Pre-entry Experience）的研究，倾向于将市场进入者分为创业型进入者（De Novo）和多元化型进入者（De Alio）两种类型，区别于在进入时企业所拥有的各种类型的知识、资源和能力（Carroll et al.，1996；Klepper & Simons，2002；Chen et al.，2011）。然而，无论是在企业进入时机还是先前经验方面，相关的实证研究在对比不同类型进入者的绩效时均产生了很大的不一致性。因此，以上各种研究视角下的研究并未能说明怎么样的企业能够在新市场中获取相对的成功，企业在新市场中获取竞争优势似乎也就类似于一种赌博，而所谓的战略研究不过是对“胜者王败者寇”做出评论的“事后诸葛”而已。

实际上，市场进入行为本身并非只是对已有资源和能力的运用过程，企业对新市场的响应其实还是其“动态能力”的一种体现，Eisenhardt 和 Martin（2000，P. 1107）就将动态能力定义为“企业的一种组织性的和战略性的惯例以能够在市场形成的时候获得新的资源形态”。而从组织动态能力出发，卡耐基学派的行为决策理论开始致力于探讨企业绩效差异的行为驱动机制，即强调战略研究不仅仅需要识别与竞争优势有关的组织特征因素，还需要探索竞争优势如何获取的起源和动态过程，尤其是寻找战略领导者能够有效地管控其心智过程的各种战略决策模式（Gavetti & Levinthal，2000；Gavetti，2011）。

基于此，本书以企业的行为和认知层面为研究对象，遵循卡耐基学派行为决策理论的理论思想和研究视角，将市场进入行为界定为企业在目标市场中通过战略决策制定以进行有效的战略定位的一种问题解决过程，并借助于认知心理学中问题解决的信息加工理论来分析和解构市场进入者战略决策制定过程的各项过程维度（Simon & Newell，1971），以划分和界定出不同类型的战略决策模式。因此，本书将市场进入者的战略决策模式作为理解组织绩效差异的核心变量，目的在于解决以下核心问题：在市场进入情境中，如何区分市场进入者不同类型的战略决策模式？这些战略决策模式分别会对市场进入者在目标市场中的组织绩效产生怎样的作用？影响市场进入者的战略决策模式选择和相应的绩效结果的内外部因素有哪些？

1.2 相关概念和理论基础

在本书中，企业的市场进入行为是研究的具体情境，而市场进入者的竞争优势来源是研究目标，基于问题解决的信息加工理论探讨市场进入者的战略决策制定过程则体现了本书的研究内容和研究视角，因此，在开展各项正式的研究之前，有必要对上述三方面内容所涉及的相关概念和理论基础进行大致地介绍。

1.2.1 市场和市场进入

市场进入意味着企业开始生产一项新产品或提供一项新服务（Helfat & Lieberman，2002），而在研究企业的市场进入行为之前，需要首先明确什么是“市场”。在经济学中，“产业”和“市场”通常是可以相互替代的两个概念（Robinson，1933），但也有着不同的经济制度和经济活动含义，“产业”侧重于强调由从事于属性类似的经济活动的一批企业构成的生产结构，而“市场”则侧重于强调买方和卖方的相互作用关系，并包含了各种利益相关者（苏东水，2000）。但是由于缺乏可靠的需求交叉弹性数据，经济学家一般在实证分析中必须依靠产业分类来作为市场的最佳近似分类方法。

而在科林斯经济学辞典的定义中，市场则是“将产品、服务或生产要素的买卖双方连接在一起的一种交换机制”，包括一系列的空间性质和物理性质。其中从物理上说，市场范围是由具有类似生产技术、生产过程、生产工艺等特征的产品供应商所构成，因而在这个意义上，市场与产业是同质的，例如，啤酒市场指代所有生产苦味和淡味麦酒、窖藏啤酒、烈性黑啤酒和苹果酒的厂商，而啤酒市场又可以看作是更广泛、更大的市场，即酒精饮料市场中的一部分；而从买方需求上来说，市场范围则是具有同类或相互密切竞争关系和替代关系的产品或服务，因此女鞋和男鞋可以被看作是不同的市场，换言之，这两个市场满足了不同购买者的需求；从空间上来说，市场范围则是地方性、区域性、国家性或国际性的，取决于运输成本、产品特征以及购买者品味的同质性等因素。

在本书中，作者则是采用了相对广义的市场概念，认为市场是为任何特定的技术层次、商业实践或地理位置的同类产品或服务提供的交易场所和制度。而与此同时本书还对不同的市场机会进行了细分，以往许多市场进入的文献倾向于假定市场进入是发生在一个新产业开创的时候（Nehrt，1998；Klepper & Simons，2000；Klepper et al.，2002），但事实上，在产业或市场生命周期的许多时间点上企业也会做出市场进入决策，例如，当某些技术或商业实践发生转变时，企业需要决定是否在市场发展的下一阶段选择进入。此外，企业的进入也并非总是发生在新的“产品代系”、新的客户群构成的细分市场或者新的产业刚刚形成的时候，企业需要决定是否开始生产或提供与它们当前的产品或服务具有差异性的市场中已有的产品或服务，因而本书研究的市场进入行为包含了企业在几种不同类型的市场中的涉入和运作，包括新创产业，新的产品利基市场，不同的地理市场以及已发展成熟的产品市场，如表1.1所示。

表1.1 各种不同类型的市场进入机会

新创产业	提供全新的产品或服务
新产品利基市场	提供新产品代系（对已有产品的改进） 或在已有市场中建立的新的产品或客户群体
新地理性市场	在其他不同地理位置提供已有的产品或服务
成熟的产品市场	企业之前并未参与的已有市场

其中当一项新产品或服务对于已存在的产品或服务来说产生了较大的不连续性时，即构成了一个新的产业市场，如20世纪50年代末晶体管的发明产生了半导体产业（Holbrook et al.，2000）。而以这种形式开创新产业的情况是比较少的，更为一般的情况是通过某项利基产品市场的发展以至足够规模并能够

较为显著地区别于已有的产业分类，例如，在发展至今的半导体产业中存在一些被明确分类的子产业，包括微处理器产业、存储器产业、集成电路产业、模拟集成电路产业、电源晶体管产业等，这些产业的形成都是从未确定其最终发展潜力的利基产品开始。

产业演进则会为企业的市场进入创造更多的时机和机会，标准的产业或产品生命周期通常包含最初的扰动阶段、增长阶段、成熟阶段和衰退阶段（Gort & Klepper，1982；Utterback & Abernathy，1975）。研究数据也表明，大多数企业的进入行为会发生在初始的扰动阶段和增长阶段，即当商业实践发生转变或技术发生变革时，产业通常会经历与之相关的新的增长时期，而这些变革会为新的产品利基市场的形成提供基础，此时无论是产业中已经存活的在位企业还是潜在的新进入企业都需要不断面对是否进入新产品利基市场的选择（Nakata & Sivakumar，1997；Fuentelsaz et al.，2002）。

此外，企业也经常会考虑进入一个已经发展成熟的或者在不同地理位置的市场中，这两类市场的共同特征就在于技术的主导设计通常已经形成并且市场需求已经稳定，不确定性程度的降低使拥有各种相关资源和能力的企业倾向于利用这些资源的"杠杆效应"获得可预期的回报（Joshi et al.，2009）。

1.2.2 企业的竞争优势来源

战略研究者们相信进入同一市场中的一些企业能够持续地胜过其他企业（Rumelt，1991；McGahan & Porter，1997），因此一直致力于探讨这种竞争优势的来源。早在 20 世纪 60～70 年代，关于竞争优势的研究植根于历史分析以及定性研究，研究者们提出竞争优势是一个复杂现象，取决于企业内部优异的领导力（Andrews，1971；Chandler，1962），例如，Chandler 的早期研究认为采纳了新的"M"形式的企业会在市场中获取竞争优势，采纳新组织形式的决策则反映了企业高层管理的结构和领导力的质量，因而对战略的安排成为高层管理者或"领导者"应该做的事情，而这些事情会使进入同一市场中企业之间产生差异，即具有好领导的企业会制定更好的决策也因此比竞争者绩效更高。

20 世纪 80 年代之后，"竞争战略之父"波特（Porter，1980）从关注于战略的外部性到开始分析企业的微观环境，这一视角明确地定义和解释了为何一些企业在特定市场中能够获取更多的利润。波特提出的"五力"分析既是产业微观经济的结构地图，也是一个企业在特定产业市场中所面临的来自各类利益相关者的压力的地图，这种结构性分析也因此成为用以理解为何某项特定的战略行动能够产生超额回报的工具，但是这一分析并未指出企业的高层管理者或者战略决策对企业绩效的作用。之后的研究均假定能够敏锐地理解市场结构分析中隐含的内容并做出相应承诺的管理者更可能使企业在目标市场中运作得更好（Ghemawat，1991；Shapiro & Varian，1998），然而实际上的定量研究却并未证实运用上述分析工具来理解产业市场结构的企业在目标市场中绩效更高，反而催生了“资源基础观”（RBV）的形成。

RBV 理论的核心假设是“企业具有各种不同的有形和无形的资源，这些资源可以转变为独特的能力；资源在企业之间是不可流动且难以复制的；这些独特的资源和能力是企业获得竞争优势的源泉”（Wernerfelt，1984）。这在某种意义上是对组织生态学的环境视角的重新释义（Barney，1991；Peteraf，1993），其中环境视角描述了在产业市场中与高进入壁垒相匹配的地位可以导致高利润，而 RBV 则更关注于产生不同战略位置的企业本身的异质性，即强调环境视角中带来绩效优势的技术因素（如规模经济）或者企业独特资产（如品牌声望）是如何反映企业内部已有的能力，例如，快速建立新产品、深入理解客户需求或者低成本地采用新技术。因此，环境视角主要关注于外部市场结构，而 RBV 则使企业意识到内部的能力和投资能够成为塑造外部环境的工具。

这两方面的研究理论在一定程度上都提供了关于战略决策的类似的解读。在环境视角的分析中，产业市场的经济状况用来解释怎样的战略位置具有高利润，但是并未指出企业如何实现，即企业可能是好运的，也可能是因为具有远见（如采用了五力分析）而获取高利润；RBV 在一定程度上也遵循了类似的逻辑，但是还关注于企业为何选择建立一系列内部组织能力或者特有组织资产（Henderson & Clark，1990；Clark & Fujimoto，1991；Eisenhardt & Tabrizi，1995）。

因此，在更为细微的层面上，RBV 理论探讨了竞争优势更深层次的因果来源，即认识到管理者能够做什么而不能做什么。RBV 理论的研究者通常认为组织之间的根本性差异并非在于“战略逻辑”的类型，但也假定组织通常只能进行有限的局部的搜索，在一定程度上组织的胜任力是建立在内隐性的组织惯例之上，而胜任力正是竞争优势的核心所在。因此，RBV 理论所强调的

“战略”并非或不仅仅与高层管理者能够制定“正确”的战略决策的认知能力有关，而在于根据组织和环境已有的“原材料”进行创造性运作的能力（Quinn，1978；Mintzberg，1987），从而根据自身的组织结构找到好的“策略”（Burgelman，1994），并且建立决策结构和流程使其能够对环境进行适应性地响应（Levinthal，1997）。总之，因为关注于组织胜任力和资源创造的动态性，RBV理论仍然强调成功的企业是“幸运的”，最终产生竞争优势的组织能力是由不确定环境下的盲目投资渐进性地发展而来的，而并非是全局性适应的结果。

脱离于以上研究范式，近几年卡耐基学派的行为决策理论提出了一项关于竞争优势的行为根源的研究分支并称其为战略行为理论（Gavetti，2011；Powell et al.，2011），这项研究分支遵循于熊彼特的经济发展理论以及战略研究中的“定位学派”，认为如果市场是有效率的，获取竞争优势的机会是不存在的，因为即使存在，也会很快被经济主体相互之间的竞争所消除，由此竞争优势的行为根源就可以被理解为阻碍市场效能的各种行为因素，即作为战略领导者的企业高层管理团队对心智过程的管控能力的有限性，被称为“行为性失败”，行为性失败确保一些较难管控的心智过程所产生的优势并不能通过强烈的竞争消除，因此企业的战略行为就在于识别对竞争起限制和阻碍作用的因素，而一个企业的竞争优势则部分取决于其战略领导者克服行为性失败的较优能力。

上述理论隐含着两方面的思想内涵：第一，较优的机会通常是认知远离性的；第二，较优的机会通常是较难获取的。因此与传统的基于“能力范式”的其他行为理论如演化经济学所强调的局部性搜索、惯例行为以及路径依赖性并否定任何形式的“远距离智力”有所不同（Nelson & Winter，1982；Cohen，2007），行为决策理论认为企业的战略行为实际是一种心理学的现象，即心智过程的一种外在表征，并强调作为经济主体的企业并不一定需要被动地接受由认知所定义的现状，他们也可以挑战和改变现实的共享心智模型并且采取相应的行为，正因为对心智模型或认知结构的管理和控制的可能，就有可能发现、追求和把握位于目前占据主导位置的思维方式之外的机会，而采用这种方式的企业会获得比采用渐进性改进的企业更能获得较高的报酬。

综上所述，企业竞争优势的来源是多样性和复杂性的，包含了环境特征、组织特征和行为特征等各方面的影响因素，而这些影响因素均有助于本书构建市场进入者进入前的初始条件与进入后绩效差异之间关系的研究进路，尤其是卡耐基学派的行为决策理论为本书提供了一个探讨企业如何通过主动性的战略决策行为进行有意图的战略定位的全新理论视角。

1.2.3 战略决策制定的双重认知加工

战略决策制定研究经常讨论的一个经典博弈就是在决策精确性和决策速度之间的权衡，因此研究者们试图理解如何快速做出高质量的决策（Eisenhardt, 1989a; Hitt, Keats, & DeMarie, 1998; Perlow et al., 2002）。在认知心理学中，早期的研究者们认为人们会分别使用逻辑、统计或直觉性的思维过程来制定决策，并指出这三种心智工具分别适用于特定的决策任务，其中Simon（1987）区分了组织层面两种类型的决策：推理性的和判断性的，他引用了巴纳德的论述，“推理性”决策是涉及于“有意识的思考，能够通过文字或其他符号来传递”，因而与逻辑和统计规则的使用有关；而“判断性”决策，巴纳德称其为“非逻辑性的”，是那些“不能够通过文字或推理来表达，只能通过判断、决策或行动来获知”（Simon, 1987, P. 57），通常依赖于非理性的直觉。研究者们假定理性推理是迟缓的但一般能保证决策的质量，直觉性判断尽管提高了决策制定的速度但是被认为与各类决策偏差有关。自20世纪70年代开始，这一命题就已在认知心理学的研究中根深蒂固，集中体现在“启发式与偏差”的研究项目（Tversky & Kahneman, 1974），这些研究假定了理性模型的存在并且定义了最优化推理，而偏离于逻辑或统计学原理的直觉则被认为是判断上的偏差。

然而，对于现实世界中企业的战略决策制定，有限理性之父西蒙却提出了一个更为基础的问题，即“当新古典经济学所假定的理性不存在的情况下，人们如何进行推理”（Simon, 1989, P. 377），正如西蒙在其诺贝尔奖演讲中所强调的，理性的经典模型需要具备所有相关备选项的知识，能够了解它们的结果和可能性，而这些条件却很少在个体和组织所面临的各种问题中得以满足。Savage（1954）作为现代贝叶斯决策理论的建立者，也将这种完美的知识称其为“小世界”，以区分我们所在的大世界。在大世界中，一些相关的信息并不可知或者必须从小样本中进行评估，使得经典决策理论的条件不能得以满足，最优化推理显得不可行（Binmore, 2009）。在现实的大世界中，Savage和西蒙都强调，人们不再认为理性模型能够自动地产生正确的答案，只要是有一点偏离了模型所需的条件就会产生显著的差异。事实上，小世界理论会在大世界中引致失败，正如 Sorros（2009，P. 6）所总结的“理性预期理论在学术界外一无是处”。

而随着现代科学研究的进一步发展，近几年被认知心理学和社会认知学研究中所广泛接受的观点是，在理解问题和评估可能的决策备选项时人们会使用两种互补的过程：一种是自动的潜意识过程，涉及直觉的发展和利用（如基本的拇指规则）；另一种是更深层次的、需要努力的过程，并涉及分析能力的使用（Chaiken & Trope，1999；Gilovich et al.，2002）。神经科学的研究进一步发现上述分析性和直觉性的信息加工过程会同时进行或交替进行，而这两种方式所需要的神经机制来自人脑中相互独立的认知记忆系统，即程序性记忆和陈述性记忆（或称内隐记忆和外显记忆）（Sinclair & Ashkanasy，2005；Evans，2008；安德森，2012），Stanovich 和 West（2000）将两种记忆系统作用的过程分别称为第一系统过程和第二系统过程，第一系统过程是迅速的、自动的、不费力的、联想性的，并且较难控制和更改；第二系统过程是缓慢的、串行的、有意识控制的，并且相对柔性和受到规则的支配。其中第一系统过程虽然类似于知觉性（Perceptual）过程，但是并不受限于电流刺激，即直觉判断也会受到语言的激发。

Kahneman（2003）为此构建了一个基于上述双重认知加工系统的决策过程模型，如图 1. 2 所示，他指出在人们的决策制定过程中知觉系统和直觉系统（第一系统）会首先产生关于客体的印象，这些“印象”并不能够通过外显的言语表述；相反的，“分析”则通常是外显的和有意的第二系统过程。此后，第二系统还涉及最终的决策判断过程，只是区别于所基于的信息是来自第一系统过程的“印象”还是第二系统过程的“分析”，其中“直觉”被认为是基于印象的决策过程，而“推理”被认为是基于分析的决策过程。正如其他一些双重认知加工模型中指出的，第二系统过程的一项功能在于监测心智操作和显性行为的质量（Gilbert，2002），人们所做出的外显性的决策判断都是受到第二系统的控制，但是 Kahneman 和 Frederick（2002）认为这种监控通常是不严格的，使得基于“印象”的直觉性判断被呈现出来，因而会产生一些错误的判断。

在组织层面也是如此，正如 Louis 和 Sutton（1991）所说，企业的决策制定所最终需要的能力是能够在与第一系统过程有关的“思维习惯”和与第二系统过程有关的“主动思考”间反复转换，即所谓的“认知换挡”。然而在实

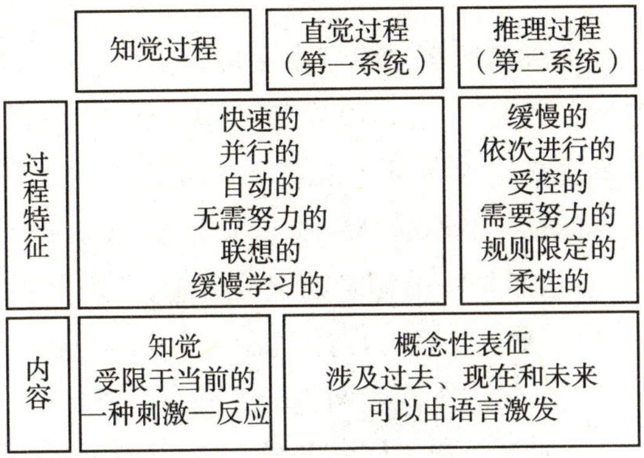

知觉过程
直觉过程（第一系统）
推理过程（第二系统）
过程特征
快速的
并行的
自动的
无需努力的
联想的
缓慢学习的
缓慢的
依次进行的
受控的
需要努力的
规则限定的
柔性的
内容
知觉
受限于当前的
一种刺激—反应
概念性表征
涉及过去、现在和未来
可以由语言激发

图 1.2　双重认知加工的决策过程模型

资料来源：Kahneman，2003。

际的战略决策制定过程中，从一个方式到另一个方式的转换通常是困难的，因为战略决策制定者显示出倾向于用某种方式对信息进行搜集、组织、加工和评估的差异性，个体差异的研究者为此区别了各种认知类型和认知策略（Hayes & Allinson，1994；Robertson，1985），前者是关于信息加工方式的持续性偏好，后者则是根据情境的需求采用不同的方式。

总而言之，认知类型的个体差异——信息如何被搜集、组织和加工——是本书理解企业战略决策制定过程的中心基础，这种个体差异将决定战略决策制定者信息加工的速度以及理性方法和直觉方法的输入。因此，在市场进入情境中，本书假定市场进入者所采用的特定的战略决策模式与特定的市场环境特征相匹配的程度将影响其最终的绩效结果。

1.3

研究内容、设计及方法

1.3.1　研究内容

围绕着“市场进入情境中企业战略决策模式”这一研究主题，本书拟在文献回顾基础上构建关于市场进入者战略决策制定过程的前因和后果的理论框架，并展开三个相互关联、逻辑递进的子研究以对该理论框架进行逐步性的补充。

1. 理论构建：从先前经验到启发式决策制定

企业对战略方向的设定一直是决定组织绩效的至关重要的因素（Chandler，1962），研究者通常认为市场进入者在不确定性的市场环境中的战略决策制定过程会受到已有的各类先前经验的影响作用（Gavetti et al.，2005）。然而，“先前经验”本身仍然是一个相对笼统的概念，已有的研究也很少探讨先前经验对企业战略决策制定过程的作用机制（Dencker et al.，2009）。因此，本书最初的理论构建主要聚焦于探索两方面的问题：具有不同先前经验的市场进入者一般在组织特征方面具有怎样的差异？这些组织特征会如何影响市场进入者的战略决策制定？

基于问题解决的信息加工理论，本书认为企业的先前经验主要是通过组织层面的陈述性记忆和程序性记忆的双重认知加工对其战略决策制定过程产生作用，并借助于“启发式”这一个体问题解决的核心概念界定了由不同记忆功能驱动的两种类别的启发式，这两种类别的启发式的运作过程也分别遵循于行为决策理论中所提出的组织层面决策制定的“习惯逻辑”和“理性逻辑”，因而本书假定在先前经验中积累了不同类型知识的市场进入者会分别采用上述两种类别的启发式制定战略决策，由此提出了一项由先前经验作用于市场进入者的启发式决策制定继而影响其组织绩效的整合性的理论框架。

2. 子研究一：战略决策制定的启发式过程的仿真实验研究

根据本书的理论框架对市场进入者战略决策制定的启发式过程的刻画，本部分研究将采用不同类别启发式进行战略决策制定的企业区分为四种类型的市场进入者（新手型、熟手型、理论家型和专家型），并试图检验和比较这些市场进入者所能获取的绩效结果。而考虑到战略决策制定过程的动态性和复杂性以及需要获取和观察组织绩效的长时段发展趋势，笔者拟采用仿真实验研究方法完成这一部分的子研究，即利用计算机软件针对“真实世界”的企业在市场中的决策和运作过程进行仿真建模（Harrison et al.，2007）。

通过对 Gavetti 和 Levinthal（2000）已有的关于组织层面决策逻辑的计算机仿真模型进行补充和拓展，笔者有针对性地加入了一些设计参数来表征由各项决策构成的目标市场的适应度地形图、不同类型市场进入者的组织特征以及组织层面陈述性记忆和程序性记忆的作用过程。基于 NK 模型的三项仿真实验的实验结果支持了不同类型的市场进入者在短期绩效和长期绩效方面均存在一定程度的差异，从而初步验证了战略决策制定的各种启发式过程对组织绩效具有显著的影响，为之后实证研究提出各项研究假设提供了参考依据。

3. 子研究二：市场进入者战略决策模式的探索性多案例比较研究

在明确将企业战略决策制定过程作为研究市场进入者绩效差异和竞争优势来源的核心变量之后，笔者还需要识别各类启发式的过程维度并界定由这些过程维度构成的稳定的战略决策模式。而由于本书基于问题解决视角对市场进入者战略决策模式的划分是一个全新的理论构思，由此需要借助于探索性案例研究方法。在具体的操作过程中，子研究二针对现实中两家企业的多次市场进入行为进行深度访谈，并以本书提出的战略决策制定的启发式过程模型为分析框架，通过对比和分析同一企业进入不同市场时以及不同企业进入同一市场时的战略决策制定过程，进一步识别了市场进入情境中四种战略决策模式的内容和维度，并探讨了市场进入者从先前经验中提取出的知识类型与不同战略决策模式的选择之间的因果关系。

4. 子研究三：市场进入者知识基础和组织绩效关系的实证研究——以战略决策模式为中介变量

上述两部分研究为提出和检验本书整体的实证研究模型奠定了基础。其中，基于子研究一对市场进入者先前经验与组织绩效之间作用过程的认识，笔者将战略决策模式作为实证研究所关注的中介变量；而基于子研究二对影响市场进入者战略决策模式的选择的前因因素的认识，笔者以知识基础的宽度、深度和集中度来视作市场进入者先前经验的代理变量，并将其作为实证研究的自变量。此外，笔者还关注于之前文献回顾中所强调的对战略决策制定过程和组织绩效之间关系具有潜在影响的市场环境特征，将其作为实证研究的调节变量。

因此，子研究三主要针对上述实证模型开展问卷调研研究，而在实际的研究过程中，本部分研究根据子研究二所识别的各项过程维度开发了市场进入者战略决策模式的测量量表，结合其他变量已有的成熟量表对259家企业进行了问卷测试，对回收数据处理和分析的结果验证了本书基于理论框架所提出的大部分的研究假设。

1.3.2 研究框架

本书的研究框架如图1.3所示，概括性地呈现了本书各章节的结构安排以及相互之间的层层递进关系。图 1.4 则呈现了本书各章节的主要内容与拟解决的问题。

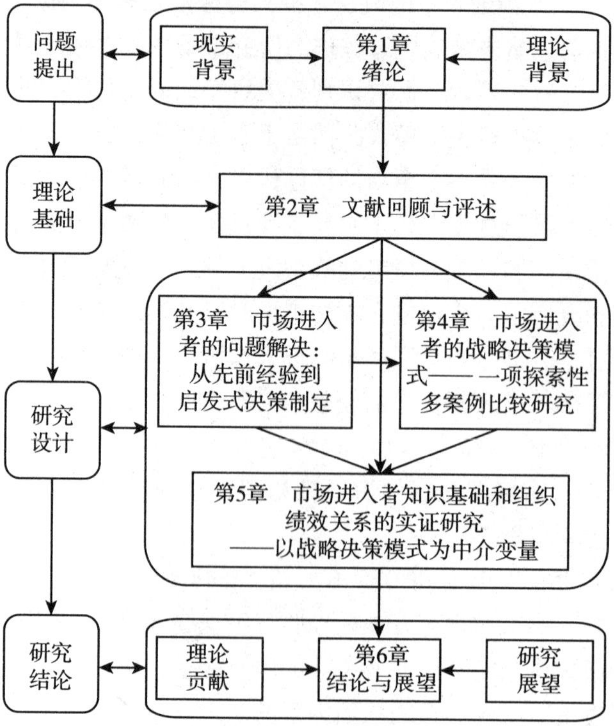

图 1.3　本书的研究框架

1.3.3　研究方法

在研究过程中，本书主要运用了以下几种研究方法：

（1）文献归纳方法：文献归纳旨在为各项研究提供研究线索。本书通过对市场进入时机和市场进入者类型两方面研究主题的梳理，以及对战略决策制定过程研究框架和各项研究分支的理论进展的回顾，明确了需要重点关注的与探讨市场进入者竞争优势有关的核心变量，并围绕这些核心变量提出本书的理论框架和研究模型。

（2）建模仿真方法：由于本书在理论建构过程中需要在缺乏明确的概念内涵的情况下检验变量之间可能的作用机制，因此比较符合仿真实验所适用的

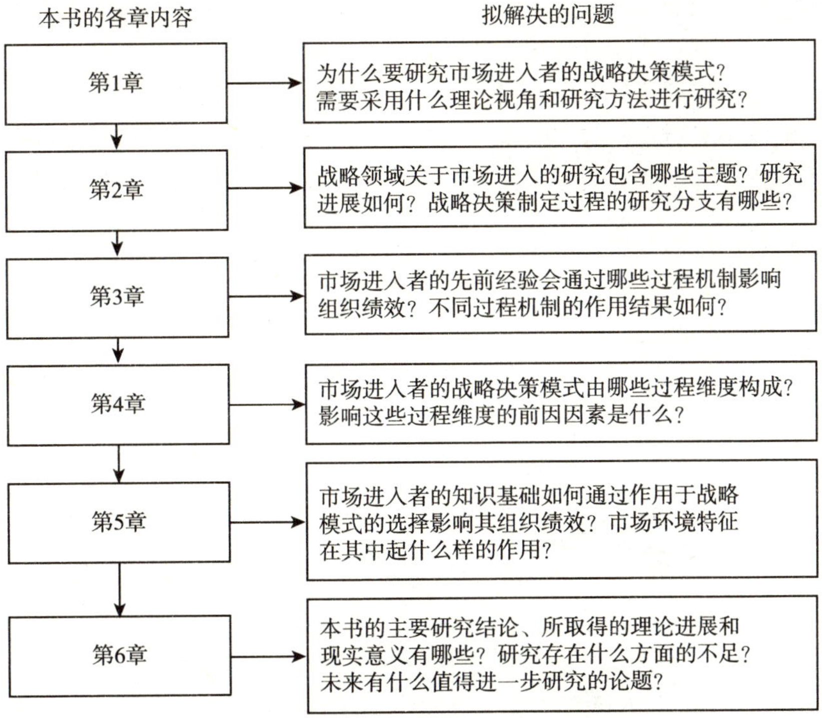
本书的各章内容
拟解决的问题
第1章
为什么要研究市场进入者的战略决策模式？需要采用什么理论视角和研究方法进行研究？
第2章
战略领域关于市场进入的研究包含哪些主题？研究进展如何？战略决策制定过程的研究分支有哪些？
第3章
市场进入者的先前经验会通过哪些过程机制影响组织绩效？不同过程机制的作用结果如何？
第4章
市场进入者的战略决策模式由哪些过程维度构成？影响这些过程维度的前因因素是什么？
第5章
市场进入者的知识基础如何通过作用于战略模式的选择影响其组织绩效？市场环境特征在其中起什么样的作用？
第6章
本书的主要研究结论、所取得的理论进展和现实意义有哪些？研究存在什么方面的不足？未来有什么值得进一步研究的论题？

图1.4　本书的各章内容和拟解决的问题

“简单”理论的研究情境，在最早开展的子研究一中，本书选取了组织理论常用的分析工具NK模型和适应度地形图理论，通过计算机编程建立市场进入者战略决策制定过程的仿真模型，以对真实世界的企业主体在市场中的演进过程进行模拟和演绎，并通过观察和分析实验数据的趋势归纳出相应的研究假设。

（3）案例分析方法：本书使用探索性案例研究的方法旨在寻找和观察理论演绎的内容在现实世界中的真实呈现，即探讨市场进入者实际的战略决策制定过程是怎样的以及是否可以归类于本书理论框架中所划分的各种战略决策模式这两方面问题。而由于存在对多种类型的战略决策模式的探索，子研究二也需要遵循差别复制逻辑深入调研现实中分别进入不同类型市场的多家企业，并对各项典型的市场进入案例所反馈的信息进行比较和讨论，在完善本书的理论框架的同时，使其更具有实践指导意义。

（4）统计分析方法：子研究三主要是通过统计分析方法来验证本书所提出的实证研究模型，由于存在自主开发的测量量表，并且除组织绩效之外的各项核心变量均为多维构念或高阶因子，这部分研究需要借助于协方差矩阵和结构方程建模分别完成变量的探索性因子分析和验证性因子分析，并通过多元回归分析来检验实证研究的研究假设。

由此本书具有理论与实验研究和实证研究相互印证、定性与定量方法相互辅助的特点，各项研究的技术路线如图 1.5 所示。

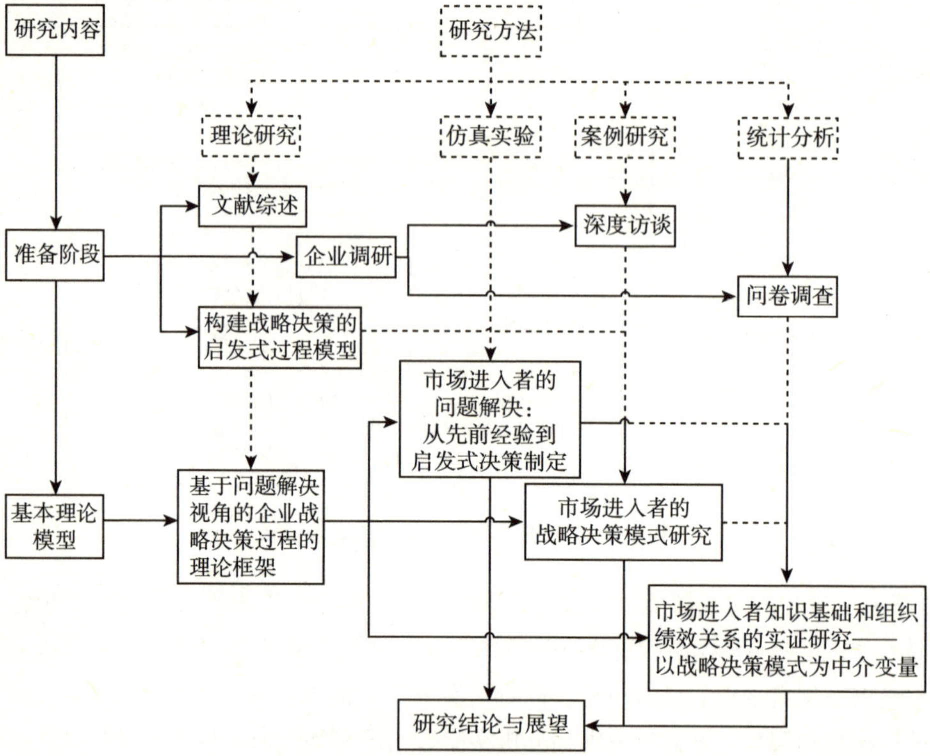

图 1.5　本书的技术路线

1.4

研究可能的创新点

在研究过程中，本书可能的创新之处将主要体现在以下几个方面：

首先，在研究选题方面，本书聚焦于市场进入这一企业在日常的经营实践中所经常遇到的战略性问题，并通过分析企业在市场进入过程中采用的战略决策模式，致力于揭示企业获取竞争优势的重要来源。针对本研究选题笔者将在文献回顾的基础上寻找先前关于企业市场进入的研究中一些难以解释的研究发现以及尚未关注的理论论题，从而重点探讨关于市场进入者的静态性组织特质和动态性过程特征如何共同影响其行为方式和绩效结果，以及其中的各项权变因素的作用，由此能够以更为新颖的并且更为全面性的研究视角整合战略研究中关于企业竞争优势来源的相关理论。

其次，在理论建构方面，本书在卡耐基学派行为决策理论的最新研究成果的基础上，借用了认知心理学的信息加工理论来阐释企业的战略决策制定过程，使对战略决策的分析实现了从“行为主义”到“认知主义”的研究范式转变。具体的，笔者将企业的战略决策看作是战略决策制定者个体层面的一种问题解决过程，并界定了其受到组织层面不同记忆功能作用的两种类别的启发式以及由此构成的四种类型的战略决策模式，进而假定先前经验会通过影响市场进入者对不同类型战略决策模式的采用而影响其组织绩效，这一理论框架和相应的研究假设的提出将具有较强的创新性和理论指导意义。

再次，在研究方法方面，本书在理论建构和假设检验的过程中并未仅仅采用基于先前理论的推导方式，而是使用了仿真研究方法并借助于计算机模型对本书最初提出的理论框架进行建模，通过对仿真实验的结果的观察和分析对研究所聚焦的理论进行演绎和归纳，继而结合案例研究和问卷调查研究逐步完善该理论框架。而在实际的仿真建模过程中，笔者对传统的 NK 模型进行了创新和拓展，实现了对组织层面陈述性记忆、程序性记忆以及相应的启发式决策制定过程的模拟。

最后，在研究结论方面，本书经过前两项子研究的探索最终提出了实证研究的理论模型，此理论模型利用企业的知识观解构了“先前经验”这一市场进入研究中原本模糊的核心构念，并打通了从市场进入者的先前经验（知识基础）到组织绩效之间的关系进路，结合已有研究所忽视的市场环境因素，笔者在一个全面性的框架下分析和验证了在新市场中企业竞争优势的来源。概括性地讲，本书所得到的新发现如下：企业在先前经验中所积累的知识宽度、知识深度和知识集中度会分别影响其对不同类型的战略决策模式的采用，而特定的战略决策模式在特定的市场环境中会显著促进或限制企业在市场中的组织绩效提升，这些研究发现将具有一定的理论意义和实践启示。

第 2 章

文献回顾与评述

演化经济学指出企业各自有一套做事的方式使其长久地生存（Nelson & Winter, 1982），此研究传统下研究者们频繁地检验企业在既有市场中的资源和能力的发展和变革，但在此之前企业却需要先建立一定的资源和能力，为了更深入地理解这些资源和能力从何而来，本书关注于战略研究领域的一个重要分支，即企业的市场进入，探讨当新的或在位企业进入一个之前并未涉足的市场时，如何通过制定一系列战略决策以建立新的能力或者改变已有的能力来获取持续性的竞争优势。因此，本章将首先回顾以往关于市场进入的两方面重要研究，即市场进入时机的研究和市场进入者类型的研究，这两个研究主题其实分别探讨了企业关于"何时进入市场"以及"如何进入市场"的战略决策选择对其绩效的影响。而为了建立一个全新的理论框架来整合上述两方面的研究内容，本书期望能够考察企业如何制定这些战略决策，因而在本章的第三部分，笔者也将对企业战略决策制定过程的理论进展和研究分支进行梳理。

2.1 市场进入时机研究综述

企业进入市场的时机研究最早起源于产业经济学中的产业组织理论，例如，20 世纪 30 年代由德国经济学家斯塔克尔伯格提出的经典的 Stackelberg 模型（高鸿业，2000），就指出市场中各竞争厂商地位存在不对称性，而这种不对称性部分归因于厂商决策顺序的不对称性，先驱厂商能够通过先动承诺的方式对跟随者的决策做出预先响应，并最终成为市场的主导者，因此这个模型又被称为"主导企业模型"。从此，产业组织理论的研究者非常关注于市场进入先后对厂商间竞争博弈的影响，众多研究通过对 Stackelberg 模型的拓展或者建立其他经济学模型寻找在怎样的情境下厂商的先动承诺效应能够实现或失效（Goel，1990；Kopel & Loffler，2008；Brander & Spencer，1983）。而50 年代由贝恩（Bain，1956）开创的进入壁垒理论，在成为产业经济学关注焦点之一的同时，也间接地推动了进入时机研究的发展。此理论描述了非完全竞争市场中存在的阻碍潜在进入厂商的各种因素，认为在位厂商能够建立结构性或策略性的壁垒提高市场的进入成本，从而享有相对于潜在进入者的“占先”竞争优势（Demsetz，1982）。

由此可见，在产业经济学的研究范畴内，几乎没有人质疑市场先驱者在市场中应得的主导地位，而这一思想也延续到了市场营销和战略管理等研究领域提出的“先动优势”理论中，如 Arthur（1996）在《哈佛商业评论》曾声称：“在以知识为基础的市场中普遍得到认同的是，最早触及市场和拥有优质技术的企业会获得良好回报”。然而，自 20 世纪 90 年代以来，不断有研究者向以上权威发出挑战，Tellis 和 Golder（1996）就做出了一个在学术界引起反响的论断：“在大多数情境中，最早进入市场者先败”。此外，也有研究者提出了折衷的模棱两可的看法，如 Shepherd（1999）曾总结说：“战略管理文献中普遍认为获取成功的早进入者将获得更高的利润回报，但是他们也面临着更高的失败风险”。

事实上，进入时机对企业在市场中的存活和竞争的影响作用一直是一个重要的前沿议题，而这一主题的研究大致聚焦于三个方面（见图 2.1）：首先，先动优势理论的主流研究关注于早进入者尤其是市场先驱者相对于跟随者的优势和劣势，以及产生这种进入次序效应的机制和影响因素；其次，一些研究主

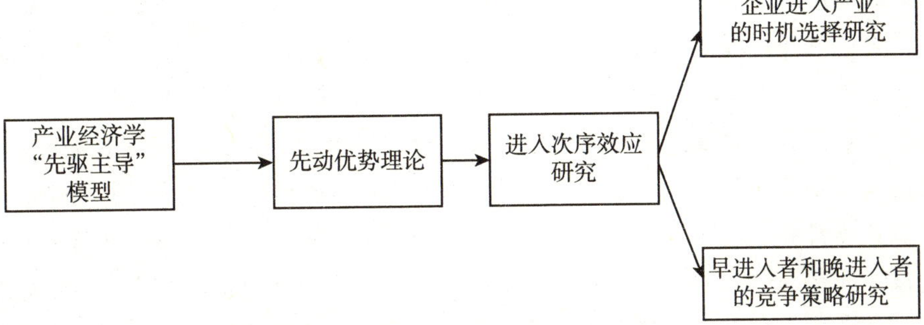

图 2.1　市场进入时机研究的发展脉络

要围绕个体企业进入时机选择的决策动因展开；最后，战略管理领域研究的焦点逐渐转向对在不同时间点进入的企业的竞争能力构建方面的讨论。本节也将根据这些研究论题依次予以回顾和评述。

2.1.1 先动优势理论的发展

先动优势理论起始于20世纪70年代到80年代管理学领域中大量的实证研究和案例研究，Robinson和Fornell（1985）最早提出市场中“先驱优势”（Pioneer Advantages）的现象，而Lieberman和Montgomery（1988）在《战略管理杂志》上发表的文章“First-mover Advantages”则开创了先动优势理论的系统性研究，并被评选为SMJ年度最佳文献。

在过去数十年的管理学研究中，“先动优势”这一构念是独具吸引力的，Suarez和Lanzolla（2007）使用其作为关键词，在Business Source Premier数据库中即搜索到839篇相关的研究文献。但是这一构念同样在许多方面受到理论界的极大争议，尤其在先动者优势是否确实存在的问题上，实证研究提供了互相矛盾的研究发现。例如，Robinson和Fornell（1985），Agarwal（1997）以及Robinson和Min（2002）等人的研究支持先动优势的存在；而Golder和Tellis（1993），Lambkin（1988）以及Boulding和Christen（2003）的研究提供了支持后动优势的证据；Lilien和Yoon（1990）以及Shepherd（1999）等人则表示未发现进入次序和企业绩效之间的显著关系。

一些学者为此关注于探索此理论范畴内实证研究的缺陷，他们发现不一致的样本选择偏差、因变量选择以及未对进入者本身的能力进行控制是使各实证研究之间产生矛盾的原因（Vanderwerf & Mahon，1997），尤其体现在对与研究对象有关的概念界定方面。

首先，Lieberman和Montgomery（1988）发现先前的实证研究并未明确先动者为已经进入市场的企业还是仅开始进行研发努力的企业，他们认为使用前者作为先动者的定义较为恰当。Golder和Tellis（1993）则区分了技术先驱者、产品先驱者和市场先驱者三类企业，技术先驱者是第一个通过研发创新掌握重要技术或专利的企业，产品先驱者是第一个开发出产品模型的企业，市场先驱者则是第一个在市场中销售产品的企业，他们同样将市场先驱者看作标准定义上的先动者。

Robinson 和 Fornell（1985）最早区分了市场先驱者、早期跟随者和晚期进入者三种市场进入者，大部分研究沿用了这种区分方式，这与其他一些研究所区分的“先动者”、“次动者”（Second-mover）和“后动者”在概念上是等同的（Kopel & Loffler, 2008）。Lieberman 和 Montgomery（1998）则根据进入市场的次序序号、与先动者的时间间隔以及企业本身的特征将后动者划分为早跟随者、晚跟随者、差异化跟随者、无差异化跟随者等。但也有少数研究如 Agarwal（1997）的研究混同了先驱者和早期跟随者。

对先动者和后动者的不同界定方式会直接造成实证研究中的矛盾性结果（Robinson & Min, 2002），而对“先动优势”这一概念的界定也同样存在着较大的问题，正如 Suarez 和 Lanzolla（2007）所做出的较为模糊的总结性定义：“‘先动优势’为企业通过先进入市场而获取的绩效优势（经济利润或市场份额）”，这一定义反映出各实证研究曾用不同的因变量指标测量表征先动优势的企业绩效，如长期利润（Boulding & Christen, 2003）、市场份额（Robinson & Fornell, 1985）和存活度（Robinson & Min, 2002）等。

Vanderwerf 和 Mahon（1997）利用元分析方法对先动优势的实证研究进行偏差识别时发现，当采用市场份额作为因变量时，先动优势更为显著。在市场营销领域中，大量的实证研究也使市场进入次序与长期市场份额间的正向关系几乎被看作一般性的定论（Urban et al., 1986），而在以长期利润和存活度为测量指标的研究中却往往得出相异的结果。

但是即使对研究对象采用了相同的界定方式和测量方法，研究界还是存在大量的矛盾性观点和发现，Lieberman 和 Montgomery（1988）认为：“对于实证研究来说，先动优势这一概念太过一般化和难以阐释，因此变得无用”。因此，研究者对先动优势理论的发展需要致力于揭示“进入次序效应”背后更为精确的机制和原理。

2.1.2 进入次序效应的产生机制和影响因素

Lieberman 和 Montgomery（1988）描述了先动优势的多阶段产生机制（见图 2.2），在最初阶段，一些“不对称性”因素的发生使某个或某些企业先于竞争者进入新产业或新产品市场。因此，不是所有的企业都能选择是否成为市场的先驱或早期进入者，先动机会是基于一些技能和运气的组合而内生的，各种技能包括技术前瞻性、市场洞察力以及对产品或流程的改进能力。

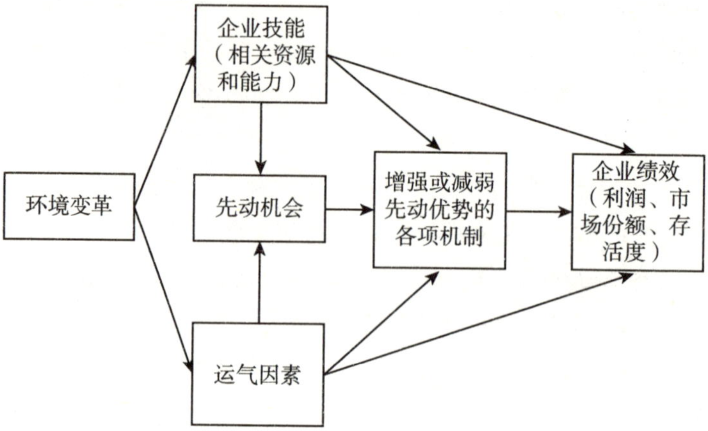

图 2.2 先动优势的产生机制

1. 早进入者的先动优势

为了防止自身的“创业租金”被跟随者的效仿行为所削弱，早进入者往往需要依靠自然生成的或主动建立一些“隔绝机制”（Rumelt，1991）。即一旦把握住由不对称性产生的先动机会，各种隔绝机制会促使早进入者开发出新的战略位置，增强“先动利润”的显著性和持久性。关于隔绝机制的研究分别来自产业经济学和市场营销学中客户行为研究这两个完全独立和不相关的研究流派，因此理论界通常将由此产生的“先动优势”分为需求相关的“惯性优势”以及成本相关的“效能优势”（Mueller，1997），例如，Golder 和 Tellis（1993）区分了基于供应商和基于客户的先动优势驱动机制；而 Kerin 等（1992）将隔绝机制更细致地划分为经济因素、先占因素、技术因素和行为因素。

Lieberman 和 Montgomery（1988）识别了被广泛认同的三类隔绝机制：技术领导权、资产的先占权和购买者的转换成本。其中技术领导权包括由学习和经验曲线效应、研发专利等带来的技术方面的优势；资产先占权包括从对稀有输入性资产的先占中获取的成本优势、对地理空间和产品特征空间的先占以及由基础设施先行投资所带来的规模经济；而转换成本是由购买者的习惯形成或者产品网络效应而产生。Lieberman 和 Montgomery（1998）进一步认为，先动者在一定条件下还能够塑造客户的成本结构，即客户感知空间的演进受到早进入者最初定位的影响，同时“网络外部性”可能会使早进入者的产品成为市场标准，也是使其获取更持久优势的重要机制。

Robinson 和 Min（2002）提出了市场先驱者由先驱行为而产生的分阶段关键优势：首先，由于市场先驱者是市场最早的进入者，因此在早期跟随者进入之前会具有临时的垄断权从而产生一定的短期收益以及对客户认知偏好的先占影响，因此先驱者的先驱领先时间往往会成为最早作用于先动优势产生和维持的重要因素；而当一个或更多竞争者进入市场后，先动行为长期的收益才会通过客户的产品忠诚度、转换成本、宽产品线的先占性以及规模经济等体现出来。

Dowell 和 Swaminathan（2006）则从技术演进的角度，指出较早进入市场的企业会积累大量的技术经验并建立知识目录，而这种知识目录的建立和积累是需要时间的，“时间压缩不经济性”使得晚进入者无法简单地依靠更多的探索行为来追赶以取代先行一步的早进入者（Levinthal & March，1993）。此外，更强的市场知识基础还会增强企业的吸收能力，进一步促进早进入者在市场发展过程中的创新绩效。

2. 晚进入者的后动优势

由于在市场形成初期进入，早进入企业往往面临着由技术和市场的不确定性所带来的各种风险，这也是先动劣势的主要来源，与之相对的是对“后动优势”或“跟随者优势”的研究。

Lieberman 和 Montgomery（1988）认为晚进入者主要从以下几方面获益：一是后动者作为模仿跟随者的“搭便车”效应，在大多数市场中模仿成本低于创新成本，晚进入者有时甚至可以享用早进入者的各种先期投资；二是技术和市场不确定性的降低使得晚进入者对产品和技术等选择的决策风险也随之降低；三是技术的不连续性为晚进入者提供的“进入窗口”，使其能够通过技术的变革取代在位企业；四是各种类型的“在位惯性”使在位企业对技术变革的不适应，例如，创新会因为既有资产的沉没成本而停滞，而在位企业内部组织惯例和标准的建立以及与其他组织之间建立的稳定的交易关系，也是产生在位企业组织惯性的原因（Hannan & Freeman，1984）。

Kerin 等（1992）以及 Kamel 和 Michael（2000）的研究认为晚进入者能够通过从早进入者的成败及其过程中来获取代理经验，并从客户需求的其他方面影响客户，如产品的优质或创新性，或者通过大量的营销投入赶超早进入者，甚至有可能通过废除当前的产品或技术标准使早进入者陷入困境。

实证研究也证实了上述理论，Dowell 和 Swaminathan（2006）在对美国自行车市场的研究中发现早进入者的先动优势仅能维持到主导设计出现之前，而在市场主导设计出现之后，由于组织惯性的影响，这些企业较不可能向主导设计进行变革，或者面临较高的变革成本，最终导致早进入者的失败。

3. 进入次序效应的影响因素

随着研究的深入，大多数研究者趋同于一个重要的命题："先动机会"的产生和进入次序效应都是企业内生性的（Lieberman & Montgomery，1988；Boulding & Christen，2003），即早进入者或晚进入者的相对优势和成功性是受到其他各种相关因素的影响，这一权变视角也因此逐渐成为先动优势理论的研究热点（Golder & Tellis，1993；Kerin et al.，1996；Shankar et al.，1998；Zhang & Markman，1998）。

Kerin 等（1992）提出了一个统一的理论框架，整合了与进入行为有关的"产品—市场"权变因素，这些因素对早进入者产生和维持战略位置性优势的各项机制都具有调节效应，如影响经济优势的企业进入规模、有效规模和市场容量之比等，影响先占优势的产品特征和客户需求不确定性等，影响技术优势的技术创新特征和技术不连续性等以及影响客户行为的特有资产的投资和市场类型等。

Suarez 和 Lanzolla（2007）根据进入次序效应各影响因素的特点将近年来先动优势理论区分为两个层面的研究。首先在微观层面，研究者探讨企业特征对先动优势的影响作用，而这一分支受到企业资源基础观和产业经济学的理论的推动和影响，如 Kerin 等（1992）认为需要重点考察先动企业需要具有怎样的资源和能力并且如何将这些资源和能力转化为可持续的竞争优势。Lieberman 和 Montgomery（1998）则指出早进入者的优势取决于最初所能够获得的资源，以及进入后所能建立的资源和能力。

实证研究为先动优势理论的微观层面研究提供了许多证据，如基于 PIMS 数据的一项研究指出最早进入者、早期跟随者和晚期进入者分别具有显著不同的技能和资源（Robinson et al.，1992）。Mitchell（1989）对在位者对产业中新技术领域进入的研究中发现拥有特定资产的企业如营销网络，具有较早进入此领域的可能性和较显著的进入后绩效优势。而一些研究则概括了企业历史经验对先动优势的影响，例如，Klepper 和 Simons（2000）指出具有收音机技术经验的企业是最早一批进入电视机市场中的企业，并且具有更高的创新率以及获取更高的市场份额和存活度。Murthi 等（1996）则发现管理和组织技能也是使企业获取先动优势的重要因素。

先动优势理论的宏观层面研究则聚焦于由进入次序所产生的竞争优势和企业所处的市场环境之间的关系。Lieberman 和 Montgomery（1988）就从大量的实证研究中总结出一条规律，即先动优势似乎与特定的产品总类和市场特征有关，如包装消费品市场显示出更强的先动优势。而在此之前的一些产业组织理论的研究概括了影响企业做出先动还是后动决策的因素，如竞争强度、产品的网络外部性和市场结构等（Lambkin，1988）。战略理论研究也给出了环境与先动优势之间的关系，如权变理论研究者指出进入者的绩效来源于企业资源、结构和流程与环境之间的匹配程度（Robinson et al.，1992），Robinson 和 Min（2002）认为研究需要考虑早期跟随者数量、市场成长率、高技术水平和资本密度等市场特征，如 Agarwal（1997）发现在技术密集型的市场中，先驱者的优势主要在于在垄断时期从学习曲线中获取的经验和收益。

Lopez 和 Roberts（2002）指出了服务型产业市场与消费品或工业用品产业市场的显著不同，例如，在金融服务产业市场，环境的易变性以及创新的弱独占性导致更快速的产品扩散和创新者垄断时间的减少，而晚进入者也更容易将环境的变化融入产品特征中，从而减弱了进入次序效应所产生的先动优势。

Suarez 和 Lanzolla（2007）尤其关注于技术变革速度和市场演进速度与先动优势隔绝机制的交互作用，他们认为，在平稳的市场环境中，环境动力机制极大地促进了先动优势，使得晚进入者很难取代早进入者；而当市场环境是急剧变化的情况下，环境动力机制会极大阻碍先动优势而有利于晚进入者，动态发展的市场会不断为晚进入者提供进入的“机会窗口”和赶超早进入者的可能性，在此情境下，进入者在进入初期的资源和能力的作用也会得以减弱。

由此可见，先动优势理论的研究者逐渐强调需借助资源基础观的理论框架来研究企业自身的特征对获取进入机会和进入后相对优势的影响，也越来越聚焦于对特定市场中进入次序效应的分析（Lieberman & Montgomery，1998）。

2.1.3 市场进入的时机选择决策研究

如前所述，先动优势理论中大部分研究是从市场层面分析市场先驱者相对于跟随者的潜在优势和劣势。但是对于企业层面来说，由于在技术变革和市场需求等方面的随机性和不确定性，开创一个基于全新知识基础的市场则需要某些“运气”成分（Lieberman & Montgomery，1988，1998）。因此，绝大多数企业较不可能成为市场先驱者，而是在决定进入某市场时已经被划为跟随者的行列。从这个意义上来说，先动优势理论虽然提供了对进入次序效应的系统性理解，但由于过多地关注于先驱进入者的竞争优势而缺乏一定的广泛性；同时此理论也没有能够解决进入时机研究中最为核心的问题，即为了获得显著而持久的竞争优势，企业应如何选择合适的时机进入市场？

Lilien 和 Yoon（1990）指出，市场进入时机的选择既是一项定性决策同时也是一项定量决策：在定性决策方面，企业面临着“战略性”的进入决策问题，即应该成为先驱者、早期跟随者还是晚期进入者，这在先动优势理论的主流研究中已经得以探讨；在定量决策方面，企业面临“策略性”的进入决策问题，例如，一个潜在的先驱进入者需要决定其开创新市场的时间，以平衡一项创新的机会和收益以及由创新带来的产品发展和市场推广的风险和成本，而一个潜在的跟随进入者则不仅需要考虑已经进入的在位企业的市场活动和整个市场的演进程度，还需要考虑来自其他潜在进入者的竞争。

对于作为跟随进入者的大部分企业来说，当一个新产业或者产业中新的产品市场和技术领域已经形成时，这些企业面临着两种相反的进入动因：一种是快速而较早地占据强有力的位置；另一种是等待直到技术和市场的不确定性减弱。这是因为企业的进入涉及进行不可逆投资的需要，尽管早进入者可能会因为各种市场的不均衡获得短期收益（Robinson & Fornell，1985），但是在市场形成初期对基于全新知识基础的新产品的开发通常需要面临技术和需求的不确定性（Nelson & Winter，1982），若产品最终被证明收益很低，那么上述进行不可逆投资就会具有较高的风险；一些企业因而会选择推迟进入，但是推迟进入又会因为市场中不断增强的竞争强度而降低企业的投资回报（Nakata & Sivakumar，1997）。因此，进入一个市场的时机决策需要平衡过早进入产生的风险和过晚进入错失的机会。

1. 企业层面的决策动因

与先动优势影响因素的分析类似，研究者对进入时机的决策动因的探讨也倾向于分别从企业层面和市场层面着手。基于企业层面的资源基础观，Robinson 等（1992）从实证研究中发现企业进入时机与其拥有的资源之间存在一定的内在关系，从而提出了“相对优势”的假设，即拥有差异性的特定资源和能力会使企业选择不同的进入时机策略，例如，他们发现市场先驱者往往需要具有较强的研发技能，而具有更强营销和制造技能的企业则倾向于成为跟随者。Schoenecker 和 Cooper（1998）也发现较强的技术性资源、市场性资源和资金性资源会在不同程度上使企业较早地进入市场。

Mitchell（1989）将市场特定的支持性资产的拥有看作是一项决定企业是否以及何时进入新技术领域的重要决定因素，即建立和引进一项新产品往往需要具有一些特殊价值的资产的支持，如产品的分销网络，这些资产通常比产品技术更难被复制或者需要较长的复制时间。因此，当企业拥有支持性资产时，会考虑随着竞争者的不断参与导致资产价值的降低而选择尽早进入，支持性资产越稀缺，潜在进入者在支持性资产方面的竞争性越强，企业成为早进入者的动力越强。类似的，Fuentelsaz 等（2002）发现，规模较大和利润率较高的在位企业因为拥有更多的冗余资源，能够利用这些资源为先于竞争者起始战略变革提供帮助，不仅使企业组织更具流动性，而且会降低与新战略、新产品和新市场试验过程相关的失败风险，因此易于成为市场的较早进入者。

2. 市场层面的决策动因

在市场层面，Schoenecker 和 Cooper（1998）认为正因为市场特征会影响先动优势的显著性，因此对企业进入时机的选择能够产生间接影响。当一个市场中的先动优势效应较强时，会对企业产生尽早进入的动力，而如果这种优势被广泛认识，所有企业就会尽可能早地依靠自身的资源和能力进入新市场中，具有较强资源和能力的企业就会成为早进入者，而不具备特定资源和能力的企业就将落后。但是当一个市场中的先动优势不显著时，早进入的动因也因此较弱，在这种情境下，各企业会等待自身的资源和能力与市场环境的需求相匹配以获得最强的竞争力时选择进入，进入的最优时机体现在“战略窗口”的形成（Robinson et al.，1992），或者出现在市场生命周期的特定阶段（Lilien & Yoon，1990）。Fuentelsaz 等（2002）则进一步指出，当新市场在某一阶段呈现较高程度的需求增长或较低程度的资源竞争时，企业选择进入的概率最高；而 Dowell 和 Swaminathan（2006）发现许多市场的最优进入时机为技术主导设计逐渐形成的时期。

3. 多元化进入时机的决策动因

不少研究重点关注于在位企业针对新市场的多元化进入的时机选择，而较为显著的是，这一类企业的进入时机决策还受到进入前所在市场特征的影响。Mitchell（1989）在考察医疗成像市场的在位企业对新技术领域的进入时，就发现原市场的核心产品所受到的威胁是在位企业较早进入新市场的动因。Schoenecker 和 Cooper（1998）也指出，如果现有业务受到新市场的较大威胁时，企业会倾向于尽快调配资源以对新市场产生承诺，进入的动因来自企业对自身收益以及与既有客户之间的关系的维持。而 Fuentelsaz 等（2002）发现，即使是新市场的出现并未对在位企业核心产品或业务产生威胁，但是当原市场呈现较高程度的竞争态势时，在位企业往往倾向于进行多元化以保障其生存能力，进入邻近的新市场的动因在于可以利用在原市场中积累的资源能力和管理经验，且不需要耗费时间和投资建立互补性资源，因此，原市场的竞争性以及与新市场的近似性会共同促成在位企业的早进入行为。

在位企业也存在一些较晚进入新市场的动因，Christensen（1993）发现，在位企业所具有的资源和能力会产生企业的核心刚性，妨碍其对新市场形成的快速响应和风险管理能力，因此会等待市场发展达到预期时才会选择进入，如在磁盘驱动市场中推迟进入一个新的产品代系市场是几乎所有在位企业的通用进入模式。Schoenecke 和 Cooper（1998）以及 Fuentelsaz 等（2002）则认为，多元化的在位企业虽然因为具备多市场管理经验而能够更快地进入新市场，但是过多的多元化行为占用了管理者的时间和精力，改变他们的风险导向，协作和控制成本也会随着市场的增多而增加，因此多元化程度较低的企业才更可能识别和利用新形成市场中的机会。

Joshi 等（2009）总结了新市场与原有市场之间的“杠杆效应”与“后冲效应”对在位企业多元化进入的进入时机决策的影响，“杠杆效应”指原市场与新市场在技术能力和客户基础上的重叠度会促进新产品拓展的收益，而“后冲效应”则指对新市场的进入会损害原市场中产品的价值。他们认为在市场中既存在 Wilson 和 Norton（1989）提出的“现在进入或者不再进入”的最优进入时机策略，即当拓展的新产品的边际收益高于或等于原产品时，企业必须立即选择进入，而此后基于扩散率和产品的代系更替等因素则不适宜选择进入；也存在 Mahajan 和 Muller（1996）提出的“现在进入或在原产品成熟期进入”的最优进入时机策略，即如果新产品代系的利润是较高的，那么就适宜选择立即进入，或者等待旧产品在其生命周期达到成熟期时再选择进入，因为假定原产品的客户基础最终均会转移至新产品。因此，企业进入时机的选择最终应取决于对市场之间“杠杆效应”与“后冲效应”的评估和博弈。

2.1.4　不同时期进入的竞争策略研究

在对市场进入者的实证研究中，战略管理领域的研究者们逐渐发现进入时机与其他战略因素的交互作用效应比其主效应更为重要（Lambkin，1988；Szymanski，1995），换言之，研究似乎更适宜将进入时机作为企业获取竞争优势的一个中介变量或调节变量。例如，Kerin 等（1992）指出战略导向才是维持企业进入后竞争优势的决定因素，而 Durand 和 Coeurderoy（2001）将战略导向的研究与进入时间维度相结合，发现 Porter（1980，1985）的战略选择理论中所探讨的各项战略对不同时期进入的企业的绩效具有不同程度的影响作用。为此，不少研究者认为进入时机研究所关注的核心问题不应仅仅是简单的“何时进入”，还需要进一步重点考虑“如何进入”（Schoenecker & Cooper，1998；Shamsie et al.，2004），即企业应根据其进入市场的时间和条件，策略性地开发自身资源和能力优势以提升在新环境中的战略地位。

1. 早进入者的竞争策略

通常在市场形成初期进入的企业同时面临着机会和风险（Dowell & Swaminathan，2006），机会在于能够确保在市场中获得较好的战略位置并且享有先动优势而获取增长；风险在于市场未来趋势的不确定性，存在多种技术设计之间的竞争以获得市场的认同。

早进入者在市场中创建的先动优势已经得到理论界的广泛讨论，而 Lieberman 和 Montgomery（1998）指出先动者的优势更取决于进入后企业所能建立的资源和能力。从企业自身角度，Cho 等（1998）认为，先动优势来源于企业在三方面的能力构建：首先，在市场方面，早进入者需要不断开创新技术和新产品以建立自身形象和客户忠诚度，影响客户的认知和偏好以及创建转换成本；其次，在竞争方面，早进入者需要尽可能完成对各种有限资源和机会的先占，包括输入性因素、产品特征空间和地理位置空间等；最后，早进入者需要通过“干中学”获取优势，先动意味着企业具有更多的时间进行增值性活动和经验的积累，如研发、制造和营销等。

Durand 和 Coeurderoy（2001）发现行使差异化战略是市场的早期跟随者的显著特征，这些企业往往因为能够提供创新差异化和营销差异化的产品而选择进入，即在市场先驱者的产品技术基础上进行研发创新，以及建立较好的市场营销策略来推广其创新差异化的产品，达到吸引客户和维持竞争优势的目的。

然而早进入者也需要试图克服市场形成初期的扰动性（Anderson & Tushman，1990；Klepper & Graddy，1990；Utterback & Abernathy，1993），在这一时期存在技术和市场的双重不确定性，技术标准的缺乏使得多种产品构造和功能共存，客户对产品的偏好也尚未完全形成和阐明。因此，Rindova 和 Petkova（2007）认为，在市场初期进入的企业需要具备较强的创新能力，通过对产品特征的探索和优化，影响客户的购买和使用以及相关技术的扩散，继而影响整个市场的主导设计和产品标准的建立。

Dowell 和 Swaminathan（2006）发现最终是否能够向主导设计变迁是市场较早进入者获取成功的关键，最初的技术选择和变革的过程效应会阻碍企业适应市场技术变革的能力，因此他们认为早进入者在进入时应致力于技术多样性的探索行为。采用多种技术或产品构造会使新进入的企业具有更为广泛的知识基础，一方面，企业能够理解不同设计之间细微的架构性差异（Henderson & Clark，1990），如子系统的创新路径或者子系统之间的相互协作关系；另一方面，采用多种技术设计的企业会更可能接触各种客户群体，因此将对当前的产品代系是否满足于客户群体的需求以及客户群体之后会对新产品设计做出如何的反应等具有更好的理解。

而从产品选择的角度，Dowell（2006）认为，企业在新市场中占据的空间宽度将影响其绩效和存活度，从而使得产品线宽度的设置成为早进入者一项重要的竞争策略。在初生的市场中，引进多项产品会使进入者获得潜在的收益如逐渐增长的市场份额和与客户的议价能力（Sorenson，2000），但是也会显著增加企业的成本甚至带来一定破坏性提高进入的失败风险（Barnett & Freeman，2001）。而 Dowell（2006）将早进入者所采用的产品线宽度分为长度（产品数量）、复杂度（知识宽度）和重叠度三个维度，并认为早进入者的产品选择涉及能力理论中的一个重要博弈，即企业应在某一特定领域建立较深入的能力还是构建较宽泛的能力（Porter，1985；Nelson & Winter，1982）。研究发现早进入者适宜建立一个“深度”产品线，即围绕一个相对狭窄的产品基础构造进行大量的增量性改变，Robinson 和 Chiang（2002）的实证研究也证实了成功的市场先驱者和早期跟随者往往得益于基于重大创新项目的微量创新。

2. 晚进入者的竞争策略

对于一些企业来说，何时行动并非战略性的决策，企业意图进入市场时此市场中已经存在许多在位企业（Cho et al.，1998）；而根据前述进入时机决策的分析，还有一些企业会选择等待市场不确定性降低或新的“战略窗口”形成的时期进入，上述这两类企业共同构成了晚进入者的群体。而较少的一些研究探讨了晚进入者的决策和行为如何影响进入后的能力构建和企业绩效。

Szymanski 等（1995）区分了影响晚进入者成功性的三类因素：首先，晚进入者的绩效很可能取决于他们所面临的市场情境，即在进入时间点上市场所提供的机会程度；其次，晚进入者的组织资源也能够决定企业在新市场中成功的概率，资源的可获得性和相关性能够使晚进入者做出一系列投资决策以支持其进入行为；最后，晚进入者的成功性还可能来自其选择的产品的绩效。

晚进入者往往持有“模仿是比创新更好的策略”的观点（Bolton，1993），较早进入的在位企业为晚进入者提供了现成的模板，这些企业通常会“屈从于社会压力并出于降低风险的考虑模仿在位企业的行为决策”（Aldrich，1999）。事实上，晚进入者还需要通过这种方式才能获取合法性并获得客户和投资者的认同（Dowell，2006）。

在此基础上，Durand 和 Coeurderoy（2001）发现，晚进入企业通常采用成本领先战略，对于这些企业来说，最优的策略是模仿能够被客户所接受的标准化产品，并尽可能降低产品的成本。因此，晚进入者的绩效在很大程度上受到成本领先战略的成功性的影响。Schnaars（1994）描述了晚进入者赶超市场先驱者的 28 种案例情境，发现较为成功的晚进入者大多是以“非产品竞争”的形式进入市场中，如较优的分销渠道、较强的广告宣传或较低的价格，而这些竞争策略还需要强有力的企业资源支持。总而言之，晚进入者的成功性取决于如何利用其进入时的资源和能力提供较高质量、较低价格和创新模仿性的产品（Shamsie et al.，2004）。

从先动优势理论的视角，Cho 等（1998）识别和区分了两种成功的后进入者策略类型：一种是“克服后动劣势”策略；另一种是“利用后动优势”策略，并详述了在不同的市场—产品因素以及企业自身资源和能力的调节下（Kerin et al. 1992），使晚进入者获取成功甚至超越早进入者的各项机制和策略（见表 2.1）。

表 2.1　　晚进入者的各种竞争策略

先动优势	“克服先动优势”策略
市场方面： 先动者创建的转换成本、客户忠诚度、不确定性、交易成本和正式契约等	“聚焦”策略： 采用转换成本较低的标准化产品进入市场
竞争方面： 先动者对资源和空间的先占、生产容量的扩张、市场机会的争夺	“薄利”策略（成本领先）： 降低成本和价格，并承受可能的损失以获取在市场中的生存
企业方面： 先动者通过“干中学”的经验积累、技术领导力、学习曲线效应	“大容量建设”策略： 通过建设大容量获取规模经济，并加速学习曲线的移动
后动优势	**“利用后动优势”策略**
市场方面： 客户需求的改变 技术变革 “搭便车”效应（客户培养、信息扩散、代理经验）	“零星时间”策略： 在市场衰退和变革时期行使进入投资决策
	“时间压缩”策略： 利用更少的时间进行与先动者类似的投资和相关活动
	“技术转移”策略： 通过战略结盟或对有经验的员工的雇佣实现技术转移
	“标杆学习”策略： 选择较优的在位者模板进行模仿
竞争方面： 在位惯性（对资源的承诺、对技术的承诺、组织惯性）	“跳跃性变革”策略： 针对新的技术和相关资源进行进取性的资本投资
企业方面： 信息的可获取性和确定性、资源的可用性、共享的经验和资产	“资源杠杆”策略： 利用企业既有资产以及市场中大量有用的共享信息和资源创造价值

由表 2.1 可知，模仿也并非晚进入者获取竞争位置的唯一途径，Dowell（2006）发现进入者在产品选择方面与在位的竞争者存在较高的重叠度时会对企业的存活产生较大的危害性，因为晚进入者通常需要在相同的战略位置耗费更多的资源和承担较大的不确定性，因此，很多晚进入者更倾向于采用独特性的产品

占据远离在位企业的利基市场。此外，在由技术不连续性所产生的“战略窗口”时期进入的企业，因为对现有市场并无较强的承诺性，甚至有可能通过对市场的“再学习”方式重建竞争规则，完成对既有产品和技术的跳跃性变革，成为市场新的主导者（Cho et al.，1998；Robinson & Chiang，2002）。

2.2 市场进入者类型研究综述

2.2.1 市场进入者的分类

战略管理领域对企业市场进入行为的关注更集中于探讨“不同类型的企业在新市场中的竞争优势来源”这一论题。其中以 20 世纪 80 年代发展起来的资源基础观（RBV）为代表的研究分支强调在位企业已有的独特的资源和能力决定了其在新市场中的竞争地位（Wernerfelt，1984），而这些能够作为“杠杆性资产”的资源和能力则是由企业在此前各种不确定环境中的市场运作中发展而来（Teece & Pisano，1994），既有可能是一种盲目性投资产生的“运气”，也有可能是管理者有意识地根据组织和环境已有的“原材料”之间的匹配性进行创造性运用的结果（Quinn，1978；Mintzberg，1987）。而在此研究分支下发展起来的“核心能力”概念更是强调“企业基于核心能力的多元化降低了在市场中的风险和投资成本，并且增加了将市场知识和最佳实践在业务单元之间进行转移的机会”（Hamel & Prahalad，1994，P. 293），由此反映了在位企业拥有的与新市场相关的资源和能力会成为其进行多元化的市场进入的决策动因，并且对于进入之后的组织绩效产生持续性的影响，例如，在 Mitchell（1991）研究的医疗诊断成像产业市场中、Barnett 和 Freeman（2001）研究的半导体产业市场中以及 Klepper 和 Simons（2000）研究的电视机产业市场中。

另一研究分支则是借助于 20 世纪 90 年代逐渐兴起的创业理论揭示了新创的企业组织在市场中的运作特征（Bruderl & Schussler，1990），研究者们认为这些企业首先拥有有机的组织结构和较高程度的新产品创新性，不需要顾及现状因而能够最大限度地匹配于市场的需求，使他们更有可能开创新的利基市场并且进行快速地调整和展开行动（Khessina, 2002），相反，在位企业则会受限于组织惯性或承担所谓的“组织负荷”（Organzational Bagganges）而在新市场中行动迟缓（Hannan & Freeman, 1984; Barnett & Carroll, 1995）；其次这些新企业也更具备探索的能力，因而避免了在位企业易发生的近视性学习（Levinthal & March, 1993）和能力陷阱（Levitt & March, 1988），即由于不具备既有流程和满足既有客户需求的资源，新企业反而能从事于一些对竞争有利的创造性的破坏（Schumpeter, 1934），尤其在磁盘驱动产业（Agarwal et al., 2004; Christensen, 1997）和激光技术产业（Klepper & Sleeper, 2005）等呈现较高环境动态性的产业市场中。

结合前述两个研究分支，Carroll 等（1996）区分了创业型企业和多元化型企业两种类型的市场进入者，并用拉丁文“de novo”命名前者，意思是“来自于新的”，即在进入的目标市场中新建立的企业；用拉丁文“de alio”命名后者，意思是“来自于其他”，即在进入目标市场之前存在于其他市场的在位企业，例如，在美国汽车产业中，多元化型企业主要由自行车、四轮马车和引擎制造商发展而来。这种划分类似于组织生态学中对通才型企业和专才型企业的区分（Aldrich, 1990; Brittain & Freeman, 1980; Hannan & Freeman, 1977），前者能够将来自多个市场的资源和能力运用于目标市场，而后者则仅仅在单个市场中建立和发展新的资源和能力。

其他一些研究者也按照上述这一分类进行了进一步的细分，例如，Helfat 和 Lieberman（2002）首先根据市场进入者与在位企业的联结关系和法定关系将 de alio 型进入者区分为多元化型进入者和母公司投资型进入者两种类型（见表 2.2），前者是在位企业通过内部扩张或并购的形式直接进入新的或者发展成熟的市场，而后者是在位企业通过合资、特许经营和母公司衍生等形式建立独立子公司进入市场（Ito, 1995），实际上是介于多元化型企业和创业型企业之间，即投资是由在位企业建立甚至控制，但同时投资意味着新的企业的生成；其次他们将 de novo 型进入者也区分为初始创业型和创业衍生型两种类型，其中初创型进入者是典型的创业型企业，其建立者并未拥有在此市场的其他企业中的雇佣经历，创业衍生型则由同一产业或同一市场中在位企业的员工所创办（Klepper, 2001）。Klepper（2002b）也认为不能简单地将所有 de novo 型或 de alio 型进入者归为一类，而是根据企业或企业创办者的历史背景将市场进入者分为来自其他市场的有经验的多元化型进入者、创办者来自其他市场的有经验的创业型进入者、由当前市场中在位企业的员工创办的衍生型进入者以及无任何经验的创业型进入者四种类型。

表 2.2　Helfat 和 Lieberman（2002）对市场进入者类型和模式的划分

市场进入类型	市场进入模式	母公司所有权
多元化型企业	内部扩张：通过内部投资建立新业务单元进入目标市场	完全所有
	并购：通过并购市场中已有的企业进入目标市场	
母公司投资型企业	合资：多个在位企业通过共同创办新企业进入目标市场	部分所有
	特许经营：获得在位企业的授权而进入目标市场	
	母公司衍生：由在位企业创办新企业进入目标市场	
创业衍生型企业	先前雇佣于在位企业的员工创办新企业进入目标市场	独立实体
初始创业型企业	与在位企业不存在任何雇佣关系和所有权关系的新企业进入目标市场	

基于市场进入者分类的实证研究则主要关注于比较多元化型企业和创业型企业在目标市场中的绩效表现。一些研究聚焦于多元化型进入者的绩效优势（Barnett & Freeman, 2001; Hannan & Freeman, 1988; Rao, 1994），另一些研究则聚焦于创业型企业的绩效优势（Agarwal et al., 2004; Carroll & Khessina, 2005; Khessina, 2002），其他文献则同时讨论这两种类型企业的优势和劣势（Hannan et al., 1998; Khessina & Carroll, 2008），并将各种情境因素如市场动态性和产业生命周期等考虑在内。而由于各研究涉及的产业市场较为广泛，既包括传统的制造业也包括高技术产业；并且对作为因变量的组织绩效的测量指标也不一致，例如考察企业的存活度、适应性或创新性等，这些原因均使得实证研究呈现出不同的研究结果（见表 2.3）。而为了调和上述实证结果之间的矛盾性，本节将重点回顾各项研究的研究假设的构建过程，即分别关注于多元化型进入者和创业型进入者各自的绩效优势来源和影响因素，以此为本书的理论建构寻找相应的自变量和调节变量。

表 2.3　　多元化型进入者和创业型进入者之间的绩效比较研究

组织绩效指标		绩效较高的企业类型	
		多元化型进入者	创业型进入者
主效应	存活度、适应性	Barnett & Freeman (2001), Freeman (1990), Hannan & Freeman (1988), Klepper & Simons (2000), Rao (1994)	Agarwal, Echambadi, Franco, & Sarkar (2004)(衍生型进入者)
		绩效会聚：Carroll, Bigelow, Seidel, & Tsai (1996), Hannan, Carroll, Dobrev, & Han (1998), Khessina & Carroll (2008), Mitchell (1991)	
	创新性（频繁地发生变革）		Carroll & Khessina (2005), Khessina (2002)
权变因素一：环境动态性			
高动态性环境	存活度、适应性	Aldrich (1999), Brittain & Freeman (1980), Hannan & Freeman (1977), Sastry (1997), Sine, Mitsuhashi, & Kirsch (2006)	
低动态性环境	存活度、适应性		Aldrich (1999), Brittain & Freeman (1980), Hannan & Freeman (1977), Sastry (1997), Sine, Mitsuhashi, & Kirsch (2006)
权变因素二：产业市场生命周期			
市场增长阶段	短期存活度	Agarwal (1997), Carroll, Bigelow, Seidel, & Tsai (1996), Klepper (2002a, b), Klepper & Simons (2000), Mitchell (1991)	
	长期存活度	Klepper & Simons (2000)(电视机市场)	
		绩效会聚：Carroll, Bigelow, Seidel, & Tsai (1996), Klepper (2002a)(汽车和轮胎市场)	

续表

组织绩效指标		绩效较高的企业类型	
		多元化型进入者	创业型进入者
权变因素二：产业市场生命周期			
市场成熟阶段	存活度、市场份额（仅晚进入者）	Mitchell（1991）	Agarwal（1997），Bayus & Agarwal（2007）
	存活度、市场份额（早进入者和晚进入者对比）	早进入的多元化型进入者：Klepper & Simons（2000），Mitchell（1991）	晚进入的创业型进入者：Bryman（1999），Klepper（2002b），Klepper & Sleeper（2005）

2.2.2　多元化型进入者的研究

大多数关于企业多元化的研究起源于潘罗斯（Penrose）在 1959 年发表的《企业成长理论》，这些研究强调当在位企业随着时间不断学习而能够更有效地利用各项资源，并且导致企业内部的资源过剩时，就形成了进入其他市场以利用这些资源的动因和基础（Teece et al.，1994；Montgomery & Hariharan，1991）。

Penrose（1995）指出多元化型企业进入市场前的资源和能力特性决定了其增长扩张的方向，这一视角也受到了演化经济学理论（Nelson & Winter，1982）的影响，即多元化型进入者通常倾向于进入资源需求与其所拥有的资源和能力相匹配的市场，已有研究也为此按照企业进入的目标市场与原有市场的相似性和关联性程度区分了“相关多元化”和“非相关多元化”两种形式（Chatterjee & Wernerfelt，1991；Chang，1997；Merino & Rodriguez，1997；Silverman，1999）。这些研究发现大部分在位企业更可能考虑以“相关多元化”的形式将其已有的专用性的技术、市场和人力资源共享或转移到这些资源仍然适用的相关性的市场中，以获得一定程度的范围经济（Panzar & Willig，1981），最典型的即通过连锁型组织的“复制策略”进行地理性扩张（Winter & Szulanski，2001；Baum et al.，2000），以复制企业已有的运营流程、组织结构、物理设施以及财会和激励系统等。而除了上述这种专用性资源和能力的作用外，在位企业拥有的其他一般性的资源和能力则更可能使其进行“非相关多元化”形式的市场进入，例如，Chatterjee 和 Wernerfelt（1991）发现具有较强资金流动性的企业更可能采取与其主营业务差异较大的多元化行为以获得更多的利润增长点，如通过内部增长、并购或母公司衍生等模式进入新的产品市场或新的产业市场，其他种类的一般性资源和能力则包括在企业内部组织协调多种业务单元的技能、业务单元间的知识转移技能，体现了企业所拥有的资源基础的宽度，Montgomery 和 Hariharan（1991）发现资源宽度对多元化扩张的范围有正向影响。

无论是相关多元化还是非相关多元化，企业的多元化市场进入行为在一定程度上已经说明了在位企业克服了某些方面的惯性限制，或者市场进入决策得以执行意味着在位企业在进入目标市场之前就进行了战略规划并获取了相应的资源和能力（Carroll et al.，1996）。而大量的研究提供证据说明多元化型企业在进入前所拥有的各种资源和能力会影响进入后企业的绩效，这些研究采用了一系列的绩效测量方法，包括利润收益、市场份额、销售能力以及企业存活时间，例如，对于美国制造型产业市场的多元化型进入者，Chatterjee 和 Wernerfelt（1986）发现企业绩效（ROA 资产收益率）会受到与资源特征有关的多元化策略形式（相关或非相关）的影响，而与多元化策略本身无较大关系。

实证研究一个普遍的发现就是具有与目标市场相关的资源和能力的多元化型进入者在短时间内会比其他进入者具有更高的绩效。其中在大多数产业市场发展的早期阶段，从相关产业市场而来的多元化型进入者往往能够借助于其积累的核心能力或互补性资产先于其他竞争者进入（Helfat & Lieberman, 2002），并迅速获取有利的竞争位置而成为市场的主导者。充足的资源可以提供多元化型进入者应对目标市场的不确定性，允许企业用更长久的时间来建立起供应商、产品系统和客户基础，而在产品方面，闲散的资源也更有可能使企业并不优秀的产品继续停留在市场上（Khessina & Carrol, 2008）。例如，在美国汽车产业中，最初的市场领先企业有一半以上是多元化型进入者（Klepper, 2002b），而若不考虑进入时间的影响，来自相关性产业市场的多元化型进入者的退出风险也远低于来自非相关性产业市场的多元化型进入者。在个人计算机市场的初生时期，由于缺乏特定的市场知识和客户需求，在位企业 IBM 通过引进 PC5150 实现了产品销售量的激增，说明资源禀赋和声望效应能够促使多元化型进入者建立一些相关的资产如市场基础设施并塑造不确定的市场，从而获得较高的存活度（Tripsas，1997）。

Ganco 和 Agarwal（2009）认为对多元化型进入者绩效产生提升作用并非资源和能力本身，而是企业在先前市场运作过程中积累的对这些资源和能力进行有效运用的先前经验，即依据环境的变化需求改变其既有能力的能力。其中在数码成像市场中，Mitchell（1989）发现具有较强市场运作经验的企业进入新的技术子领域中会获得较高的市场份额和较长的存活时间，是因为这些企业熟练于使用已有的各种组织资产如营销渠道和研发平台来开创新的技术属性和利基市场；在对磁盘驱动的新产品代系的研究中，King 和 Tucci（2002）也发现在之前的产品代系中具有较强生产和销售经验的进入者一般会通过持续的技术和产品创新获得在新产品代系中较高的销售量。

更为典型的是 Klepper 和 Simons（2000）发现，在美国电视机市场中，作为多元化型进入者的一些大型收音机制造商成为此市场的寡头垄断者，他们构建了解释模型来说明这种竞争优势并非仅仅是因为各种资金和资源的积累使其更早地成为此市场的进入者，还因为收音机制造企业具备在零部件方面较高的研发能力以及组织和营销经验，这些经验使得他们倾向于在目标市场中投入更多的研发和创新，由于企业每一单位的产出能获得的利润取决于企业对研发的投入和研发生产力，企业就会不断扩张直至扩张的边际成本等于由其产出获得的利润，最终市场内几乎所有的产品和过程创新均是由这些快速扩张的在位企业所完成，因而创新能力是有经验的多元化型企业获得优势的主要来源。但是 Klepper 和 Simons（2000）也指出寡头垄断市场的形成主要是因为作为传统产业的电视机市场在产品技术上并未包含较多的不确定性（几乎没有主导设计的变更），因此他们认为多元化型进入者的先前经验的作用还依赖于市场的技术特征和其他方面的特征。

不少研究却发现多元化型进入者初始的资源和能力对组织绩效的正向影响并非会一直存在，而是随着时间逐渐消失甚至产生负向的作用（Carroll et al.，1996；Giarratana，2008；Joshi et al.，2009）。尤其随着市场成熟并产生先进的产品技术时，市场内部的竞争态势和客户需求均会发生改变，在这样的动态环境中，多元化型进入者的先前资源和能力的重要性就会不断被削弱（Baum et al.，1994）；此外，组织柔性的缺乏（Hannan & Freeman，1984），互补资产的不相容（Teece，1986；Tripsas，1997）以及内部政治（Salancik & Pfeffer，1977）等因素意味着多元化型进入者的组织能力发生变革的难度较大，最终因为受到结构惯性和能力刚性的制约无法响应目标市场中新涌现的变革性技术，从而面临着“在位者的失败”的威胁（Henderson & Clark，1990；Tripsas & Gavetti，2000）。

Christensen（1993）指出，磁盘驱动行业中较早进入的多元化型企业的注意力容易受到既有客户的需求的吸引而未意识到新的主导性的市场需求的开发，因而最终被后进入的企业把握机会所取代；Holbrook 等（2000）则发现，在半导体产业中，先前经验限制了多元化型企业对于半导体产品技术的思考，其中作为电容器供应者的 Sprague 公司急迫地注册并使用与其之前生产电容器的技术相近的技术，而摩托罗拉则因为在音响产品和军方产品方面的研发生产经验，将半导体的生产应用限制在收音机以及其他通信设备上，这些技术的运用最终都以失败而告终（Holbrook et al.，2000）。而即使是在形成寡头垄断市场的电视机市场，来自收音机产业的美国电视机制造商也逐渐失去市场的领导权，这些多元化型进入者最终的失败在于收音机制造方面的先前经验产生了技术上的路径依赖，当作为新的市场领导者的日本电视机制造商开始对新的半导体零件的进行研发并使用固态技术（新的主导设计）生产电视机时，美国电视机制造商却只能进行产品的过程创新（Klepper & Simons，2000）。

2.2.3 创业型进入者的研究

尽管创业型进入者通常并不像多元化型进入者那样具备可以直接利用的各项资源和能力，但是建立一个新企业的企业家也会具有一定的历史经历（Aldrich，1999），正如 Nelson 和 Winter（1982）所观察到的，所有的企业家能够从其之前所经历的事业和教育活动中习得对新市场机会有用的相关知识。因此，所有类型的创业型企业所拥有的记忆和知识均嵌入在其创业团队的成员中，并将影响企业在目标市场中的决策选择和最终的成功（Shane，2000）。

许多组织生态学的实证研究为此识别了这一类市场进入者的“企业家效应”：首先，一个个体是否会成为企业家可能依赖于其先前经验以及人力和社会资本，Shane 和 Toby（2002）指出，当 MIT 的专利持有者拥有较多的企业运作和筹措资金的先前经验时，会增大其创立新企业的可能性；Beckman 和 Burton（2008）也发现，当硅谷的企业家拥有较多的社会资本（来自有声望的在位企业）或者拥有较多的人力资本时（具有高层管理经验），更可能获得外部融资。其次，企业家或创业团队的特征对创业型企业的组织和结构特性具有深远的影响（Kimberly, 1979），例如，Boeker（1989）在对硅谷半导体市场的进入者的研究中，发现创业团队成员的特征影响了企业初始战略的形成，其中具有制造背景的企业家会利用大规模生产技术建立低成本企业，而具有市场和销售经验的企业家则会采用柔性的生产技术；Pol 和 Deepak（2006）基于 380 个涉外市场进入样本的研究也发现企业的市场进入模式与企业家的先前经验有直接的关系，其中具有较强生产经验的企业家倾向于并购，而具有较强国际贸易经验的企业家选择绿地投资的可能性最大。

大量研究还专门关注了由目标市场或相关市场中的在位企业的员工创办的衍生型企业，这一类别的创业型市场进入者在许多市场中扮演着重要的角色（Garvin, 1983; Brittain & Freeman, 1986）。Klepper（2001）描述了衍生型进入者的创立者离开母公司的三种原因：与母公司产生分歧、母公司出现失败以及源自于母公司对开拓新产品和市场的意愿；Bhide（1994）则发现 71% 的衍生型企业的创立者是利用了其隐瞒母公司的创业想法，即一旦一个雇员发明了一项新技术或者识别了一个新的创业机会，他更可能选择离开母公司自主创业。而无论是哪种原因，母公司都成为衍生型进入者最好的培训场所，Klepper 和 Sleeper（2005）深入研究了衍生型进入者与母公司之间的关系，并认为衍生型企业从其母公司处继承的知识形成了其组织、决策和绩效的基础。在他们的模型中，在母公司中的雇员能够了解关于创新和新技术发展的关键信息以及市场机会，利用在激光器产业中的实证证据，他们发现衍生型企业会利用来自其母公司的知识但同样也会使其区别于母公司。

在创业型进入者的组织绩效方面，Stinchcombe 提出的“新企业缺陷”（Liability of Newness）的概念指出新建立的组织在目标市场中一般会遭遇较高的失败率（Stinchcombe, 1965; Bruderl & Schussler, 1990），实证研究也发现很大一部分创业型企业会在进入后数年内退出（Sine et al., 2005），而对产业环境的不熟悉（Aldrich & Fiol, 1994）、社会资本和技术资产的缺乏（Shane & Toby, 2002）以及较差的战略规划能力（Carroll et al., 1996）和战略更新能力（Chen et al., 2012）等都是加剧这些创业型进入者创业风险的重要因素。此外，Khessina 和 Carroll（2008）还指出许多创业型企业需要及早地向投资者、雇员、供应商和客户证明其竞争力，如果这种竞争力取决于其技术特征，企业就需要以一个较优的产品进入行业，而过早的成熟反而会使企业成为行业的基准并面临较大的压力，然而企业往往很难不断改进和引入新产品以迎合客户，最终导致产品和企业的退出。

然而与此同时，研究也发现在市场竞争中存活下来的（Barry & Rajshree，2007）或者在产业成熟时期进入（Ganco & Agarwal，2009）的创业型企业因为经历了积累资源和战略规划的初始阶段，能够通过调配合适的员工、设备和资本使其结构匹配于目标市场而逐步缩小与在位者之间的绩效差异。这些创业型企业得以存活的另一重要原因是其较高的创强能力（Sorensen & Toby，2000），因为创业型企业是在新进入市场中创建的，会更关注于此产业市场的技术需求从而培养自身的创新能力，因此，在新进入的市场中，无论是静态能力还是动态能力方面，创业型企业都具有一定的优势，能持续地供应技术先进的产品（Khessina，2002）。

此外，衍生型市场进入者被发现往往能够通过对母公司关键知识的继承和转移以及更为独特的机会识别能力在许多市场中“后来居上”取代在位企业的主导地位（Agarwal et al.，2004；Chatterji，2009）。Klepper（2001）指出企业家离开母公司的原因对衍生型进入者的绩效优势有显著影响，当其母公司存在未完成的发展期望且由衍生型进入者完成这一期望时，衍生型进入者会具有较高的绩效水平，这些企业通常并未完全模仿或使用其母公司的技术特征，而是进入与母公司相关的领域并利用从母公司习得的其他一些类型的却更为重要的非技术性知识如规则知识和市场知识。而 Chatterji（2009）认为衍生型进入者的绩效优势主要来源于其获取的有价值知识、技能和经验时的低成本，以及从母公司处积累的专有的社会网络以及优越的组织间联结关系，而这些优势会通过许多不同的方式体现，其中 Hsu（2004）发现，当许多潜在的创业型企业同时试图开发某项产品时，衍生型企业会比首次创业的企业更快获取外部资金，因为其与母公司的联结关系、产业相关技能以及有价值的社会网络能够降低风险资本家投资决策的不确定性；而若控制获取资金的条件，衍生型进入者则主要会从其母公司获取的知识和技能中得益，企业家在有声望的企业中的工作经历还预示着衍生型进入者会获得更多的各类利益相关者和战略联盟的青睐（Klepper & Sleeper，2005；Gompers et al.，2005）。

衍生型进入者的绩效优势也随着产业市场的特征而具有一定的差异，例如，在汽车产业和半导体产业中，技术和生产等方面的要素已具有难以理解的复杂性和不确定性，需要不断设计、建立和更新特有的架构来实现技术性目标，因而市场进入者所面临的组织性挑战与在其他市场中具有明显的不同，使得来自其他产业的进入者就无法达到其技术水平，衍生型进入者就能够成为半导体产业中最具竞争力的进入者，这也是汽车产业和半导体产业容易形成区域性产业集群的原因（Klepper，2002b）

2.2.4 市场进入者先前经验的研究

多元化型进入者的初始资源和能力以及创业型进入者在企业家或创业团队层面的知识和技能对组织绩效的影响促生了战略研究者对企业进入目标市场时的“先前经验”的关注。研究者们认为先前经验是产生组织异质性的根本原因（Barry & Rajshree，2007；Ganco & Agarwal，2009），此研究视角显然受到Stinchcombe（1965）提出的“烙印效应”影响，即企业初始的技术、经济、政治和文化背景将持续影响其在进入特定市场后的组织形式和决策行为并导致组织绩效方面的差异（Ingram & Baum，1997；Mol & Birkinshaw，2009；Nerkar & Roberts，2004）。

具有先前经验的企业能够受益于积累的知识（Nelson & Winter，1982），组织学习（Argote & Miron－Spektor，2011），合法性（Carroll et al.，1996）以及信任（Martins & Kambil，1999）。其中一些研究已经证实了先前的市场知识对进入者的存活度是有正向影响的（Bruderl et al.，1992；Delmar & Shane，2006），因为提供了市场的特定信息如竞争地形图、高利润的市场利基、客户偏好、供应链、产业规则和准则等（Feeser & Willard，1990；Chandler & Jansen，1992），这些知识也塑造了市场进入者高管团队发掘机会的愿景和规划（Shane，2000）。另一些研究提出了进入前的管理经验对市场进入者的存活度也有正向影响（Evans & Leighton，1989；Stuart & Abetti，1991；Gimeno et al.，1997），管理经验被认为提供了各种有用的技能，诸如部门性知识（如市场、销售、财务）、处理与利益相关者关系的技能以及有效识别和获取稀缺资源的能力（Chandler & Jansen，1992；Kaghna et al.，1999）。此外，Anand和Khanna（2000）还发现先前的联盟经验会使得市场进入者能在高度不确定性和复杂性的市场环境中受益，在这些类型的环境中，经验具有更高的价值是因为提供给企业更多应对不确定性和复杂性的广泛的工具（Becker & Knudsen，2005；Sampson，2005）。

而对先前经验的作用机制的研究一般涉及两方面的理论：组织生态学认为企业在适应能力方面是惰性的，当进入时拥有与环境匹配的知识和资源更可能获取成功（Hannan & Freeman，1986；Barnett & Hansen，1996）；而演化经济学则认为企业的进入前的资源和能力会影响其适应环境的能力，因此，能够借助于先前经验适应、更新和建立起知识资源的企业更可能获取成功（Nelson & Winter，1982；Christensen & Bower，1996）。结合上述两方面理论，Shane（2000）指出，市场进入者所具有的异质性的先前知识一方面会产生一种“知识通道”使得其能够识别某项市场机会而非其他机会；另一方面会影响其基于市场机会行动的能力，即如何建立合适的组织形式以及产品或服务的方式。Dencker 等（2009）则探讨了先前经验对市场进入者两种组织学习过程与组织绩效关系之间关系的调节作用（见图 2.3），其中早期的商业规划是一种认知性搜索，而具有较高程度知识和经验的进入者更可能建立好的商业规划从而获取更高的组织绩效，具有较少的知识和经验的进入者进行较高程度的商业计划反而会对组织存活度产生较高的危害性；进入后的产品线变革则通过经验性搜索会增加企业的存活度，而企业进入前的知识和管理经验显著地提升了这种效应。

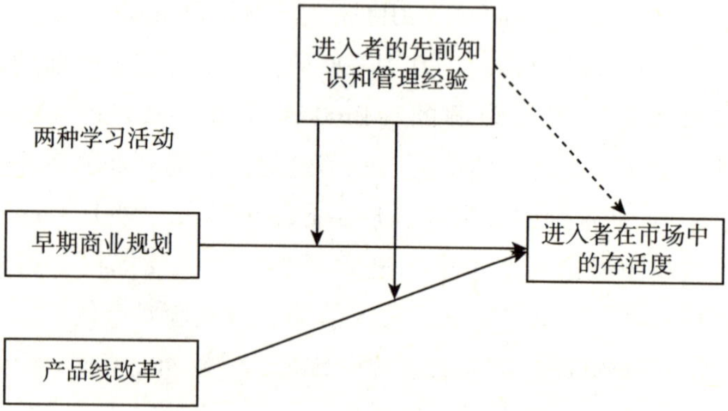

图 2.3 Dencker 等（2009）提出的进入前先前知识和经验的作用机制

相关文献还指出先前经验并非单维度的构念，而企业拥有先前经验的类型会导致不同性质的组织能力的发展，从而影响市场进入决策和在目标市场中的组织绩效（Ingram & Baum，1997；Finney et al.，2008；Schoenecker & Cooper，1998）。表 2.4 所示的是以往一些研究对“先前经验”的维度的划分。

表 2.4　　一些研究对“先前经验”的维度的划分

文献	“先前经验”的内容和维度	研究结论
King 和 Tucci (2002)	(1) 静态经验，与某一市场的运作惯例有关的经验，从既有的结构、位置和战略中获取；(2) 转换经验，与企业动态能力有关的经验，从改变既有的结构、位置和战略的过程中获取	静态经验也会提升动态能力，即管理者的主观能动性是使经验产生的惯性效应转化为有价值的动态能力的关键因素
Nerkar 和 Roberts (2004)	(1) 近端经验，在特定领域内积累的与企业核心产品的需求或已有技术和产品市场位置相关的经验；(2) 远端经验，远离于企业当前市场位置而与其他技术和产品相关的经验，通过企业的多元化获取	近端型经验使企业能够通过开发进行渐进性改进，而远端型经验能够使企业通过探索进行根本性的产品创新
Simons 和 Roberts (2008)	根据经验从当前产业种群中获得还是从其他产业种群中获得分为两种类型：(1) 局部经验；(2) 非局部经验，其中前者会使进入者呈现出与在位企业的组织形式的一致性，后者会使进入者采用新异的组织形式	局部经验能够促进所有的进入者获取较大组织规模和较好产品质量，而非本地经验仅对采用新组织形式的进入者有利
Lee 和 Shin (2010)	根据经验与新的市场领域的相关程度区分了两种类型的经验：(1) 专门性经验，企业对某一狭窄范围产品领域的进入而建立的功能活动；(2) 一般性经验，企业对比较宽泛的产品领域进入建立的功能活动和组织能力，适用于宽泛的市场情境	一般性的经验更能够增加企业进入到高不确定性的新领域并存活的可能性
Katila 和 Ahuja (2002)	根据先前经验的时效性区分了两种类型的经验：(1) 新近性经验：企业进入市场前几年内的经验；(2) 离散性经验：均匀地分布在过去的时间内的经验	新近性经验嵌入组织惯例中，有利于提升利益相关者的合法性、离散性经验，促进新产品的引进以及知识创造
Helfat 和 Lieberman (2002)	从两个维度划分进入者的资源和能力：(1) 核心的（基础知识）和互补的（辅助资产）；(2) 专用性的（情境依赖性）和一般性的	不同类型进入者所拥有的资源和能力在宽度和深度方面有所区别

续表

文献	"先前经验"的内容和维度	研究结论
Klepper（2002b）	先前经验使企业：（1）拥有各种组织资产如营销渠道和研发操作；（2）拥有有助于开展新投资的资金；（3）拥有对新市场有帮助的管理和组织经验，如隐性知识和决策流程等	进入者的相对成功主要来自管理和组织经验

2.3 战略决策制定过程研究综述

由于本书将市场进入者在新市场中的战略决策模式作为研究企业竞争优势来源的核心变量，因此有必要对关于战略决策的研究[①]进行综述。战略决策是由高层管理者负责制定的调配重要资源、设定重要判例、指导重要行动和决定企业整体发展方向的决策（Mintzberg et al.，1976；Dean & Sharfman，1996），如进入新的市场、建立新的产品、并购或剥离业务等，这些决策反映了组织与环境的相互作用以及组织如何管理其中的关系（Ginsberg，1988）。战略决策可以是正式的或非正式的，可以是意图性的或涌现的（Pennings，1985）；既嵌入内部情境（如心理性、结构性、文化性和政治性因素），也嵌入组织的外部情境（如竞争因素）（Pettigrew，1992）。

战略决策制定的研究通常分为两类："内容研究"和"过程研究"，这两类研究之间是互补关系而非替代关系，内容研究显著影响战略决策制定过程的方向，反之亦然（Mintzberg & Waters，1985）。过去三十年的研究大体上以战略内容研究为主导，例如，Porter（1980）提出的三种竞争战略：成本领先战略、差异化战略、集中化战略，以及这些企业战略的制定与外部环境特征的关系。而战略决策制定过程研究（SDMP）的关注度却日益提高（Rajagopalan et al.，1993；Elbanna，2006），这一类研究聚焦于战略决策制定的过程以及影响该过程的因素，其中许多研究聚焦于管理者如何通过战略决策制定过程影响企业战略定位的方式。本节中我们主要对战略决策制定过程的研究进行回顾，尤

① 战略决策的研究包含战略决策制定和战略决策执行，本书仅探讨战略决策制定过程。

其关注于与本书理论建构有关的战略决策制定过程中的战略认知要素。

2.3.1 战略决策制定过程的研究框架和分支

以往研究文献主要关注于与战略决策制定过程研究相关的三方面因素，包括前因因素、过程因素和结果因素。其中战略决策制定过程是在外部环境和组织情境中开展并受其中的各项前因因素作用（Pettigrew, 1997），首先在环境特征方面，战略决策制定过程会受到环境特征如不确定性、复杂性、宽松性和动态性的影响（Sharfman & Dean, 1991; Dess & Beard, 1984），以及一些政策和规制（Duncan, 1972）的约束；而一个组织在环境中以其战略情境为特征，包括组织的战略位置和移动方向，因而战略倾向等要素也将影响组织内部的战略决策制定过程（Ashmos et al., 1998）；其他对战略决策制定过程的影响归因于组织特征的各项要素，包含静态性的组织特征如年龄、结构、规模和技术（Forbes, 2005; Covin et al., 1994; Yasai-Ardekani & Nystrom, 1996; Molloy & Schwenk, 1995），以及动态性的组织特征如文化、价值观和惯例（Baum & Wally, 2003; Pant & Lachman, 1998）；此外，过去的绩效也会通过对决策全面性和信息搜索强度（Cyert & March, 1963; Fredrickson, 1985）产生作用影响战略决策制定过程。上述这些因素的差异均会导致战略决策制定过程的不同，继而对解释不同的组织形式具有重要作用。

战略决策制定过程因素则被描述为由三个主要的要素构成：战略决策制定者、战略议题以及一连串行动。首先基于决策是由个体制定的事实，这种决策的制定过程以及特征受到作为战略决策者制定的个体相关的属性的影响，其中战略决策制定者的静态特征涉及参与到战略决策制定的群体或个体的属性，包括开明性、人数规模和异质性（Amason & Sapienza, 1997; Iaquinto & Fredrickson, 1997; Ferrier, 2001），广义上说，这些属性与战略决策制定的行为方面有关；相反的，战略决策制定者的动态特征即个人和认知情境则探索了个体倾向的来源，战略决策制定者的认知和个人决定因素如经验或出身塑造了他们的认知模型（Iaquinto & Fredrickson, 1997; Hitt et al., 1997），继而通过决定战略决策制定者的环境感知能力对战略决策制定过程产生重大影响，即影响对战略议题的感知和诊断（Porac & Thomas, 2002）。此外，即便在同一组织内部，不同战略决策的制定过程也会存在差异，归因于战略议题特征如战略相关性、紧急性或者复杂性等（Dean & Sharfman, 1993; Dutton, 1993; Rindova, 1999）。而前述这些特征属性会进一步影响战略决策制定过程的行动序列，按照过程特征如全面性、理性程度以及参与性来描述（Atuahene - Gima & Haiyang, 2004; Priem et al. , 1995; Andersen, 2004）。最后，战略决策制定过程特征决定了决策过程的结果特征如决策速度、决策质量或者承诺水平等（Baum & Wally, 2003）。

前因因素和过程因素会影响各种经济性和非经济性的结果因素，而通过将战略决策制定过程看作一项反复的事件，即一项战略决策制定的结果也是之后的战略决策制定发生的情境，就能够发现除了各项环境特征要素之外，战略决策制定过程的结果因素与前因因素其实是相同的，包括战略情境特征、组织特征和组织绩效。上述的各项因素和相互关系在图 2.4 中通过整合性框架进行了

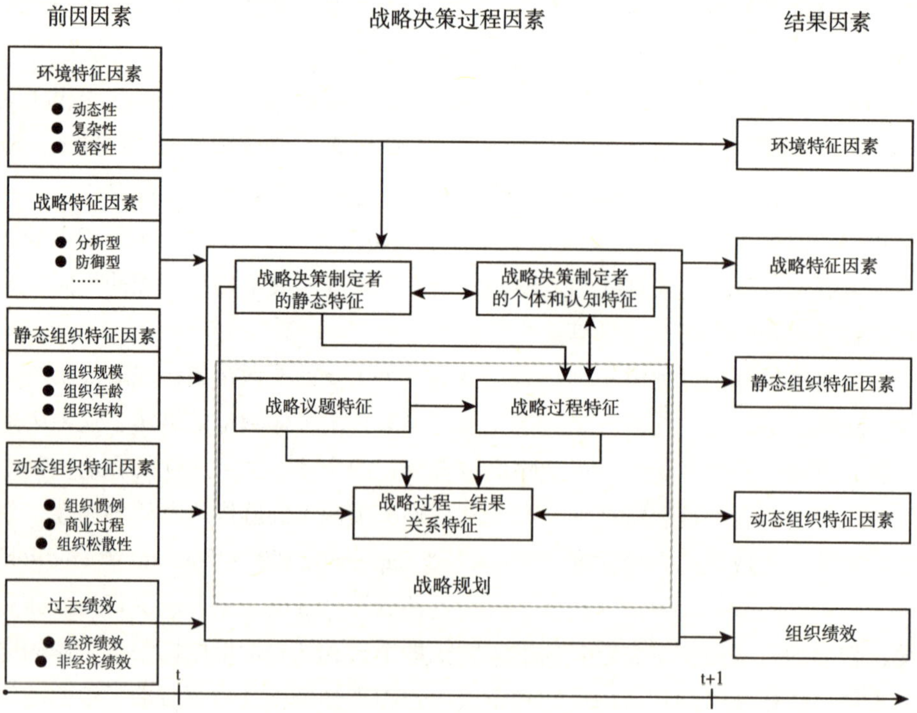

图 2.4　战略决策制定过程的分析框架

资料来源：根据 Hutzschenreuter 和 Kleindienst（2006）以及 Rajagopalan 等（1993）的研究综述整理。

罗列，在这一研究框架下，大量的研究致力于描述各类组织的战略规划过程（Foo et al.，1992；Baker，1992；Grant，2003；Frentzel et al.，2000），其他一些研究则致力于研究一些认知性构念如直觉或脚本路径（Miller & Ireland，2005；Goodwin & Ziegler，1998），而主要的研究则围绕因素之间的双向权变关系展开，这一系列的探索性研究可以被划分为四方面的研究分支。

1. 研究分支一：前因因素影响战略决策制定过程

各项研究指出战略决策制定过程是内部和外部作用力共同作用的结果。在内部作用力方面，一些实证研究（Iaquinto & Fredrickson，1997；Hopkins & Hopkins，1997）证伪了当组织变得更为结构复杂性时，其战略决策制定过程就会向更为程序性和规范性的方向发展的一般性观点（Mintzberg，1973）。事实上，增长的规模和相应的专业化单元的建立更难以发展和维持组织成员之间对决策过程的一致性理解（Papadakis et al.，1998）。外部作用力的研究则关注于环境特征因素和战略情境特征因素，面对着不确定环境的组织倾向于容忍一定程度的错误，因而战略决策制定者会提高决策制定速度（Baum & Wally，2003）、依赖于直觉（Khatri & Ng，2000）或个体信息源（Elenkov，1997）。因此，战略决策制定过程的投入取决于组织战略本身，而已有的实证研究存在着相互冲突的研究发现，意味着当探索这一关系时需要对更为广泛的战略情境特征进行考察（Veliyath & Shortell，1993；Ashmos & McDaniel，1996）。

关于先前绩效的研究揭示了战略决策制定过程特征的路径依赖性，这些研究的价值在于指出了过去绩效所造成的负向作用，即好的过去绩效可能伴随着无知、简化（Dutton，1993）以及增加政治和冲突的威胁（Papadakis et al.，1998）。

各项前因因素对战略制定者的个体和认知情境的影响的研究数量较为有限，这些研究的核心结论就是前因因素如环境波动性、过去绩效或技术（Isabella & Waddock，1994；Lant et al.，1992；Itami & Numagami，1992）对战略决策制定者的认知具有促进作用或抑制作用，意味着试图理解战略决策制定者的决策选择时就需要考虑这些因素。

2. 研究分支二：前因因素影响战略决策结果

这一分支的研究聚焦于前因因素对战略决策制定过程特征和组织绩效的作用。其中探索环境因素对战略决策制定过程特征的影响的研究（Lant et al.，1992；Brouthers et al.，2000；Song et al.，2002；Ferrier，2001）在某些程度上与

“结构决定战略”的研究范式相一致，即强调战略定位与重定位以及竞争进攻性的可能性至少在一定程度上能够通过组织所处的外部环境特征来解释。此外，此分支的研究探讨了战略决策制定过程特征的路径依赖性（Washington & Ventresca，2004；Veliyath & Shortell，1993），即组织会发展一种主导逻辑，用以概括他们对于环境变革和创新机会的战略导向以建立局部的意义框架，这种主导逻辑提高了未来制定和实施相关战略的可能性。

对企业战略决策制定过程特征的另一方面影响来自组织特征，这些研究提供了“结构主导战略”研究范式之外的视角。因此，并非只有竞争环境而是还有不同的组织特征如生命阶段、闲散资源、管理控制系统、过去绩效以及文化（Withane，1997；Ferrier，2001；Marginson，2002；Ferrier，2001；Lant et al.，1992；Pant & Lachman，1998）会对企业战略决策制定过程特征产生影响。

前因因素对组织绩效的作用主要涉及战略情境特征和静态组织特征，其中的一些研究指出各种变量如组织规模、战略姿态或者战略性进攻特征（Hopkins & Hopkins，1997；Covin et al.，1994；Ferrier，2001）会导致好的绩效，然而，也存在一些矛盾的研究发现，如集权化对绩效的作用（Andersen，2004；Baum & Wally，2003），由此产生了是否单一变量就足够解释绩效差异的疑问。而正如 Miller（1988）和其他研究者所建议的那样，需要使用结合战略性、组织性和环境性情境特征在内的整合性框架来解释组织绩效。

在这一研究分支中还有一些研究提出过去的成功会导致如铁板一块的文化的形成，使得战略决策制定过程会被分割为一些细小的任务，这些研究发现与著名的观点“成功孕育了失败”相一致（Audia et al.，2000；Miller & Cardinal，1994；Starbuck & Milliken，1988）。

3. 研究分支三：战略决策制定过程因素之间的相互影响

Rajagopalan 等（1993）强调需要重视高管团队特征与战略决策制定过程之间的关系的重要性，此后研究者们对这个论题的兴趣也随之井喷，其中战略决策制定过程特征如协定或全面性被发现很大程度上取决于决策群体特征如规模或参与度（Iaquinto & Fredrickson，1997；Rindova，1999），而其他研究将通过个体和人口特征来表征的战略决策制定者的习性与战略决策制定过程特征相关联，并指出战略决策并非对目标信息的评估结果而是反映了战略决策制定者的认知模式。

一些研究探讨了战略决策制定者的个体和认知情境和“过程—结果”特

征之间的关联，由此一些构念如信任、认知忠诚以及认知多样性（Ford & Gioia，2000；Amason，1996；Dooley & Fryxell，1999；Forbes & Milliken，1999），以及得以开发和使用，而研究表明了组织内的战略决策制定者之间较强的社会化对“过程—结果”特征如决策速度、质量或创造力具有正向作用，因此，这些研究发现在一定程度上支持存在较强社会化的组织比其他组织绩效更高这一论点。

此研究分支中受到关注最多的论题是将“过程—战略规划”特征与战略决策制定过程的结果相关联，而这一系列的研究可以被分成两种类别：与战略议题相关的“硬事实”研究和与个体相关的“软事实”研究，前者的研究确证了理性和全面性与决策成功正向相关，至少在稳定的环境中（Hough & White，2003；Nutt，2004）。与个体相关的研究则采用了不同的视角，探讨个体相关的软事实如协商、参与性和程序公正（Dooley et al.，2000；Collier et al.，2004；Gerbing et al.，1994；Kim & Mauborgne，1998），这些研究共同的观点认为战略决策制定过程的结果如质量和承诺与战略决策制定者所感知到的过程的公平性和协商性正向相关。

先前的研究指出战略决策制定过程早期阶段的标签和分类会影响随后的阶段（Jackson & Dutton，1988；Mintzberg et al.，1976），然而与此相关的战略议题特征和战略决策制定过程特征之间的关系却并未受到广泛关注，仅有的一些研究也是片段化的，如使用战略议题特征如危机决策、复杂性或重要性（Molloy & Schwenk，1995；Dutton，1993；Rindova，1999；Dean & Sharfman，1993）来探索对战略决策制定过程特征的影响，其中最为成熟的研究是 Papadakis 等（1998）使用了 16 项战略议题相关的特征并发现这些特征在决定战略决策制定过程方面具有主导性作用。

4. 研究分支四：战略决策制定过程因素影响战略决策结果

正因为战略与绩效的关联是战略领域的“问题的核心”（Schendel，1992，P. 3），“战略规划—绩效”这一主题上的研究具有较长的研究历史（Pearce et al.，1987；Shrader et al.，1984），并一直是战略决策制定过程研究中最为聚焦的研究问题之一。此领域最近的实证研究指出战略规划和绩效之间的正向关系（Andersen，2004；Berry，1998；Hopkins & Hopkins，1997），然而同时，这些研究显示现在所探讨的战略规划与 20 世纪六七十年代所谓的科层化的自上而下的过程有所不同，战略规划被看作是能够提高内部沟通、整合不同的能力以及协调不同功能领域的组织活动的手段，战略规划也不再是制定战略时做出的决策路线（Grant，2003），这也能够解释“战略规划—绩效”的关系随着环境特征（Priem et al.，1995）和战略情境特征（Rogers et al.，1999）而改变，例如，当在动荡环境中需要更多信息时，“战略规划—绩效”的关系会变得更强，因为前者提供了更多的信息使得组织的战略与环境结构相一致。

根据高层梯队理论（Hambrick & Mason，1984），战略决策制定者的特征对战略决策结果也具有重要影响。在组织绩效方面，一些不同的特征如确信（Isabella & Waddock，1994）和核心自我评估（Hiller & Hambrick，2005）被证明具有较强的影响，然而，并无相关的结论来总结这些影响的程度和方向，其中 Hiller 和 Hambrick（2005）指出 CEO 的核心自我评估越强，组织绩效会更为极端化，要么是正向的要么是负向的。另一些研究（Ferrier，2001；Lant et al.，1992）将战略决策制定者的特征与战略情境相关联，探索了决策团队规模和一致性对战略变革的作用（Golden & Zajac，2001；Lant et al.，1992）。值得注意的是，这些研究尽管探索的特征是团队规模等变量，但是所基于的理论依据却是认知特征，规模和一致性被用来反映认知容量和能力。其他研究则直接探讨了认知特征对战略情境特征的作用（Farjoun & Lai，1997；Hiller & Hambrick，2005；Song et al.，2002），例如，Hitt 等（1997）和 Song 等（2002）均发现文化继承的影响，其中美国管理者被发现青睐于差异化战略，而日本管理者则偏好成本领先战略。

2.3.2 战略决策制定过程的战略认知视角研究

20 世纪 80 年代开始大量的学者采用卡耐基学派的行为决策理论（Cyert & March，1963）作为理性分析模型的补充在战略管理领域中开拓一种认知性的视角，即探讨认知和战略诊断（Dutton et al.，1983）和战略决策制定（Hambrick & Mason，1984；Schwenk，1984）之间的关联，直到 90 年代后期的研究者们脱离一般性的组织认知情境开始频繁使用“战略认知”这一词汇（Hodgkinson & Thomas，1997），近年来，战略认知越来越成为战略管理领域中一项致力于理论建构和实证研究的重要的理论流派。

战略认知主要关注于“战略制定者的认知结构与战略决策制定过程（战略规划和战略执行）之间的关系”（Porac & Thomas，2002：165），其中认知结构包括高层管理者对环境、策略、业务组合以及组织现状的信念，这些认知结构有助于战略诊断和选择、战略规划中的意会和释义过程以及战略执行中并行的意会过程和意给过程，强调了认知过程如何在组织中建立、如何产生各种商业性策略以及如何导致重大的战略的实施。

战略认知研究分布于各个分析层面——个体、团队、组织和产业。在个体层面，战略研究关注于组织中的高层管理者尤其是 CEO 的认知结构和过程如何运用于特定的企业战略情境特征而影响战略决策选择；大部分团队层面的研究则关注于高层管理团队（TMT），正因为团队成员在认知结构和过程方面的差异，研究者们关注于“认知聚集”的论点（Porac & Thomas，2002），认为情境因素和社会性影响过程（Chattopadhyay et al.，1999）可以用来解释这些群体的信念的结构和形成作用过程；在组织层面，研究者们通过认知来解释战略对绩效的影响（Nadkarni & Narayanan，2007a），事实上，在小型组织即初创型组织或者集权型组织中，组织层面的战略认知研究可以等同于团队层面或者个体层面（Staw，1991），因此，组织规模和权力配置应作为区分不同层面的研究的因素；在产业层面，研究者关注认知如何导致战略种群（Reger & Huff，1993）的出现以及如何影响产业的形成（Garud & Rappa，1994）。

战略认知的研究主要包含以下两方面的研究分支：静态性的认知结构研究和动态性的认知过程研究。结构即组织行为的重复模式和相对固定的特征，过程即在组织中发生的战略认知活动。

1. 研究分支一：战略认知结构的前因和结果

与认知结构有关的常用的构念分别是组织一致性、战略框架和组织惯例，其中组织一致性是用以阐释“作为一个组织我们是谁”这一问题的构念（Fiol & Huff，1992），反映了组织成员对本组织的核心的固有特征的共同性理解；战略框架（Huff，2006）则是一种个体用以阐释信息环境的知识结构或认知模板（Nisbett & Ross，1980；Walsh，1995），作为战略决策制定者所聚焦关注并借此进行战略规划的过滤器（Huff，1982）；而类比于个体分析层面的启发式或脚本，组织层面的组织惯例是“执行组织任务的多个个体所呈现的重复的行为模式”（Feldman & Rafaeli，2002：311），惯例涉及于无意识的自动的信息加工，使得组织通过分块关注来节省认知资源（Bromiley，2005）。

在个体和团队层面，研究通常涉及于企业的 CEO 或者高层管理团队，将认知结构描述为因果关系图或主导逻辑（Barr，1998；Prahalad & Bettis，1986；

Von Krogh & Roos, 1996)。其中 Markoczy（1997）指出个体的、战略性的和环境性的因素尽管可能有关但却不足以解释认知结构的特征；Jenkins 和 Johnson（1997）则做出了相反的论断，认为因果关系图是有意向的事物，他们发现有意识的企业家比强调控制和个人成就的企业家更关注于基于绩效的观念。Calori 等（1994）则证明了企业的多元化程度越高，其 CEO 的因果关系图越复杂。Hodgkinson 和 Johnson（1994）发现了在相同市场中的不同企业甚至相同企业内部的管理者持有不同的心智模型，归因于不同管理者在组织中司职的多样性。

在组织层面，以 Walsh（1995）为代表的研究者探讨了影响战略框架各个方面的环境因素和组织因素，并关注于企业的战略框架对绩效的中介作用。其他一些研究则基于档案资料追溯了企业的战略行动对认知结构的影响，例如，Barr（1998）将因果关系图的变革与战略行动的时机相关联。Lampel 和 Shamsie（2000）则指出合资企业的战略定位遵循已有的主导逻辑，并且合资企业的初期失败也与主导逻辑的转变有关。而在一个大型抽样调查研究中，Nadkarni 和 Narayanan（2007b）发现认知结构的复杂性有助于战略柔性以及在快速发展产业中的成功性，而认知图式的聚焦性则有助于战略持续性，使企业在缓慢发展的产业中具有效率。

2. 研究分支二：战略规划的前因和结果

战略认知研究将战略规划看作是由意会、决策扫描和决策制定构成的复杂性活动。其中意会是战略认知对战略管理研究的独有贡献，正如 Weick（1995）所定义的，意会是由某些异乎寻常的突如其来的重要的事物——非惯例性的情境所激发的社会活动，包含两种不同类型的认知过程——感知和设定（Smircich & Stubbart, 1985）。在感知视角下，战略决策制定者被描述为受到有限理性的诱导（Simon, 1991），即受到其对环境的不完全和不完美的感知、对资源和能力的识别欠缺以及个性化的战略框架的影响；设定视角则假定“组织和环境是由关键参与者的相互作用的社会化过程共同创造出来的”，即“组织和环境是为行动模式提供便利的标签”（Smircich & Stubbart, 1985, P. 726）。

战略认知研究将意会看作战略诊断的中枢活动（Bogner & Barr, 2000; George et al., 2006），并且描述了其不确定性、模糊性、受制度影响的特征（Miller et al., 1998）。在个体层面，意会涉及注意（Sutcliffe, 1994）、分类（Porac et al., 1995）、简化以及利用启发式（Rajagopalan & Spreitzer, 1997）；

在团队层面，意会涉及建立情境释义的一致性（Ford & Baucus，1987），释义的一致性并非单维度的构念，而是包含内容和沟通框架（由人们用以传递信息的标签构成）；在企业层面，基于组织是一个释义系统的观点，Walsh（1995）之前的战略认知研究者认为因为市场是固有模糊性的，组织的决策和行动会基于决策制定者的感知和释义（Daft & Weick，1984；Feldman，1989）。

战略认知研究也指出了扫描过程的复杂性特征，一些受到战略框架的驱动，另一些则形成新的战略框架，即 Gavetti 和 Levinthal（2000）定义的基于行为者关于“行为—结果”的认知地图的“向前看”搜索过程以及基于经验的“向后看”搜索过程，新卡耐基学派的有限理性的思想也提供了相应的两种不同的扫描逻辑：向后看逻辑（“刺激—响应”学习）以及向前看的结果逻辑（Gavetti et al.，2007）。

强调认知作用的战略决策制定过程的解释模型提供了与决策制定的理性模型相反的论断（Rajagopalan et al.，1993），此模型将战略认知作为情境和管理活动之间的重要连接，认为主体的认知结构和扫描、意会过程会同时影响决策的框架（备选方案、标准权重等）。在个体层面，战略决策制定过程研究结合了认知心理学和行为决策理论中丰富的成果；在团队层面，Hodgkinson 等（1999）提出对决策框架的直接干预会改变决策，强调了干预的可能性和潜在价值；在组织层面，研究强调决策情境的作用（Dean & Sharfman，1996）以及决策特定的特征也会影响决策过程（Rajagopalan & Spreitzer，1997）；在决策过程方面，Farjoun 和 Lai（1997）建立了相似性判断的认知偏差如何使战略规划发生偏移的理论。而近年来，研究越来越关注于直觉（Khatri & Ng，2000；Nutt，1998）和类比推理（Gavetti et al.，2005）的作用。

2.4

简要评述

本章综述的三方面研究均有助于我们理解市场进入者的竞争优势的来源，但是由于各自的侧重点不同，这些研究也都存在一定程度的启示性和局限性。

首先，市场进入时机是在市场进入研究中最早开展并且讨论最为广泛的研究主题，继承于产业经济学的思想，此研究主题下的大量研究认为进入次序是企业竞争优势的决定因素，即在市场发展的不同阶段进入的企业会面临着不一致的竞争态势和可供选择的竞争策略。尽管也指出了企业已有的资源和能力会影响市场进入者对进入时机的选择，但由于经济学理论通常把企业组织看作同质性的生产和运作主体（奥利弗，2007），这些研究依然过分强调了产业结构和市场环境等外生因素对市场进入者绩效的影响，而忽视了组织内部特征的差异性对市场进入者资源和能力发展的作用（Barry & Rajshree，2007）。事实上，产业市场的初始阶段和成熟阶段的差异体现在环境的动态性、复杂性和竞争性等方面的特征（Dess & Beard，1984），而在战略管理领域中，市场进入时机所反映的是这些市场环境特征对市场进入者特定的战略决策制定过程和结果的影响。因此，基于这一系列的研究，市场环境特征将成为本书理论构建中所关注的一项重要的研究变量。

其次，市场进入者类型研究则聚焦于探讨作为前因因素的组织特征对市场进入者资源和能力发展的作用，并主要围绕着企业的“先前经验”这一构念展开。然而，从已有研究可以发现对于不同类型的市场进入者，先前经验的内涵和作用是完全不同的，其中关于多元化型进入者的研究关注的是这一类企业在相关市场中所积累的资源禀赋和组织惯例，而关于创业型进入者的研究强调了企业家或创业团队层面所具备的经验和知识。此外，实证研究关于先前经验对组织绩效的提升是起促进作用还是制约作用也存在着极大的矛盾，并且仅有少数研究阐释了其中的作用机制，其中 Fern 等（2012）指出，先前经验的异质性是面临着相同市场环境的企业构想出并采用不同的战略决策的根源所在，即从企业先前经验中提取的一些知识会限制战略决策制定者对战略决策的选择，而另一些知识则会打破这种限制。因此，遵循这一思路，解释先前经验不同的内容和维度如何通过作用于市场进入者的战略决策来影响其在市场中的组织绩效就成为本书主要的研究论题。

而已有对战略决策制定过程的研究则为本书的理论建构提供了研究视角上的借鉴，尤其是有关战略决策制定过程中各种形式的战略认知的研究，这些研究的贡献在于提出了一些新颖的甚至反直觉性的研究构思和研究结论，而在强调战略决策制定过程是个体驱动的现象之后，本书尤其关注于那些将各类前因因素和调节因素与战略决策制定者的个体和认知特征相关联的研究。因此，在市场进入这一研究主题上，我们将借助于个体层面的认知心理学的相关理论来理解企业战略决策制定的过程特征，并将这些过程特征与上述的企业先前经验和市场环境特征等因素相关联，由此揭示企业竞争异质性和绩效差异的来源。

第 3 章

市场进入者的问题解决：从先前经验到启发式决策制定

3.1 引言

企业的市场进入行为①一直受到产业经济学、战略管理、市场营销和创业管理等各个研究领域的广泛关注，研究者们发现具有不同组织特征的企业在进入同一市场后会采取异质性的行动选择，继而决定了各自在此市场中的未来命运（Holbrook et al.，2002；Chen et al.，2011）。由本书第 2 章的文献综述关于市场进入者类型的研究可以看出，大多数研究都倾向于将市场进入者分为创业型企业（De Novo）和多元化型企业（De Alio）两种类型（Carroll et al.，1996；Khessina & Carroll，2008），并认为两者的区别主要体现在市场进入时企业所拥有的"先前经验"，即多元化型企业能够利用在先前市场中积累的各种技术性、市场性与管理性经验来制定决策，一些来自相关市场的多元化型企业甚至已经获取了能够直接运用于目标市场的资源和能力禀赋（Montgomery & Hariharan，1991），而创业型进入者的先前经验则通常仅仅表现为企业家所具备的关于市场的知识结构和认知技能（Sine et al.，2005）。

然而，这种市场进入者类型的"二分法"却存在着较大的局限性。首先，不同的实证研究在对比两类市场进入者的绩效时产生了不一致性，一些研究支持多元化型进入者的绩效优势（Klepper & Simons，2000；Chen et al.，2011），

① 根据 Helfat 和 Lieberman（2002）的界定，本书将企业在新的技术层次或商业实践方面提供特定的产品或服务统称为在产业中的"市场进入"，即涵盖了对新创产业、新的利基产品市场以及新的地理性市场的进入。

另一些研究却发现了相反的结果（Giarratana，2008；Klepper & Sleeper，2005），也有不少研究指出拥有先前经验的多元化型进入者在目标市场中能够获取更高的短期绩效，而在长期内却会被创业型进入者逐渐赶超（Barry & Rajshree，2007；Ganco & Agarwal，2009）。其次，一方面很多创业型进入者也是由拥有丰富经验的个体或团队创立（Helfat & Lieberman，2002；Delmar & Shane，2006），另一方面相关多元化和非相关多元化型进入者之间所拥有的经验水平也不尽相同（Klepper，2002b），因而不适宜仅用“先前经验”这一单一的指标来表征进入企业的异质性特征。而最重要的是，“先前经验”本身仍然是一个相对笼统的概念，一些研究虽然讨论了“先前经验”的内容和维度（King & Tucci，2002；Nerkar & Roberts，2004；Lee & Shin，2010），却并未真正开启从企业的先前经验到组织行为和绩效的作用关系的“黑箱”，这正是本书重点关注和探讨的问题所在。

因此，在本书的理论建构中笔者首先试图回答以下三个问题：（1）如何区分“先前经验”的不同内容维度对市场进入者在目标市场中行为和绩效的影响作用？（2）“先前经验”对组织绩效是否既具有短期作用又具有长期作用？（3）拥有并利用什么类型的“先前经验”的市场进入者会获得更好的绩效结果？

与以往的研究不同，本书并非仅仅局限在现象方面而是聚焦于企业组织的行为和认知方面（Powell et al.，2011；Narayanan et al.，2011），即考察市场进入者如何制定对其组织绩效具有显著影响的战略决策。为此本书基于卡耐基学派的行为决策理论（BDT），将企业的市场进入行为看作在新异的市场情境中的一种问题解决过程（March & Simon 1958；Cyert & March，1963），即市场进入者通过制定一系列战略决策在目标市场中寻找有利的竞争位置，正如问题解决者在巨大的问题空间里搜索合适的解决方案（Gavetti & Levinthal，2000）。而遵循 Gavetti（2011）所提出的“战略主体”的概念，上述过程实际上是由作为“战略领导者”的企业 CEO 或高层管理者特定的心智结构所驱动，这在很大程度上体现为一种个体层面的认知过程。由此在本章中，笔者将首先引入“启发式”这一认知心理学中关于问题解决的核心概念，并提出一项全新的理论框架来阐释个体层面的战略决策制定者如何受到组织层面的企业先前经验的影响，继而通过子研究一的仿真研究来模拟拥有异质性先前经验的不同类型的市场进入者在目标市场中的战略决策制定过程。

3.2

理论框架

3.2.1　市场进入是一项问题解决过程

以 Cyert 和 March（1963）的行为决策理论为基础的卡耐基学派将企业组织看作是致力于搜索解决方案的问题解决实体（March & Simon 1958；Cyert & March, 1963），并通过研究组织内部的决策制定过程来分析组织在各种任务情境下的学习、变革和适应行为（Gavetti et al.，2007）。而市场进入即是一项典型的组织变革行为（Helfat & Lieberman, 2002；Carroll et al. 1996），其中对于多元化型进入者来说，市场进入意味着发展和改变已有的资源和能力；对于创业型进入者来说，市场进入则是在新异的情境中探索并建立新的核心能力。遵循这一研究视角，市场进入实际上是组织层面的一种问题解决过程，即在目标市场中企业需要通过制定一系列的战略性决策来提供个异性的产品或服务，以进行有效的战略定位而获得相应的绩效结果（Gavetti et al.，2005）。

然而企业的战略决策是如何制定的？尽管对于战略研究领域来说这是最基本的问题之一，但是却受到较少的关注，尤其是以往研究对企业的初始条件、洞察力、经验、竞争性反馈以及其他作用力如何共同塑造出企业战略并未形成清晰的见解（Burgelman, 1991；Siggelkow, 2002；Bhide, 2000）。而这一局限性部分地缘于战略的双重特性，首先，战略是存在于战略决策制定者的思维中，体现了他们关于市场环境以及企业竞争位置的认识（Porac et al.，1989；Huff & Jenkins, 2002），这涉及定位学派所强调的战略决策制定者运用推理能力的心智过程（Ghemawat, 1991；Brandenburger & Stuart, 1996）；其次，战略是嵌入在并具体化于企业的活动、规则和惯例（March et al.，2000；Nelson & Winter 1982）之中，并最终由组织层面的行为机制产生。因而理解企业战略的起源需要领会这两方面如何相互结合，而行为决策理论对行为现实主义的追求则为连接个体层面的心智过程和组织层面的企业战略提供了坚实的基础（Bromiley, 2005；Argote & Greve, 2007），即通过假定企业的"战略领导者"在制定战略决策时具有人类解决问题所共有的一些心理特征而将认知心理学所揭示的个体层面各项心智过程的具体内容映射到企业战略决策制定这一实际的组织行为中（Gavetti & Rivkin，2007；Gavetti，2011）。

由此本书将进入市场的企业类比为个体层面的问题解决者。首先，在个体层面，经验的作用实际上会通过记忆的形式体现出来，而问题解决一般需要运用人类长时记忆中两种相互分离却又相互影响的记忆功能，即程序性记忆和陈述性记忆（安德森，2012；艾肯鲍姆，2008）。其中程序性记忆作用于无意识的自动性加工，属于人类认知的第一系统过程（Evans，2008），此记忆基于个体先前经验储存的程序性知识会通过产生式机制自动性地提取；陈述性记忆则作用于有意识的受控性加工，属于人类认知的第二系统过程，其功能在于对个体从先前经验中习得的关于任务情境的陈述性知识进行储存和提取。而在组织层面，组织记忆的研究指出企业组织同样具备类似的记忆功能（Cohen & Bacdayan，1994；Moorman & Miner，1998），而这些记忆功能显然也会影响企业内部的战略决策制定者的决策选择。基于此，本书假定在市场进入过程中，战略决策制定者也会通过上述两种记忆功能从企业的先前经验中提取制定决策所需的相关知识。

其次，作为卡耐基学派的基础思想之一，人类信息加工的“有限理性”体现了组织层面和个体层面问题解决的共通性（Simon，1955）。而认知心理学中关于问题解决的理论和实验指出，在时间和知识的限制之下，具有有限理性的人们会采用一些非最优化的策略或遵循一些简单规则（Simple Rules）来解决较为复杂的问题，这一过程通常被称为问题解决的启发式（Gigerenzer & Gaissmaier，2011）。在组织层面，最近的一些研究证实了企业在如创业学习（Holcomb et al.，2009）、战略联盟（Rindova & Kotha，2001）以及商业机会把握（Eisenhardt & Sull，2001）等许多组织过程中也会利用各种启发式，并强调这些启发式均为组织先前经验的产物（Bingham & Eisenhardt，2011）。而在市场进入情境中，由于对市场特征的不熟悉或市场结构本身的复杂性，企业的战略决策制定者表现为只能对市场信息进行简化性表征并指导随后的决策选择（Gavetti & Levinthal，2000；Gavetti et al.，2005），这同样符合于启发式的特征。因而本书假定在拥有先前经验的企业中，战略决策制定者会利用各种类型的启发式来解决市场进入时所面临的各项问题。

“启发式”（Heuristics）这一概念最早由西蒙和纽厄尔在问题解决的 LT（Logistic Theorists）模型中引入（Newell & Simon，1958），他们认为，问题解决通常是在巨大的问题空间中利用启发式进行选择性搜索的过程，体现为有经验的人们能够从初始状态快速有效地历经适中数量的知识状态到达目标状态，而忽视对其他区域的搜索（Simon & Newell，1971）。此后，认知心理学对启发式的研究呈现出截然相反的两个研究方向，以卡尼曼为代表的学者揭示了启发式如何导致人类各种直觉性的偏差和错误（Kahneman et al.，1982），以吉仁泽为代表的学者则致力于证明启发式是能够产生有效决策的简捷规则（Gigerenzer et al.，2011）。以下笔者将借助于这些研究范式下发展起来的启发式形式模型，界定企业的战略决策制定者受到组织层面不同记忆功能作用的两种类别的启发式，如图 3.1 所示并假定先前经验会通过不同的启发式决策制定过程影响市场进入者的组织绩效。

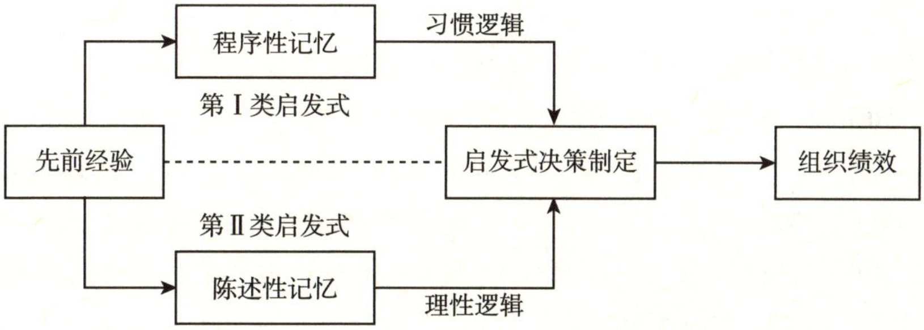

图 3.1　市场进入者的启发式决策制定过程

3.2.2　第Ⅰ类启发式：程序性记忆的作用

在认知心理学和神经科学的不少研究范式下，“启发式”被用来指代人们在问题解决过程中的一些无意识（或前意识）的直觉反应（Evans，2008；Dane & Pratt，2007）。其中最具代表性的就是由卡尼曼等（2007）开创的“启发式与偏差”范式，他们重点关注于在不确定性情境下人们如何依赖一些数量有限的启发式（如代表性启发式、易得性启发式和锚定启发式等，见表 3.1），将复杂任务降低为较简单的直觉性判断操作，而基于大量的研究实验他们发现“通常这些启发式原则很有用，但有时它们也会导致严重的和系统性的错误”（Tversky & Kahneman，1974，P. 1124）。

表 3.1　产生直觉性决策判断的各种启发式

启发式类型	属性替代过程	自然评估机制
代表性启发式	以表面特征信息与某一类型的相似性进行判断	相似性评估
易得性启发式	以表面特征信息易于激活的例证事件进行判断	知觉流畅性评估
锚定启发式	以任务情境提供的初始值为参照进行判断	从初始值的调适
情感启发式	表面特征信息的刺激物所激发的情绪响应	情绪性评估
原型启发式	用客体的某一原型属性代替外延属性进行判断	原型评估

在个体层面，直觉一般是由程序性记忆产生的，即人们基于对任务情境中某些信息的熟悉性再认，提取类似于“条件（刺激）—行为（反应）”的产生式规则的过程（Simon，1992）。Kahneman（2003）也指出直觉属于人类认知中内隐性的第一系统过程，并将上述各种类型的启发式归纳为一种“属性替代”（Attribute Substitution）的一般性过程，即个体对问题的理解会受到思维中一些固有的“自然评估机制”（Natural Assessments）的影响，以致当前问题中一些效度有限的特征信息（启发式属性）更容易呈现在知觉中，取代问题解决所需的关键性信息（目标属性）而使个体较快地形成对客体不准确或不充分的直觉印象，并以此为依据进行评估判断（Kahneman & Frederick，2002；Kahneman，2003）。而根据认知神经科学的相关实验证据，信息被提取和利用的易得性与其先前被程序性记忆加工的强度正相关（艾肯鲍姆，2008），因而这种“属性替代”过程在本质上也会受到程序性记忆的影响。

本书因此将与直觉有关的各种启发式界定为由程序性记忆作用的第Ⅰ类启发式，在个体层面，这是一种受个体习惯驱动的问题解决方式，即问题解决者从任务情境中自动性地提取与其储存的程序性知识相匹配的一部分特征信息，并基于已有的产生式规则进行无意识地决策判断的过程。而在组织层面，卡耐基学派界定了一种基于组织惯例的决策制定逻辑，即习惯逻辑（Habit-centered Logic），而 Nelson 和 Winter（1982）将组织惯例类比于个体习惯，Cohen 和 Bacdayan（1994）也将组织惯例比喻为分布于组织内部的“程序性记忆”，这些文献均指出组织惯例是一种能够指导企业组织行为和决策的规则。因此上述启发式的形成和作用的机制实际上可以用来阐释这种由组织层面的程序性记忆驱动的习惯逻辑（Gavetti et al.，2007；March & Simon，1958）或者“向后看”的组织搜索过程（Gavetti & Levinthal，2000）。

由此在市场进入情境中，本书假定当企业组织存在由先前经验中产生的程序性记忆——通过局部搜索和绩效反馈形成的组织惯例时，这些惯例就会以类似于“自然评估机制”的方式影响市场进入者在新环境中的战略决策制定，即这些企业的战略决策制定者会直觉性地选择与既有惯例相关的特征信息作为依据，并参照已有的行为模式利用第 I 类启发式制定战略决策。

3.2.3　第Ⅱ类启发式：陈述性记忆的作用

Gigerenzer 等（2011）识别了另一种称作“快速节俭启发式”的形式模型，他们认为卡尼曼片面地理解了西蒙的有限理性观，过分强调启发式只是“人们使用很少信息或心理资源进行推断的便捷途径”，而忽视了这种简单心理机制所能体现的适应性特征（吉戈伦尔[①]等，2002）。为此，吉仁泽等将启发式定义为根据不同情境特征所采用的使问题解决更为快速节俭的各种策略，依赖于一些“减少努力”的认知活动，如提取较少的线索、简化线索的权重、整合较少的信息以及检验较少的备择项等，并提出称为“适应性工具箱”的研究范式，以说明“匹配于环境结构的启发式具备生态理性”这一核心观点（吉仁泽，2006）。

在此研究范式下，吉仁泽等首先认为启发式并不一定仅由无意识的思维过程产生，而是能够受到个体核心的心智能力有意识地控制，这些心智能力包括再认记忆、频率监测、目标跟踪以及模仿能力等，体现了个体通过认知的适应性所能够具有的一种与特定任务情境相匹配的理性——“生态理性”（Gigerenzer & Gaissmaier，2011）。为了对照卡尼曼的研究，吉仁泽设计的各项实验也考察了不确定性的任务情境，但是并非有意地提供一些会“误导”被试的描述信息，吉仁泽通常使被试进入更为自然的问题解决过程中。例如，在“城市人口比较”实验中，尽管获得的有关客体的信息也是不充分的，被试却能够通过“拟合环境”的环节对任务情境进行审视，有意识地从中归纳和提取对判断具有一定生态效度的线索信息，诸如某城市“是否举办过展览会”、“是否有足球俱乐部”等，并运用由这些信息构成的启发式预测拥有人口数量较多的城市，而结果证明被试往往能够做出正确的决策判断（Gigerenzer &

① 不同书籍译名的差异，下面统一使用“吉仁泽”这一译名。

Goldstein, 1996)。

吉仁泽和卡尼曼的研究范式之间并非毫无共通之处。吉仁泽认为，在进行问题解决时，人们通常面临着两类启发式策略的选择（吉仁泽，2006，P. 161－164）：一类是构建简单地匹配于当前任务结构的“局部心理模型”，即通过知觉表征中的信息做出直接的推断，却可能导致信息的缺失或谬误，这本质上就与卡尼曼描述的“属性替代”相一致；而若局部心理模型未被激活或未起作用，人们则会尝试利用超越当前任务结构的来自于自然环境中的其他信息构建“概率心智模型”（Probabilistic Mental Model）。在此基础上，吉仁泽等识别了用以构建“快速节俭启发式”形式模型的一些通用的“构筑块”（Building Block），包括指导搜索的启发式规则、终止搜索的启发式规则和决策选择的启发式规则（吉戈伦尔等，2002，P. 119），并将个体或群体所拥有的启发式的集合、构筑块以及核心的心智能力统称为思维活动的适应性工具箱，如表3.2所示，认为具有足够经验和知识的人们会从中选择适当的启发式来应对现实世界的复杂问题（Gigerenzer & Gaissmaier, 2011, P. 474）。

表3.2　适应性工具箱中常用的各种启发式

	启发式类型	利用的任务信息和构筑块
基于局部心理模型的启发式	再认启发式	依据有关客体的知觉信息，选择得到再认的备选项
	流畅度启发式	依据有关客体的知觉信息，选择流畅度较高的备选项
基于概率心理模型的启发式	最少化启发式	随机地提取环境中有关客体的线索信息，直至产生有区分力的参照集，做出非代偿性推断
	采纳最佳启发式	依据生态效度的排列知识提取环境中的线索信息，直至产生有区分力的参照集，做出非代偿性推断
	计数策略（达维斯规则）	提取环境中可知的所有线索信息，忽视线索的权重知识，做出代偿性推断

Gigerenzer和Goldstein（1996）指出基于概率心理模型的启发式之所以具有较高的准确性和耐用性，是因为与基于局部心理模型的各种启发式不同，这

些启发式能够使个体完成一种基于记忆的推断（Inference from Memory），而这一过程涉及对关于任务情境的一定程度的陈述性知识的搜索（Gigerenzer & Goldstein，1996，P. 651），即上述各项构筑块的具体内容是由个体受控性的心智能力和已有的外显性的知识结构（即一般性的概率心智模型）所决定，显然是个体运用陈述性记忆进行有意识地信息提取和加工的结果。

本书由此将上述各种能够体现人类生态理性的启发式界定为由陈述性记忆作用的第Ⅱ类启发式，在这种问题解决过程中，问题解决者不仅能够提取已有的陈述性知识对任务情境的表面特征进行类比和分析，继而产生更多的背景性和关联性的特征信息，还能够对这些特征信息进行重要性的评估，并从中选择部分关键的信息作为决策的依据。在组织层面，决策制定的“理性逻辑”（Gavetti et al.，2007）以及“向前看”的组织搜索方式（Gavetti & Levinthal，2000）可以用这类启发式过程机制来阐释。March（2006）认为组织能够追求一种智能化——利用基于对决策之间因果关系的推断的“理性技术”来解决问题，其涵盖的内容在本质上是与个体层面的指导搜索、终止搜索和做出决策的启发式规则相一致的。而与个体层面类似，这种认知性的决策制定逻辑必然需要以组织层面的陈述性知识为基础，体现为企业的战略决策制定者通过一定的标准将企业以往的知识、经验和记忆进行分类而建立的各种外显性的知识结构，例如，战略认知研究中所关注的企业的心智模型（或认知图式、主导逻辑、因果地图等）（Gavetti，2011；Gary & Wood，2011），这些外显性的知识结构会影响战略决策制定者关于现实世界的简化性的认知表征。

在市场进入情境中，本书假定当企业组织拥有一定程度的先前经验时，其内部的战略决策制定者也会遵循理性逻辑来制定决策，而这种问题解决方式是由组织层面的陈述性记忆驱动的，即战略决策制定者能够基于已有的组织层面的心智模型，有意识地搜集企业内外部的历史数据以识别市场环境中潜在的各种特征信息和因果关系结构，并利用第Ⅱ类启发式以一定的效度评估为指标提取其中的部分信息制定相应的战略决策。

3.2.4　问题解决视角下四种类型的市场进入者

Simon（1990）指出“启发式在人类的问题解决中广泛存在”，事实上，启发式并非只是一些可供选择的问题解决策略，而是一切问题解决所共有的特征行为。基于对以上两种研究范式的对比和综合，本书将启发式广义地定义为在有限理性的制约下，人们对任务情境中的部分信息进行选择性提取和加工的问题解决过程。这一过程既可能是无意识的第Ⅰ类启发式，也可能是有意识的第Ⅱ类启发式，而在前面提出的这两类基于不同记忆功能的启发式则在一定程度上说明人类的问题解决方式存在着显著的个体差异，并且这些差异是由问题解决者所拥有的知识类型和程度决定的。其中拥有较高水平程序性知识的个体倾向于使用第Ⅰ类启发式，拥有较高水平陈述性知识的个体则倾向于使用第Ⅱ类启发式。为此，在市场进入情境中，本书也依据个体层面对问题解决者类型的划分界定了四种类型的市场进入者，如图 3. 2 所示，并假定不同类型的市场进入者区别于其所采用的战略决策制定过程的差异性。

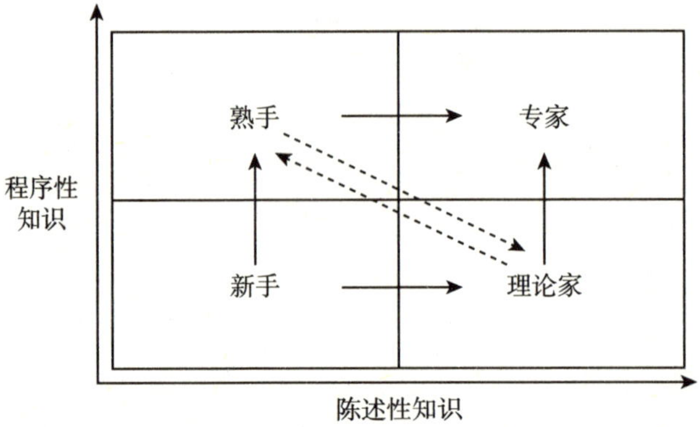

图 3. 2　市场进入者类型的分类框架

(1) 新手型。

在个体层面，新手一般同时缺乏解决问题所需的陈述性知识和程序性知识，因而在一些结构不良的问题中，这类问题解决者甚至不能完成对问题的理解和分析，表现为无法识别问题解决所需的各项知识状态，由此陷入“一筹莫展”的境地。而西蒙等人认为，当人们对任务情境的结构性知识未知时，会采用一些通用性的启发式（或称元启发式）来解决问题，如“爬山法”和“手段—目标分析”等弱方法（Simon，1971，1990），这些人类思维中惯有的策略法则使个体会随机性地提取任务情境中的部分表面特征，通过系统性的搜索方法逐渐逼近目标状态。

在市场进入情境中，本书将不具备任何先前经验的市场进入者类比为组织层面的“新手”，如在市场的初生时期进入的一些创业型企业（Sine et al.，

2005），笔者假定这些企业的战略决策制定者只能依据目标市场中极其有限的表面特征信息进行渐进性地创新，即符合于个体层面基于试错策略（Trial and Error）的元启发式。

（2）熟手型。

新手向专家转化的一种“中间者”过程就是通过在反复解决特定问题的过程中进行内隐学习，从而积累大量的程序性知识，成为能够迅速解决同一类型或相似问题的熟手（Prietula & Simon，1989）。熟手解决问题的显著特征是，尤其关注任务表面与先前任务相同或相似的一部分特征信息，并自动性地激活相应的程序性知识进行解决方案的搜索，即依赖于本书所提出的基于程序性记忆的第Ⅰ类启发式。

在市场进入情境中，面对市场中充斥的模糊性和不确定性，同样在市场初始时期较早进入的多元化型企业会在目标市场中基于已有的组织惯例，利用在先前市场中积累的各项资源和能力，获取相应的竞争位置（Joshi et al.，2009；Benner & Tripsas，2011），因而可以将在这些多元化型企业类比为组织层面的“熟手”，并假定这些企业的战略决策制定者会遵循习惯逻辑利用第Ⅰ类启发式制定决策。

（3）理论家型。

新手向专家转化的另一“中间者”过程就是通过外显学习获取某一任务领域的丰富的陈述性知识，继而成为能够应对该领域中各种新异问题的问题解决者，本书将其称为“理论家”①。即使面对结构不良的问题时，理论家也会利用基于陈述性记忆的第Ⅱ类启发式，提取适当的陈述性知识对当前任务进行有效地分析和推理，识别问题解决所需的深层结构信息（Chi et al.，1981），并从中寻找有效的解决方案。

在市场进入情境中，有两种类型的企业可以被类比为组织层面的“理论家”，一类是由拥有丰富经验的个体或团队创办的创业型企业（Shane，2000），典型地如由在位企业的员工创办的衍生型企业，这些进入者能够对母公司关键知识进行继承和转移（Agarwal et al.，2004；Chatterji，2009）；另一类则是当市场发展到一定阶段时进入的创业型企业（Ganco & Agarwal，2009），这些进入

① 认知心理学中虽然没有对“理论家”这种个体层面问题解决者的界定，但是本书借助于 Simon（1958）最初引入“启发式”的“逻辑理论家”模型中的这一名称，描述利用第Ⅱ类启发式进行对问题进行结构化表征的问题解决者。

者也能够通过从产业已有的知识存量中学习而获取相应的知识。笔者假定这些企业的战略决策制定者会遵循理性逻辑利用第Ⅱ类启发式制定决策，即基于已有的心智模型建立关于目标市场的认知表征，并且通过组织层面的陈述性记忆识别和把握相应的市场机会。

（4）专家型。

认知心理学中关于专长技能（Expertise）的研究指出，专家不仅拥有关于特定领域的丰富的陈述性知识，还拥有大量的与该领域相关的程序性知识（Chi et al.，1981；Sternberg，2006）。因而专家与新手问题解决的区别主要体现在两个方面：一方面，在问题表征过程中，专家一般“从前向后”地进行分析，即注重于搜集信息以及对信息的推理，并能够区分任务情境中有关和无关的信息（Shanteau，1992；Ericsson et al. 2007）；另一方面，在搜索解决方案的过程中，专家通常不注重中间过程，而是会基于直觉判断快速无意识地解决问题（Dane & Pratt，2007）。显然，前者是基于专家在陈述性记忆中积累的认知图式，而后者则是其程序性记忆作用的结果。

在市场进入情境中，也存在可以同时从其先前经验中提取较多陈述性知识和程序性知识的企业组织，例如，采取“观望”（Wait and See）策略在市场成熟时期进入目标市场的多元化型进入者（Giarratana，2008），这些企业既能够通过既有惯例快速有效地运用先前积累的各种“杠杆性资产”（Carroll et al.，1996），又能够使战略决策制定者基于其完备的心智模型识别目标市场中已经明确的有效的市场机会。由此可以将其类比为组织层面的“专家”，并假定在这些企业中战略决策制定者的决策选择会分别受到两类启发式过程的影响。

3.3 仿真模型

回顾前面所提出的研究问题，接下来进行的子研究一将首先重点关注企业组织在目标市场中采用不同的战略决策制定过程是否会影响最终的绩效结果，即界定的四种类型的市场进入者是否存在显著的绩效差异。而由于企业的战略决策制定是一项复杂的动态性的演进过程，借鉴以往组织理论文献的研究思路和研究方法，子研究一拟采用基于 agent 建模的仿真研究的方式（Harrison et al.，2007），将企业组织通过计算机编程的手段设定为一些能够主动感知、反应和行为（在本研究中即战略决策制定行为）的运作主体，并基于3.2节所提出的理论框架对各种类型的市场进入者的属性、运作规则及决策之间的交互关系进行刻画和模拟来获得相应的研究数据。因此，在本书中仿真模型的建立实际上是理论演绎的延续，而仿真模型运作的结果则是通过归纳的方式来得出相应的研究结论（廖守亿和戴金海，2004）。

事实上，在此之前，Gavetti 和 Levinthal（2000）已经建立了一个关于企业组织两种决策逻辑的组织决策制定的仿真模型，笔者将在这一模型的基础上进行拓展，模拟市场进入者在目标市场中基于不同决策逻辑的启发式决策制定过程。因此本书的仿真模型由两部分构成：（1）构建表征目标市场环境结构的适应度地形图；（2）模拟企业组织基于其先前经验形成的陈述性记忆和程序性记忆，并根据战略决策制定者相应的启发式决策制定过程构建市场进入情境中四种类型的市场进入者（新手型、熟手型、理论家型和专家型）。

3.3.1　目标市场的适应度地形图

在仿真研究中，研究者们通常借助于 Kauffman（1993）所创立的 NK 模型来表征企业组织所面临的各种复杂性的管理决策问题（Gavetti & Levinthal，2000；Rivkin & Siggelkow，2003；Ganco & Agarwal，2009）。而市场进入也毫不例外地属于这一模型所能描述的一类问题解决情境，本书将进入的目标市场看作是一个由多维适应度地形图（Fitness Landscape）所构成的问题空间，地形图上的每一个状态节点表征进入者通过选择不同的策略组合在目标市场中所能够获取的战略位置（Gavetti et al.，2005），而状态节点的适应度则反映了进入者在此战略位置的组织绩效。

一方面，本书假定每个市场进入者需要在目标市场中通过制定 N 项战略决策来获得相应的绩效，如选择不同的组织形式、产品技术和营销方式等（Simons，2008；Benner & Tripsas，2011）。为不失一般性，本书用二进制序列来表示由这些决策构成的策略组合（如［0110010110］，当 N = 10 时），使得问题空间中包含了 2^N 个状态节点，状态节点的适应度即进入者的组织绩效被设定为这 N 项决策的绩效贡献度的算术平均值，用公式来表示即为 $F = \sum_{i=1 \text{ to } N} f(X_i)/N$，其中 $f(X_i)$ 为第 i 项决策 X_i 的绩效贡献度。

另一方面，NK模型还反映了现实世界中企业组织制定的各项决策之间的相互作用关系，即本书假定市场进入者在目标市场中制定的每项决策的绩效贡献度均受到自身和其他K项决策的影响，因此$f(X_i)$是K+1项决策取值的函数。由于每项决策在（0，1）里随机取值，使得$f(X_i)$也具有2^{K+1}种可能性的值，我们令其在［0，1］平均分布中随机赋值。Kauffman（1993）使用了进化生物学中的术语“上位关系”（Epistatic Relations）来描述这种相互作用关系，在进化生物学中，对于具有上位关系的一对生物基因，“上位基因”会影响“下位基因”的表达。而在企业组织中，一些决策的制定也同样会影响另一些决策的绩效贡献度，本书类似地将前者命名为后者的“上位决策”（Epistatic Decision），后者则为前者的“下位决策”（Hypostatic Decision）。基于NK模型的设定，每项决策拥有对应的K项上位决策，但是其拥有对应的下位决策数量则是不固定的。

本书比较了两种适应度地形图的规划（如图中的决策间关系结构矩阵，用于表征N=10，K=3的适应度地形图，矩阵中的“X”标记指代决策之间的上位关系）。在Gavetti和Levinthal（2000）的仿真模型的规划中，如图3.3（a）所示，他们对企业组织所处的适应度地形图进行了一种简化处理，即规定某项决策的上位决策为其邻近的K项决策，例如，当K=3时，决策1的绩效贡献度受到决策2、决策3、决策4取值的影响，依此类推。而依据Kauffman（1989）最原始的NK模型的设置，决策之间的N＊K对“上位关系”是随机分布的，如图3.3（b）所示，即随机给定某项决策所对应的K项上位决策。尽管本书主要借鉴了Gavetti和Levinthal（2000）的仿真模型，在此却采用Kauffman（1989）规划的适应度地形图来描述市场进入情境中的目标市场结构，因为这种规划更符合现实世界中人们制定的各项决策之间相互作用关系结构的随机性和复杂性特征。

此外，正如Gigerenzer等（1999，P186）指出，在人类生活的一系列决策活动中，一些是重大的、有意义的，另一些则并不重要，即依据不同效度的信息制定的各项决策对绩效结果的影响权重是不一致的。而在NK模型中，笔者推测某项决策拥有的下位决策数量会正向作用于此决策对于整体绩效的权重水平，这是因为当一项决策的取值能够影响更多其他决策的绩效贡献度时，这项决策的制定就会对整体绩效产生更大的影响，例如，在图3.3（b）中，拥有五项下位决策（决策1、决策5、决策6、决策9、决策10）的决策3比拥有三

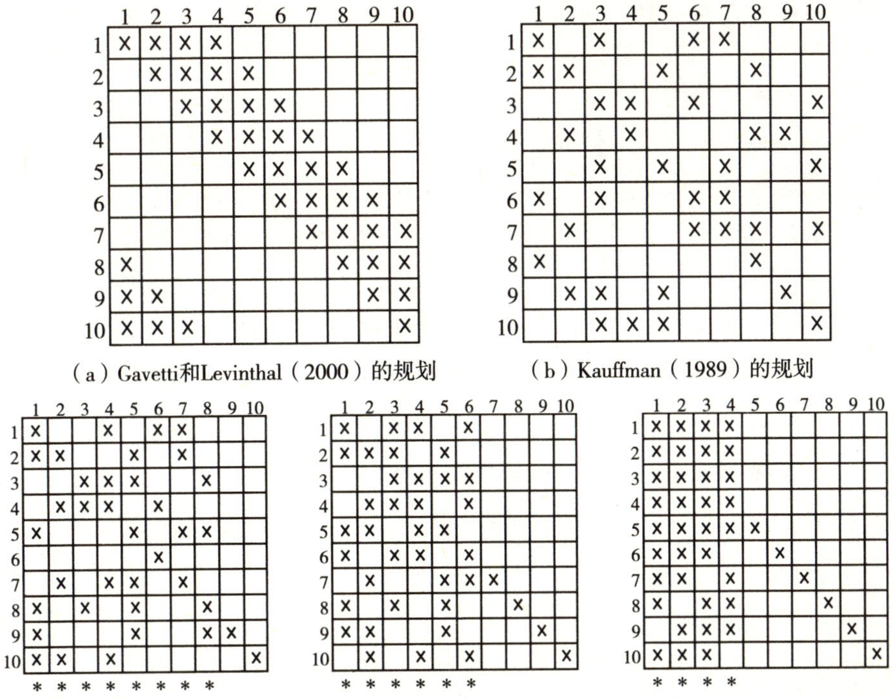

（a）Gavetti和Levinthal（2000）的规划　（b）Kauffman（1989）的规划

（c）N=10，K=3，L=8　（d）N=10，K=3，L=6　（e）N=10，K=3，L=4

图 3.3　基于 NK 模型的决策间关系结构矩阵

项下位决策的决策 1（决策 2、决策 6、决策 8）更为重要。事实上，在市场进入情境中，各项决策的权重水平通常还会呈现一种偏态性的分布（Gigerenzer & Gaissmaier, 2011）。例如，在许多产业的产品市场中，市场进入者的成功性取决于是否采用了市场中涌现的主导设计（Anderson & Tushman, 1990），主导设计体现的关于产品架构知识的各项决策限定了关于产品部件知识的决策的选择和改进，因而具有决定性的作用（Henderson & Clark, 1990）；Gavetti 等（2005）的仿真模型也揭示了商业情境中一些高阶策略性的决策会影响其他细节性的决策的选择，企业通过类比推理对这些决策的制定对组织绩效会产生更为显著且持续的影响。在本书的研究中，笔者则感兴趣于异质性的先前经验如何使企业的战略决策制定者关注于不同权重水平的决策而导致组织绩效的差异，因此需要对 NK 模型中各项决策的权重水平做一些差异化处理。

为了模拟目标市场结构中决策权重水平的偏态性分布，本书在 NK 模型中设置了一个新的参数 L，表征 N 项决策中仅存在 L 项决策会影响其他决策的绩效贡献度，即规定各项决策的 K 项上位决策必须从这 L 项决策中随机选取，由于这 L 项决策作为上位决策涵盖了目标市场中所有的决策相互关系结构，本书称其为一种“架构性决策”。当 L = N 时，决策的相互作用关系结构即完全符合 Kauffman（1989）最初的规划；而当 L < N 时，如图 3.3（c）、（d）、（e）所示，设定 N 项决策中的前 L 项决策为架构性决策（如当 L = 4 时，架构性决策为决策 1、决策 2、决策 3、决策 4，用“ * ”标记），使得决策之间的上位关系分布于矩阵图中的前 L 列。为了验证这种设置生成的适应度地形图中的决策权重是否呈现偏态性分布，笔者使用多元线性回归方法，即利用公式 $F = \sum_{i=1\ \text{to}\ N} f(x_i)/N = \sum_{i=1\ \text{to}\ N} \beta_i X_i$ 导出各项决策的 Beta 系数以指代其对整体绩效的权重水平。通过对比图 3.3（b）和图 3.3（e）两种适应度地形图的输出数据可以发现，前者的决策权重呈现随机性分布，如图 3.4（a）所示，而后者的决策权重呈现偏态性分布，即架构性决策的平均权重水平显著高于非架构性决策，如图 3.4（b）所示。

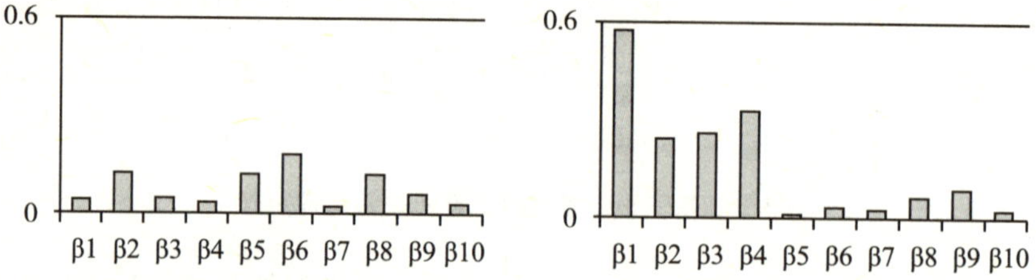

（a）决策权重的随机性分布（N=L=10）　（b）决策权重的偏态性分布（N=10L=4）

图 3.4　L 值不同的适应度地形图中的决策权重分布

3.3.2　市场进入者的程序性记忆和陈述性记忆

如前所述，在市场进入情境中，多元化型进入者在先前市场中形成的组织惯例体现了其组织层面的程序性记忆。Gavetti 和 Levinthal（2000，P117）指出“组织已有的惯例和行为集合……会成为此后决策选择的缺省项（Defaults）”，在仿真模型中，他们通过赋予各行为主体在部分缺省决策方面的策略组合来表征组织的既有惯例，即令行为主体在地形图上从一个随机性的起始点（Starting Point）开始搜索。然而在市场进入情境中，企业组织的初始条件并非是以这种随机的方式获取的，而是在先前市场中通过经验性搜索机制积累的结果。Gavetti 和 Levinthal（2000）并未探讨以不同程度的缺省决策起始的市场进入者的绩效差异，本书需要拓展这一模型来验证市场进入者基于已有的程序性知识利用第Ⅰ类启发式制定战略决策的结果。

根据卡尼曼的启发式形式模型（Kahneman，2003），作为问题解决者的市场进入者能够基于组织层面的程序性记忆再认当前任务情境（即目标市场）中与先前任务情境（即先前市场）相同或相似的一部分特征信息，并依据这些特征信息利用第Ⅰ类启发式进行直觉性的战略决策制定。因此，在 NK 模型中，本书用参数 M 来指代市场之间的重叠度，即多元化型企业所在的先前市场与目标市场之间所共有的相同的决策数量，因而 M 值（$M < N$）可以表征市场进入者在目标市场中通过程序性记忆提取的程序性知识水平，M 值越高，则说明市场进入者多元化的相关程度越高，能够通过既有惯例运用的资源和能力越多。在随后的仿真实验中，笔者令市场进入者能够通过在先前市场中的搜索来优化 M 项决策的局部绩效值，并直接利用这 M 项决策已有的策略组合作为进入目标市场时的缺省决策，使其适应度地形图上获取具有一定适应度值的起点，继而对目标市场中其他的 $N - M$ 项新异性决策进行在线式搜索。

而市场进入者的陈述性记忆则反映为企业组织已有的心智模型，能够作用于战略决策制定者关于目标市场结构的简化性的认知表征。在此前的仿真模型中，Gavetti 和 Levinthal（2000）用简化维度的决策项构成的策略组合来模拟企业组织对任务情境的认知表征，即在 NK 模型中令行为主体的认知表征含有 N 项决策中的 N1（$N1 < N$）项，并通过对这 N1 项取值的结果的理性推断来选择使整体绩效最优化的策略组合作为后续决策的指导。因而这种“向前看”的搜索方式与本研究讨论的第Ⅱ类启发式决策过程是一致的，Gavetti 和 Levinthal（2000）的仿真实验则证明了这种基于认知的组织搜索对绩效是有利的，而他们还发现当 N1 值固定的情况下，企业组织基于不同决策项的认知表征会产生不同的绩效结果（Gavetti & Levinthal，2000，P127），却并未探讨这种绩效差异形成的原因。因此，这里本书在沿用上述这种模拟方式的同时，进一步比较拥有不同程度的陈述性知识的市场进入者利用第Ⅱ类启发式制定战略决策的绩效结果。

根据吉仁泽等人的启发式形式模型（Gigerenzer & Gaissmaier，2011），当作为问题解决者的市场进入者拥有较高程度的陈述性知识时，就能基于对任务情境中不同特征信息的权重水平的评估，运用第Ⅱ类启发式有意识地针对一些关键性的特征信息制定战略决策。为此，在决策权重偏态性分布的 NK 模型中，本书设置一个新的参数 L1 来表征市场进入者所拥有的陈述性知识水平，即市场进入者认知表征的 N1 个决策项将包含 L1 项架构性决策。由于架构性决策的权重水平显著高于其他决策，当 L1 值越高时，说明市场进入者能够识别目标市场中的越多的关键信息，基于这些信息制定的战略决策所体现的“生态理性”也越强。

由此，在仿真模型中，笔者在已有的分类框架的基础上对上述各项参数值进行了不同的设定，构建出四种类型的市场进入者，如表 3.3 所示，其中新手为各项参数均为 0 的企业组织，只能遵循元启发式制定决策；熟手为拥有一定程度的程序性知识（M > 0）的企业组织，能够在目标市场中利用第 I 类启发式制定战略决策；理论家为拥有一定程度的陈述性知识（N1 > 0，L1 ≥ 0）的企业组织，能够建立关于 N1 项决策（其中包含 L1 项架构性决策）的认知表征并利用第 II 类启发式制定战略决策；专家型进入者的各项参数均不为 0，表征能够依次利用两类启发式制定战略决策的企业组织。

表 3.3　仿真实验中四种市场进入者的构建（N = 10，K = 3 和 L = 4）

市场进入者 （问题解决者）	主体参数设定	涉及的启发式类别
新手型	M = 0，N1 = L1 = 0	元启发式
熟手型	M = 2，N1 = L1 = 0 M = 4，N1 = L1 = 0 M = 6，N1 = L1 = 0 M = 8，N1 = L1 = 0	第 I 类启发式
理论家型	M = 0，N1 = 3，L1 = 0 M = 0，N1 = 3，L1 = 1 M = 0，N1 = 3，L1 = 2 M = 0，N1 = 3，L1 = 3	第 II 类启发式
专家型	M = 5，N1 = L1 = 3	第 I 类启发式 + 第 II 类启发式

3.4 仿真实验与结果

围绕前述仿真模型，笔者设计了几项基于主体（Agent-based）的仿真实验，并借助 Netlogo 6.0 软件运行这些实验来比较各种类型的市场进入者在同一市场情境的地形图上通过不同启发式决策制定过程而获得的组织绩效（见附录一）。在这一节中，笔者将呈现各项仿真实验的结果。

实验一：新手型进入者和熟手型进入者的绩效比较

在实验一中，笔者试图通过比较熟手型进入者和新手型进入者的绩效来验证企业组织的程序性记忆的作用。为了提高实验结果的效度水平，笔者在图 3.3（e）的 N＝10，K＝3 和 L＝4 的决策关系结构下随机生成了 1000 个表征不同目标市场的适应度地形图，而在每一个地形图上设置了初始状态完全相同的五种企业组织，分别为新手型进入者（M＝0）和在熟手型进入者类型中拥有不同程序性知识水平的四种熟手型进入者（M＝2，4，6，8）。图 3.5 是这部分实验的结果示意图，数据反映的是每种各 1000 家企业的平均绩效。其中，实验的前 50 个阶段（T－50～T0）为进入前时期，表征各熟手型进入者在先前市场中通过经验性搜索机制形成既有惯例的过程，实验的后 100 个阶段（T0～T100）为进入后时期，表征所有市场进入者在目标市场中的战略决策制定过程。

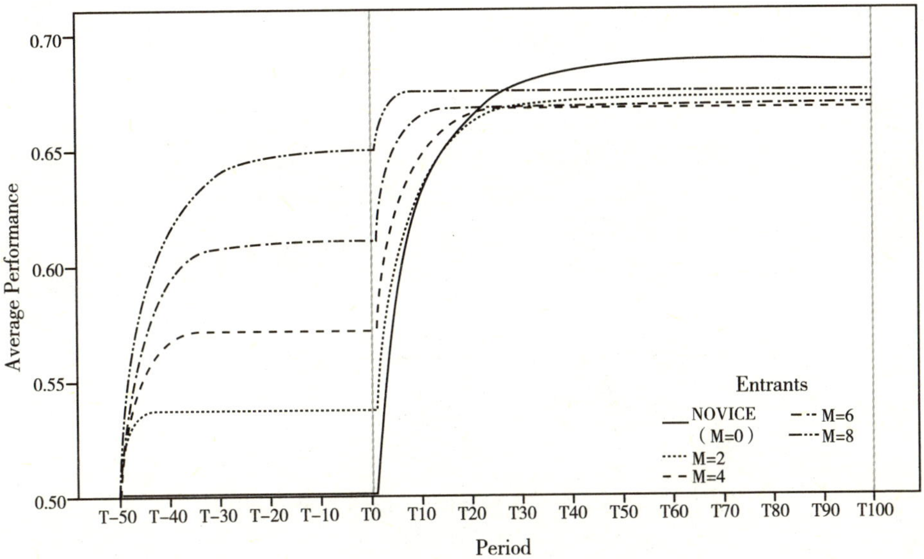

（a）

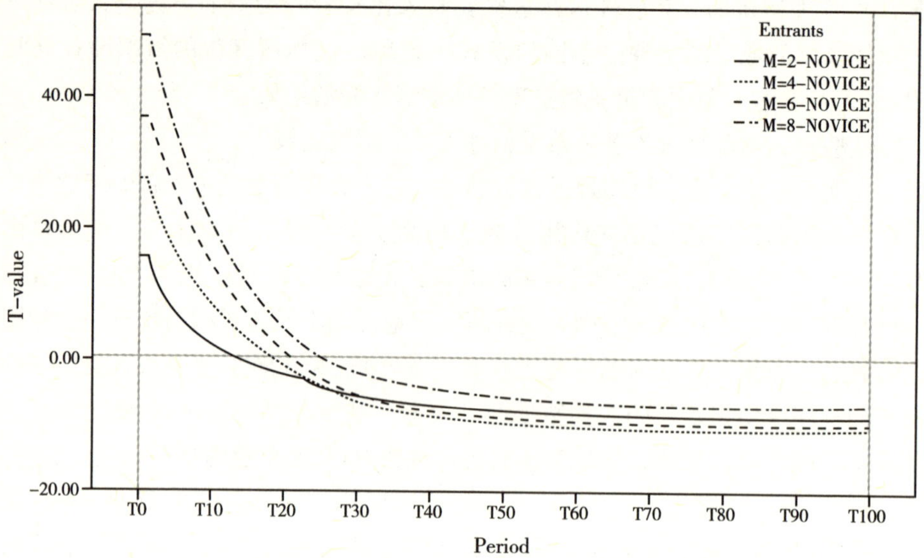

(b)

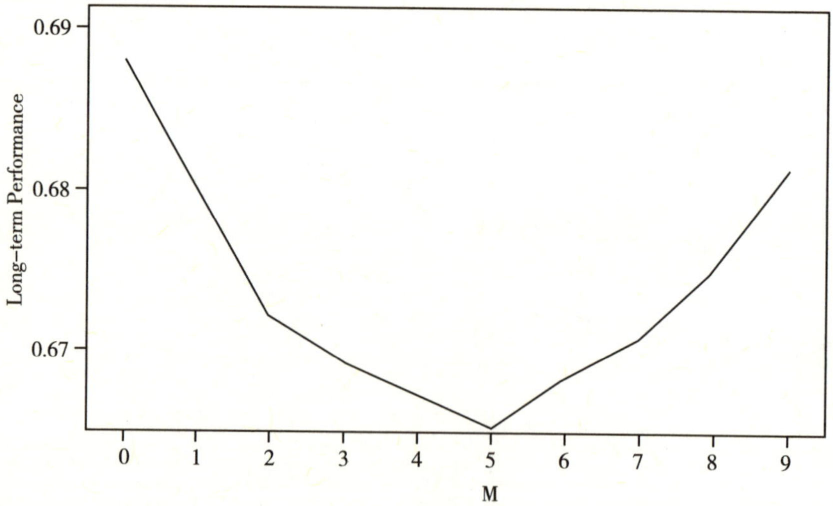

(c)

图 3.5　拥有不同程度既有惯例的进入者的绩效比较

如图 3.5（a）所示，在 T0 时刻，当 M 值越高时，市场进入者在目标市场中的初始绩效水平越高，其中新手型进入者在短期内具有最低的平均绩效；而在 T100 时刻，新手型进入者的平均绩效显著高于 4 种熟手型进入者，然而熟手型进入者的长期绩效水平并非随 M 值单调变化，而是呈现正“U”型关系，如图 3.5（b）所示，当 M＝5 时，熟手型进入者的长期绩效最低。此外，笔者在 L 值不同的地形图［图 3.3（b）、（c）、（d）］上进行了相同的实验，得到的结果与 L＝4 时近乎一致，说明进入者既有惯例的作用与目标市场中决策权重分布的态势无关。

实验二：新手型进入者与理论家型进入者的绩效比较

在验证进入者陈述性记忆的作用的实验二中，笔者同样在图 3.3（e）的 N＝10，K＝3 和 L＝4 的决策关系结构下随机生成了 1000 个表征不同目标市场的适应度地形图。在此本书遵循个体记忆能力的“三元交互”的限制（Gavetti & Levinthal，2000，P117），假定企业组织最多仅能够建立 N1＝3 的认知表征并以此作为启发式决策，因而在每一个地形图上设置了初始状态完全相同的五种企业组织，分别为新手型进入者（N1＝0）和在理论家型进入者类型中拥有不同陈述性记忆水平的四种理论家型进入者（N1＝3，L1＝0，1，2，3）。图 3.6 是这部分实验的结果示意图，数据反映的是每种各 1000 家企业的平均绩效。其中，实验的前 10 个阶段（T－10～T0）为进入前时期①，表征理论家型进入者进行认知性搜索的过程，即令企业组织通过比较认知表征中 $2^3=8$ 种策略组合下的整体绩效，选择其中最优的策略组合作为进入时的启发式决策；实验的后 100 个阶段（T0～T100）为进入后时期，表征所有进入者在目标市场中的决策制定过程。

如图 3.6 所示，在 T0 时刻，当 L1 值越高时，进入者在目标市场中的初始绩效水平越高，其中新手型进入者在短期内的平均绩效最低；而在 T100 时刻，理论家型进入者的平均绩效随 L1 值单调变化，其中仅有 L1＝3 和 L1＝2 的理论家型进入者的长期绩效水平高于新手型进入者，而 L1＝1 和 L1＝0 的理论家型进入者的长期绩效水平则略低于新手型进入者。此外，笔者在 L 值不同的地形图上［图 3.3（b）、（c）、（d）］进行了相同的实验，发现当决策权重趋于随机性的分布（L＝N＝10）时，具有不同心智模型准确性水平的市场进入者并不存在显著的绩效差异。

实验三：四种类型进入者的绩效比较

在最后一部分实验中，笔者试图在同一目标市场中比较新手、熟手、理论

① 由于设定 N1＝3，决策制定者仅需要比较 $2^3=8$ 种策略组合，所以在 10 个阶段内可完成这一过程。

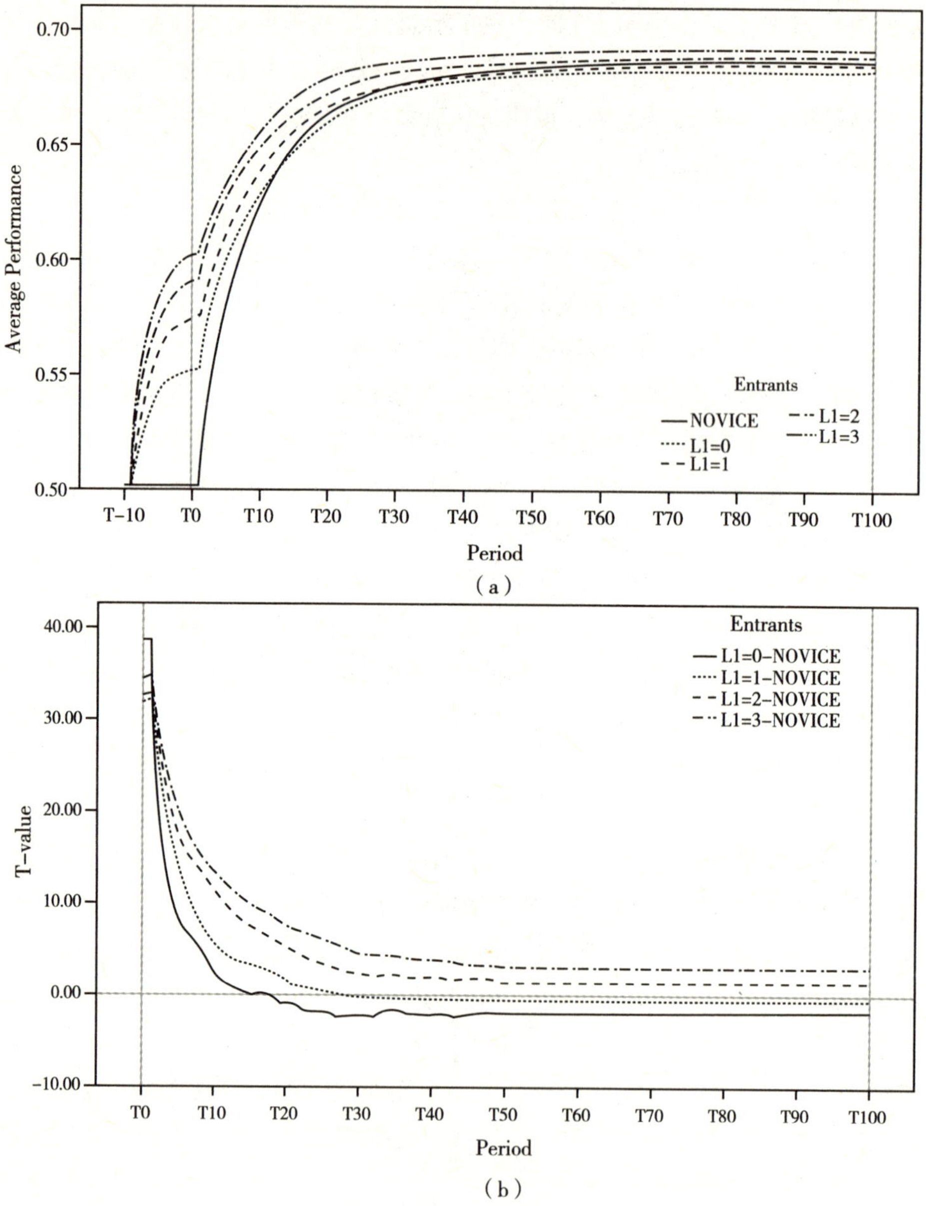

图 3.6　拥有不同程度心智模型准确性的进入者的绩效比较

家和专家这四种类型的进入者的绩效表现。研究同样在图 3.3（e）的 N＝10，K＝3 和 L＝4 的决策关系结构下随机生成了 1000 个表征不同目标市场的适应度地形图，并在每一个地形图上设置了初始状态完全相同的上述四种类型的企业组织，其中熟手型进入者和专家型进入者的 M 值设为 5，理论家型进入者和专家型进入者的 N1 值和 L1 值设为 3。图 3.7 是这部分实验的结果示意图，数据反映的是每种类型各 1 000 家企业的平均绩效。其中，实验的前 60 个阶段

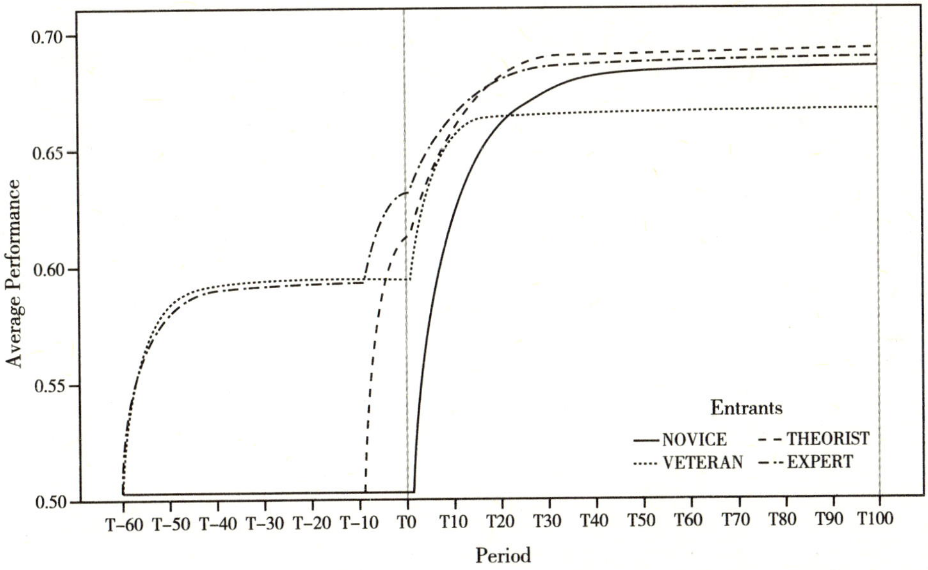

（a）

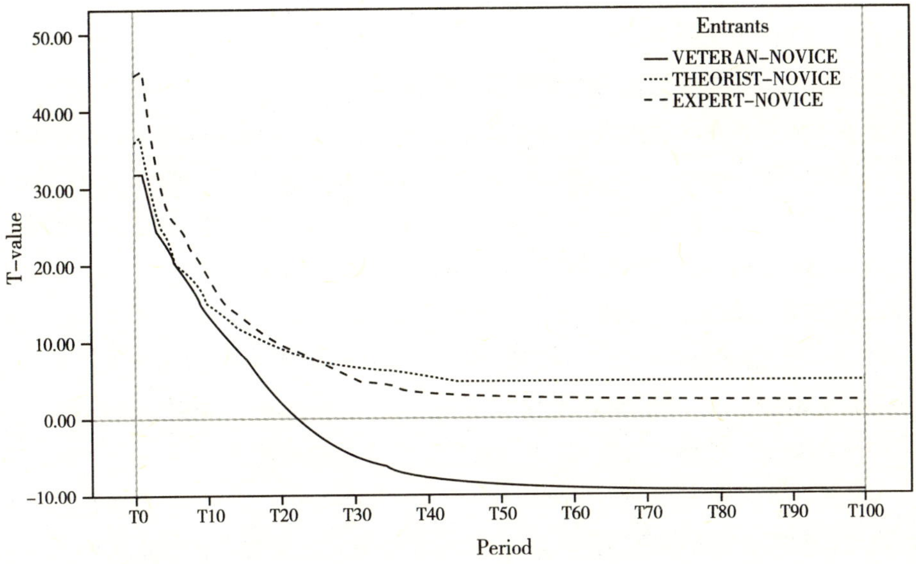

（b）

图 3.7　四种类型市场进入者的绩效比较

（T－60～T0）为进入前时期，包括熟手型进入者和专家型进入者在先前市场形成既有惯例的50个阶段以及理论家型进入者和专家型进入者进行认知性搜索的10个阶段；实验的后100个阶段（T0～T100）为进入后时期，表征所有进入者在目标市场中的决策制定过程。

如图3.7所示，在T0时刻，专家型进入者通过在进入目标市场前两个阶段的绩效提升而具有最高的初始绩效，其次是理论家型进入者和熟手型进入者，新手型进入者在短期内的平均绩效最低；随着时间的过去，新手型进入者逐渐赶超熟手型进入者，理论家型进入者也逐渐赶超专家型进入者，在T100时刻，长期绩效水平最高的为理论家型进入者，其次是专家型进入者和新手型进入者，而熟手型进入者的平均绩效最低。

3.5 结果讨论

通过对比实验一中熟手型和新手型进入者以及实验三中专家型和理论家型进入者的组织绩效，本书发现第Ⅰ类启发式的作用是两面性的，其中对市场进入者在目标市场中短期绩效的提升具有正向作用，而对长期绩效的提升却具有显著的负向作用。这是因为在先前市场中形成的既有惯例显然有助于市场进入者在目标市场中建立快速无意识的认知效能（Feldman & Pentland，2003），即熟手型进入者和专家型进入者通常会选择利用已有的资源和能力以获取短期的竞争优势（Bamford et al.，2000；Lieberman & Montgomery，1988）。而与此同时，既有惯例也是组织惯性的重要来源，会限定市场进入者此后的技术策略（Sine et al.，2005）、产品选择（Holbrook et al.，2000）以及管理功能结构（Beckman & Burton，2008）等，产生长期性的路径依赖效应（Chesbrough，2003）。当市场进入者已有的行为模式和标准操作程序与目标市场的需求并不匹配时，由程序性记忆驱动的第Ⅰ类启发式就会造成一定的“能力陷阱”（Levitt & March 1988），制约进入者随后的适应和变革能力。

此外，本书还发现当在目标市场中可利用的组织惯例处于中等水平时，对作为多元化型企业的熟手型进入者长期绩效的负向效应最大，意味着相关多元化的水平对绩效的提升作用呈现倒“U”型分布，这需要通过进一步的实证研究来证实。

而通过对比实验二中理论家型和新手型进入者以及实验三中专家型和熟手型进入者的组织绩效，本研究发现第 II 类启发式在短期内是显著有效的，这是因为战略决策制定者能够基于对市场环境中部分特征信息的结果推断而减少一些无益的搜索路径（Gavetti & Levinthal, 2000）。例如，一些经验丰富的先驱进入者对市场机会前瞻性的洞察力有利于对相应的“市场空间”以及稀缺资源的先占而使其获得先动优势（Lieberman & Montgomery, 1988）。而这类启发式的长期效用却取决于市场进入者所拥有的陈述性知识水平，即企业的战略决策制定者能否建立较为准确的心智模型以识别目标市场环境中关键性的结构特征（Gary & Wood, 2011）。从实验结果中可以发现，准确的心智模型会使市场进入者获得长期的绩效优势，不准确的心智模型则会对企业长期绩效的提升反而具有一定的负向作用。

事实上，以往的一些文献能够支持这一研究发现，Dencker 等（2009）发现缺乏一定程度陈述性知识的市场进入者反而会因为盲目学习而制定对长期存活度有害的商业计划，Gavetti 等（2005）也发现，只有当战略决策制定者具备良好的经验宽度和深度时，才能够通过类比推理建立有效的战略性决策。而在本书中，对于作为创业型企业的理论家型进入者来说，由准确的心智模型产生的第 II 类启发式能够使其逐渐占据有利的竞争位置，例如，在许多市场中，一些具有独特机会识别能力的衍生型进入者能够最终取代在位企业的主导地位（Klepper & Sleeper, 2005）；而对于作为多元化型企业的专家型进入者来说，战略决策制定者也会通过这类启发式决策及时地调整由既有惯例所带来的惯性和偏差，例如在现实中很多在位企业能够在其生命周期中不断向产业中新的主导设计变迁（Chen et al. 2011），而避免遭受“在位者的失败”（Henderson & Clark, 1990; Tripsas & Gavetti, 2000）。

3.6

研究小结

本章提出的市场进入者类型的“四分法”为组织异质性的研究提供了一个新的研究视角（Cockburn et al., 2000; Helfat & Lieberman, 2002），即通过分析企业在市场进入过程中所采用的不同形式的战略决策制定过程来探讨他们在目标市场的绩效差异来源，而这种分类方法相较于以往的“二分法”更能够阐释先前经验在不同面向的作用机制。

一方面，本章基于行为决策理论构建的理论框架首先假定先前经验会通过组织层面的程序性记忆影响进入者的组织绩效。正如 Carroll 等（1996，P117）指出“成功的企业拥有能够通过杠杆效应运用到其他市场或产业中的资源和能力……包含资本、技术、专业化技能、组织结构和从相似活动的经验中获取的知识等”，以往大量的实证研究为此关注于在位企业积累的各种资源和能力对其在目标市场中行为和绩效的作用，如 Klepper（2002b）提及的营销渠道和既有客户基础，Klepper 和 Simons（2000）提及的制造经验以及 Barry 和 Rajshree（2007）提及的市场基础设施和声望等，而对这些资源和能力的利用则体现了企业在先前市场中形成和发展的组织惯例。一般而言，是否存在既有惯例是多元化型企业区别于创业型企业的标志之一，而本书指出，在作为多元化型企业的熟手型进入者和专家型进入者中，战略决策制定者均会在目标市场中运用这种由组织层面的程序性记忆驱动的第Ⅰ类启发式进行基于习惯逻辑的战略决策制定。

另一方面，本书的理论框架还假定先前经验也会通过组织层面的陈述性记忆影响进入者的组织绩效。事实上，以往研究也发现市场进入者的“先前经验”会影响其在目标市场中发展新能力或改变已有能力的能力（Helfat & Lieberman，2002；Khessina & Carroll，2008），Tripsas 和 Gavetti（2000）将上述这种能力关联于企业组织的管理认知技能，即作为战略决策制定者的高层管理团队成员根据历史经验形成的心智模型，这种组织层面的陈述性记忆会引导和限制市场进入者在目标市场中的搜索和学习活动（Simons & Roberts，2008；Benner & Tripsas，2011）。而本书将这种作用机制归纳为一种基于理性逻辑的第Ⅱ类启发式决策制定过程。事实上，这种问题解决方式在现实中反映为企业在目标市场中的战略规划过程（Carroll et al.，1996），即战略决策制定者通过对内外部信息的主动性搜索和理解而识别和利用目标市场中存在的各项机会（Shane，2000；Cockburn et al.，2000），以限定其提供产品或服务方式的战略方向。

在本章随后进行的子研究一中，笔者利用仿真研究方法构建了上述市场进入者启发式决策制定过程的仿真模型，并设计了三项计算机仿真实验来检验两种类别的启发式对市场进入者组织绩效的影响作用。研究结果显示不同类型的市场进入者会在同一市场的地形图上获得不同的绩效水平，在短期按照绩效高低依次是专家型、理论家型、熟手型和新手型，而在长期则是理论家型、专家型、新手型和熟手型，由此反映出第Ⅰ类启发式决策制定过程仅对市场进入者的短期绩效有利而对企业的长期绩效产生负向影响，而第Ⅱ类启发式决策制定过程却能够同时提升市场进入者的短期绩效和长期绩效，并且两类启发式决策制定过程的作用还取决于市场进入者所拥有的知识类型和水平，从而初步验证了理论框架中所提出的先前经验会通过影响市场进入者的战略决策制定过程而影响其在目标市场中的组织绩效的研究假设。

然而由于仿真研究的局限性，仿真模型并不能真实和完整地反映企业利用各种类别的启发式进行战略决策制定的过程机理，并且从研究角度来说，“启发式决策制定过程”也并非一项可以用以测量和检验的核心构念，因此笔者认为需要在已有的理论框架的基础上探讨和刻画两类启发式决策制定过程的属性或特征，继而识别和界定各种类型市场进入者所采用的特定的战略决策模式，以便开展进一步的研究。

第 4 章

市场进入者的战略决策模式
——一项探索性多案例比较研究

4.1 研究目的

通过第 3 章的理论构建和仿真研究，本书初步验证了企业在新市场中的战略决策制定过程是使拥有不同类型和程度的先前经验的市场进入者具有显著的绩效差异的潜在决定性因素。事实上，正因为企业层面的战略决策通常具有模糊性、不确定性和缺乏结构性等特征，以往战略领域的研究者们普遍强调了战略决策制定中的各种认知简化性操作（Barnes，1984；Powell，2011；Das & Teng，1999），例如，一些研究指出战略决策制定者会将他们先前形成的信念带入战略决策的情境中（Gary et al.，2012；Nadkarni & Barr，2008），即若存在关于某些重要变量之间关系的先前认识，其注意力就会聚焦于选择性的而非宽泛的信息（Schwenk，1985），继而可能对感知到的关于环境和问题的信息进行结构化的处理，但也有可能因为忽视其他有价值的目标信息而带来一定的偏差（March & Shapira，1997）；其次，在大部分战略决策情境中信息通常是不完全的，以至于受到“有限理性”制约的战略决策制定者“不会尝试如同规范性理论那样概述所有相关的价值和目标并产生大量的备选的行动路线”的影响（Schwenk，1984，P. 119），而是倾向于关注相对较少数量的备选项，他们会对备选项进行顺序性关注（安德森，2012）并使用直觉来补充理性分析（Fredrickson，1986；Elbanna & Child，2007）。此外，战略决策制定者通常并不相信、理解以及评估结果发生的概率或者强调“决策后控制”，即认为他们能够“影响决策选择后所发生的任何事情”（Shapira，1995）。

结合前面所提出的理论框架，上述这些认知操作在本质上均是战略决策制定者依赖于特定的判断规则或启发式来简化复杂的决策情境的过程和结果（Gavetti & Rivkin, 2007），本书则旨在揭示其中的认知心理学基础和运作机理。然而，从第 2 章关于战略决策制定过程的研究综述可以得知，企业的战略决策还呈现情境多样性和过程复杂性的特征，因而在市场进入情境中企业组织所运用的启发式过程很可能会以不同形式存在于战略决策制定的不同阶段（Schwenk, 1984, 1985）。但是由于仿真研究这一研究方法本身的作用和限制，第 3 章中的子研究一仅能够为本书的理论演绎和经验指导提供帮助，却无法直接阐释理论中所隐含的过程模型（Harrison et al.，2007），计算机仿真模型在设计参数方面的某些简化处理更使得我们有可能忽视了现实世界中企业制定战略决策过程中的许多细节，尤其在市场进入者如何利用启发式进行战略决策制定这一问题上依然是模糊的。

由此可见，本书提出的理论框架尚处于理论探索的阶段，并且缺少能够通过企业样本数据进行测量和检验的核心构念和研究假设，因而需要一项具有探索性特征的质性研究的支持（Edmondson & McManus, 2007）。为此，本章的子研究二将继承笔者在第 3 章中所提出的理论构思，即依据战略决策制定者所采用的启发式类别对市场进入者的战略决策模式进行分类，并通过多个企业多个案例的比较分析，聚焦于探索不同战略决策模式在现实商业情境中的表现形式和过程维度，以及企业层面的先前经验如何影响战略决策制定者对各种战略决策模式的采用。

4.2 分析框架

在过去的数十年中，一些研究者试图建立企业战略决策制定过程的各种模型以识别战略决策的主要类型或模式。其中 Mintzberg 等（1976）提供了最早的战略决策模型并界定了战略决策制定的三个主要阶段：（1）识别阶段，包含决策识别程序和诊断程序；（2）发展阶段，包含搜索程序和设计程序；（3）选择阶段，包含扫描程序、“评估—挑选”程序和核准程序。Fredrickson（1984）也提出战略决策制定过程由四个相继的步骤构成：环境诊断、备选项生成、备选项评估和决策整合。Nutt（1993，1998）则认为战略决策制定过程可以划分为探索可能性、评价选择、验证假设和学习三个阶段。

这些决策阶段或步骤的划分使得此后的战略管理文献开始关注于战略决策制定过程中的程序理性（Dean & Sharfman，1993；Elbanna，2006）、全面性（Atuahene & Li，2004；Fredrickson & Iaquinto，1989）和直觉性（Eisenhardt & Zbaracki，1992；Miller & Ireland，2005）等过程维度，并依据这些维度区分了不同类型的战略决策模式。例如，Hickson 等（1986）检验了在英国企业组织中的 150 项战略决策制定过程并建立了包含三个基本类型的战略决策制定过程的类型分类：流动型（Fluid）、约束型（Constricted）以及偶发型（Sporadic）。Hart（1992）也区分了五种类型的战略决策模式，即战略决策制定由组织领导者或高管团队推动的指挥模式、由组织使命和未来愿景所推动的象征模式、由正规化结构和计划系统所推动的理性模式、由内部过程和共同的调整所推动的交易模式以及受到组织行动者的能动性的影响的生成模式。而更为常见的就是将战略决策制定过程区分为渐进主义模式、纲要主义模式以及两种模式要素的混合模式（Quinn，1980；Dean & Sharfman，1993；Papadakis & Barwise，1998），其中，在渐进主义模式中，战略决策制定者考虑极少的备选项并将战略看作是松散耦合的决策，这是一种利用经验进行适应的过程，体现为渐进性的顺序涌现的步骤性模式；相反地，在纲要主义模式中，战略决策制定被看作是理性的、全面性的过程，战略决策制定者需要广泛性地搜索信息并考虑多种方法、多种行动路线以及评判和选择备选行动路线的多种决策标准。

在市场进入这一特定的战略情境中，本书也遵循以往战略决策制定过程研究的研究思路，即致力于区分企业不同类型的战略决策模式，其中战略决策模式被界定为具有一致性的特定的过程属性或维度的战略决策过程。而在实际的操作过程中，本书将首先对企业进入新市场时的战略决策制定过程的几个阶段进行划分，继而识别构成战略决策模式的各项过程维度，以此来描述第 3 章所提出的四种类型的市场进入者所呈现的不同类型的战略决策模式的具体内容。而如前所述，本书指出战略决策制定者的认知启发式是市场进入者的战略决策制定过程的核心特征，即企业在新市场中的战略决策制定被看作是决策制定者运用对市场环境信息进行选择性提取和加工的启发式的问题解决过程。由此笔者将继续围绕“启发式”这一过程性概念构建子研究二的分析框架。

回顾西蒙、卡尼曼和吉仁泽等关于启发式的理论，不难发现不同研究范式实际上分别探讨了启发式在问题解决不同阶段的作用。例如，西蒙所谓的

"启发式搜索"是指选择性地在问题空间的部分区域搜索问题解决方案的过程；而卡尼曼提出的自然评估机制和"属性替代"不仅会影响人们对问题的表征过程，使其产生对问题本身的不完全性理解，还作用于人们做出直觉性判断的过程，即无意识地从程序性记忆中提取已有的问题解决方案。吉仁泽研究的"指导搜索的启发式规则"、"终止搜索的启发式规则"和"做出决策的启发式规则"也分别作用于提取任务特征信息的过程和选择决策方案的过程。为此，基于问题解决的信息加工理论，本书将市场进入者的战略决策制定过程划分为问题表征和解决方案搜索两个问题解决的阶段，构建了如图 4.1 所示的战略决策制定的启发式过程模型。

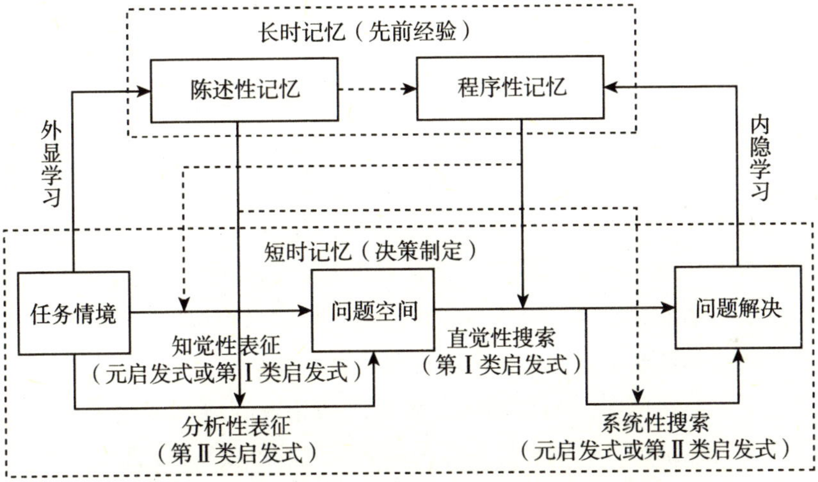

图 4.1　市场进入者战略决策制定的启发式过程模型

4.2.1　问题表征过程中的启发式

问题解决首先要经历一个对问题进行理解和分析的表征过程，即任务情境在人们短时记忆（或称工作记忆）中的呈现（Robertson，2004）。Newell 和 Simon（1972）将问题解决者形成的问题表征称为"问题空间"，问题空间是一些知识状态节点的集合，其中包括问题的起始状态、目标状态以及一系列可能历经的中间状态，而这些知识状态是由问题解决者从任务情境中提取的各种信息构成。

如前所述，问题解决过程会受到长时记忆中两种记忆功能的影响，而问题表征的双重认知加工体现在问题解决者对任务情境中的信息形成的不同形式的再认：熟悉性再认和回想性再认（郭力平和杨治良，2000；Gigerenzer & Gaissmaier，2011）。其中熟悉性再认是一种以事物的知觉信息为基础的自动化的信息提取过程，即问题解决者仅提取任务情境所提供的表面特征信息进入问题空间，其结果是形成不需要任何特定领域的陈述性知识的“语义表征”和“朴素表征”（Chi et al.，1981）；因而这一过程并不涉及陈述性记忆的运用，却可能会受到问题解决者程序性记忆中已有的“自然评估机制”的影响（Kahneman，2003），即当信息数量超过短时记忆容量的限制时，问题解决者会依据信息的熟悉程度是否超过了主观设定的阈限来提取任务情境中的部分信息（李岩松和周仁来，2008），这符合前面所提出的第Ⅰ类启发式。回想性再认则是一种以事物的意义为基础的分析性的受控的信息提取过程，反映的是问题解决者对与任务情境相关的回想信息的记忆搜索（Jacoby，1991）。在这一过程中，问题解决者也会设定区别于熟悉度阈限的回想阈限来提取重要的背景性信息、细节性信息或关联性信息进入问题空间中（Yonelinas，1997），并且排除任务情境中其他非相关的信息，这种效度评估的方式与吉仁泽提出的“概率心智模型”的构建在本质上是一致的，因此回想性再认可以被看作是由陈述性记忆驱动的第Ⅱ类启发式的作用过程。

在市场进入情境中，本书将问题表征作为企业战略决策制定的第一个阶段，即战略决策制定者识别和提取作为决策依据的各项特征信息的过程，而受到“有限理性”的制约，战略决策制定者通常仅能够利用其中的一部分信息来构建问题空间，因而问题表征实际上是各类启发式的作用过程。在本书的研究中，笔者将基于熟悉性再认机制的问题表征界定为一种无意识的“知觉性表征”，在这一过程中，战略决策制定者会运用元启发式或第Ⅰ类启发式选择性地提取当前市场环境中已有的信息，对不同类别的启发式的运用则取决于企业是否在先前经验中积累了相应的既有惯例（程序性知识）；而将基于回想性再认机制的问题表征界定为一种有意识的“分析性表征”，即战略决策制定者运用第Ⅱ类启发式从已有的心智模型中提取与目标市场相关的陈述性知识的过程。

4.2.2　解决方案搜索过程中的启发式

在由表征过程构建的问题空间中，人们一般不能直接从问题的起始状态通达到目标状态，甚至目标状态也是未知的，需要对问题表征提取的各项信息进行加工，在由这些信息构成的全部知识状态中寻找逐渐转向目标状态的中间状态，这一系列操作被定义为问题解决的搜索过程（司马贺，1986）。

搜索过程中也存在双重认知加工过程，即西蒙通常区分的两种类型的启发式搜索方式：通用性的启发式（或称元启发式）和任务特定性的启发式（Simon & Newell, 1971; Simon, 1990）。当不具备解决问题的经验时，问题解决者主要采用作为一般问题解决的基础法则的元启发式策略，即通过陈述性记忆对由各种信息构成的知识状态进行逐一外显表达和尝试，这种对信息的受控性加工能够使其从各知识状态逐渐向邻近的知识状态转化，直到发现通达到目标状态的有效路径。因而系统性的搜索方式一般会穷尽问题空间的所有知识状态，但往往由于问题空间巨大的规模而需要大量的时间和认知资源，而吉仁泽等人提出的“快速节俭启发式”的构筑块则强调在实际的问题解决过程中，问题解决者会依据已知信息的权重效度来决定是否停止搜索，做出非代偿的决策选择（Gigerenzer et al., 2011），因此这一过程也可能会受到由陈述性记忆驱动的第Ⅱ类启发式的影响。

当问题解决者具有解决相同或相似经验而积累一定的与任务情境相关的程序性知识之后，解决方案的搜索过程一般就会更先依赖于一种自动性的信息加工形式，即西蒙定义的任务特定性的启发式。如前所述，这种启发式实际上是问题解决的直觉判断过程，问题解决者依据问题表征中加工过的信息提取内隐的产生式规则，能够从起始状态直接而快速地转向某一中间状态，并忽视其间的其他知识状态（Robertson, 2004），符合于由程序性记忆驱动的第Ⅰ类启发式的作用过程。而如果问题表征中仍然存在未被加工的信息，个体则会以此中间状态为起点进行后续的系统性的逐一搜索。因此与问题表征的双重认知加工的“并行—竞争”模式不同，解决方案搜索的上述两种过程符合于相继性的“预设—干预”模式（Evans, 2008）。

在市场进入情境中，本书将解决方案搜索作为企业战略决策制定的第二个阶段，即战略决策制定者基于提取的特征信息制定一定数量的备选决策，并在对各项备选决策中进行评估和选择的过程。在这一过程中，战略决策制定者可能会无意识地依据企业已有的组织惯例（程序性知识）来制定相应的战略决策，笔者将其界定为由第Ⅰ类启发式作用的“直觉性搜索”过程；而战略决策制定者也可能会有意识地运用元启发式或第Ⅱ类启发式全面性地探索和试验潜在的决策方案，或者对已有的决策方案进行渐进性地改进以提高组织绩效，笔者将其界定为战略决策的“系统性搜索”过程。

4.3 研究方法

4.3.1 研究性质

本书拟采用探索性多案例比较方法来探讨市场进入者战略决策制定的启发式过程，原因有以下几点。首先，殷（2009）指出：“案例研究是探索难于从所处情境中分离出来的现象时所采用的研究方法”，而在特定的市场进入情境中对企业的战略决策制定的研究并非涵盖了一般性的组织层面的决策过程，而是需要对现实企业在新市场中的具体运作情况进行直接而深入的观察，尤其是为了阐释“市场进入者的先前经验与战略决策制定过程中各种类型的启发式之间是否存在一定的因果关系”这种“怎么样、为什么”类型的问题时，案例研究是较为适用的研究方法（殷，2010）。

其次，案例研究通常依据研究目的区别分为描述性案例（Descriptive）、解释性案例（Explanatory）和探索性案例（Exploratory）三种类型（Tellis，1997），在本书的研究中，尽管笔者基于此前的理论构思提出了相应的分析框架以指导案例材料的搜集和分析，但是并未针对此分析框架中各研究变量之间的因果关系提出明确的理论假设，尤其“战略决策制定过程的启发式”是在全新的研究视角下开发的一项过程性概念，无论是旨在为成熟理论提供现象描述和实证支持的描述性案例还是旨在验证已有研究假设的解释性案例都不足以刻画这一概念的内涵特征和过程维度，以及其与前因变量“先前经验”所可能存在的复杂的因果关系影响机制，因此本书需要借助于探索性的案例研究方法。

最后，由本书的分析框架可知，笔者识别了与市场进入者先前经验有关的两项特征即组织层面的陈述性知识和程序性知识，以及与战略决策制定的启发式过程有关的四项过程维度即知觉性表征、分析性表征、系统性搜索和直觉性搜索，因此对此研究主题来说，这些变量之间的因果关系是复杂多变的，是多种因素相互作用的结果，因而无论是人为控制的仿真实验研究还是单案例研究都缺乏足够的例证性（George & Bennett，2004）。由此，为了提高研究的信度和效度，本书将采用多案例研究的方式进行一种分析性归纳（Analytic Generalization）（殷，2010），即将多个案例看作是以预先提出的分析框架作为理论模板的多个相关实验。遵循多案例研究的“复制法则”，本书一方面通过同一企业的案例内比较分析得出基于可预测原因的不同的结果（差别复制，Theoretical Replication）；另一方面通过不同企业的跨案例分析以得出共有或相似的结论（逐项复制，Literal Replication），以此为进一步的大样本研究提供扎实的理论依据和丰富的研究假设。

4.3.2　案例样本

Eisenhardt（1989b）指出，案例研究通常是针对某一特定情境深入了解而修正已有理论或构建新理论，因而选择合适的案例就显得非常重要。本书的分析单元显然是商业情境中的企业组织，在选择案例样本的过程中，笔者充分考虑到案例研究的外部效度和理论类推性（Eisenhardt，1989b），采用理论抽样（Theoretical Sampling）的方式，从企业的组织规模、市场进入类型、发展阶段以及目标市场特征等因素方面尽可能地保证案例样本的多样化、独特性和补充性，以寻找最有可能复制和延伸所聚焦的理论和情境的案例集合。

本书的研究对象是企业在市场进入过程中的战略决策制定。首先，在市场进入者的组织规模和进入类型方面，市场进入行为既可能发生在规模较小的创业型企业中，也可能发生在规模较大的在位企业中，而参考以往研究对市场进入者的大致分类，本书选择的案例将考虑涵盖初创型进入者、多元化型进入者以及衍生型进入者这三种类型的企业（Carroll et al.，1996；Klepper & Sleeper，2005）。其次，在企业的发展阶段方面，处于生命周期不同阶段的企业在战略导向、决策团队、资源配置等方面会具有显著的差异，因而在进入新市场时所采用的战略决策模式也会随之而不同，在本书中，笔者将有意识地考察同一企业随着时间的推移和经验的积累在相同或不同的市场中战略决策模式的演进。最后，在市场特征方面，目标市场环境的稳定性和复杂性也可能会影响企业对战略决策模式的选择（Ganco & Agarwal，2009），因此本书对案例中所涉及的目标市场既需要选择充斥着各种不确定性的初生市场也需要选择技术和产品特征已经成型的成熟市场；既需要选择高科技产业的产品市场也需要选择传统产业的产品市场。

考虑到多案例比较研究的案例数量适宜在3～7个之间（Berg，2005），而相比较于考察较多数量企业的市场进入行为来说，本书更倾向于聚焦于2～3家企业分别在不同时期进入多个市场时的战略决策制定过程，一方面是因为受制于联系企业的实际情况，企业层面数据的搜集和分析具有一定的难度，而探索性案例研究对于企业访谈的深入性和数据的可靠性又要求较高，针对少数几家企业进行案例调研有利于提高各项案例整体的质量；另一方面，也更为重要的是，在为数不多的几家企业中考察企业战略决策模式的演进过程对本书理论建构的推动将更具有意义。

在对三家杭州本土企业进行实地参观和访谈之后，本书选取其中的两家企业作为最终的案例研究对象，其中，一家是创办近四十年、拥有30亿元资产规模、逐渐由传统制造业向科技产业和文化产业转型的大型集团企业万事利集团，另一家则是近几年在高技术的互联网产业中崭露头角、由创业型企业向多元化型企业发展的杭州泛城科技有限公司。从整体上来说，笔者考察的这两家企业的七次市场进入行为均较为典型，符合本书对案例样本的客观要求，如表4.1所示，因而有利于保障研究结论的有效性和普适性。

表4.1　　案例研究选择的案例样本的基本情况

调研企业	市场进入行为	市场进入类型	目标市场特征
万事利集团	进入丝绸面料市场	初创型进入者	传统制造业
	进入丝绸服装市场	多元化型进入者	传统制造业
	进入丝绸礼品市场	衍生型进入者	高科技产业
	进入丝绸奢侈品市场	多元化型进入者	高科技产业和文化产业

续表

调研企业	市场进入行为	市场进入类型	目标市场特征
杭州泛城科技	进入社交类网站市场	初创型进入者	互联网产业成熟市场
	进入网络游戏市场	初创型进入者	互联网产业初生市场
	进入移动互联网市场	衍生型进入者	互联网产业初生市场

4.3.3　资料搜集

案例研究中的资料搜集是确保研究具有一定信度和效度的重要基础，在信度方面，本书在案例调研之前准备了包含研究目的、研究问题、研究程序和调研报告结构在内的详细的研究计划，并在后期构建了由各种渠道获取的案例资料以及分析报告构成的研究资料库，因而能够经得住重复分析的考验。在效度方面，本书遵循“证据三角形”原则（Patton, 2002），即笔者采用多种手段进行研究，以及通过多种资料来源的汇集来交叉验证同一现象，如图 4.2 所示，并在后期对资料分析的过程中与企业相关人员以及其他参与案例调研的小组成员进行多次沟通和讨论，从而使研究结论更具有说服力和解释力，以最大限度地保证研究的建构效度。

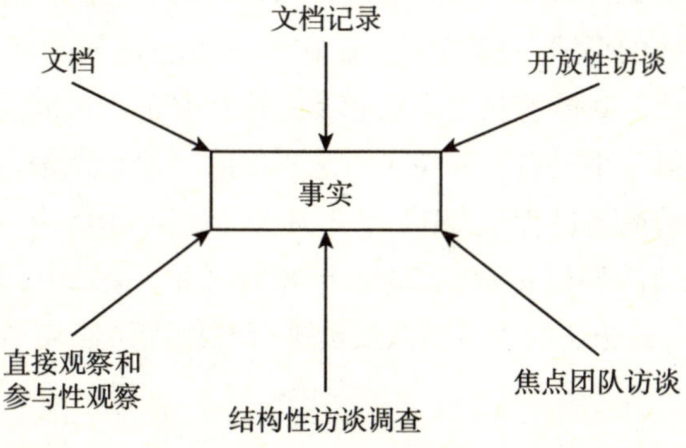

图 4.2　汇集多种证据来源形成稳定的“证据三角形”

资料来源：笔者根据殷（2010）的观点进行整理。

在实际的调研过程中，本书以深度访谈为主，辅以档案资料、技术文献、实地观察和电邮回访等各种渠道进行研究资料的搜集，并对每个企业均进行了四个阶段的调研。其中，第一阶段是通过学院和个人的渠道资源获得各企业的宣传材料、年报数据、文化手册和人物传记等书面资料，并通过浏览企业官方网站和媒体报道获取其他相关资料来了解企业的组织结构、发展历史和现状及其经营范围等各项基本情况，以初步判断企业是否满足于案例研究的需求。

第二阶段是对企业进行实地考察，并对企业部分高层管理者进行开放性访谈，对企业已经涉入或者正在开拓的各类市场进行研究可行性的讨论，筛选出本书所聚焦的案例样本，其中大部分市场进入过程发生在过去，适宜用回溯法进行访谈，而万事利集团进入丝绸奢侈品市场以及杭州泛城科技进入移动互联网市场则是正在进行当中的组织过程，属于实时性的案例，适宜用直接观察或追踪法进行访谈，根据这些情况笔者也在这一阶段与两家企业分别约谈了进一步的访谈人员和时间。

第三阶段是分别对各项市场进入过程中参与战略决策的人员进行半结构化访谈，访谈依赖于询问室（Courtroom）流程，即基于已拟好的访谈提纲请受访者按照时间顺序回忆企业在各市场中的特定行为、事件和事实（Miller et al.，1997），尤其是关注于所制定的各项战略决策的决策依据和决策过程，每次半结构化访谈的时间约为 3 个小时，每次受访者人数在 2 人以上以对回忆内容相互印证，访谈完成后笔者在第一时间将通过录音和笔录的访谈笔记转为正式文本加以保存，并针对文本中存在的模糊不清和存在争议的内容对受访者或相关人员进行回访校验。

第四阶段则主要针对采用追踪法进行调研的两项案例，笔者通过定期的电话访谈、电子邮件的形式了解两家企业在各自正在进入的新市场中的发展动态，通过这种调研方式能够较为全面和及时地获取企业在市场进入过程中如何制定战略决策的第一手资料，避免了一定程度的“回想性偏差”。

万事利集团的调研过程从 2011 年 3 月开始，到 2011 年 12 月结束；杭州泛城科技有限公司的调研过程从 2012 年 8 月开始，到 2013 年 3 月结束。表 4.2 所示的是对两家企业的决策团队成员进行开放性访谈或半结构化访谈的基本情况。

表 4.2　企业访谈的基本情况

编号	访谈时间	访谈企业	主要访谈对象	职位	聚焦案例
1	2011 年 3 月 11 日	万事利集团	李先生	集团总裁	万事利集团各项市场进入案例
2	2011 年 3 月 24 日	万事利集团丝绸科技有限公司	马先生	总经理	万事利集团进入丝绸面料市场和丝绸服装市场
			周先生	技术总监	
			张先生	印染厂厂长	
3	2011 年 3 月 29 日、5 月 9 日	万事利集团丝绸礼品公司	滕先生	总经理	万事利集团进入丝绸礼品市场和丝绸奢侈品市场
			傅先生	副总经理	
			金先生	销售总监	
4	2011 年 4 月至 7 月	万事利集团职业服装有限公司	沈女士	总经理	万事利集团进入丝绸服装市场
		万事利集团丝绸股份有限公司	文先生	总经理	万事利集团进入丝绸奢侈品市场
5	2012 年 8 月 9 日、11 月 25 日	杭州泛城科技有限公司	章先生	运营总监	杭州泛城科技各项市场进入案例
6	2012 年 10 月 18 日	杭州泛城科技有限公司	蒋先生	技术总监	杭州泛城科技进入网络游戏市场
7	2013 年 1 月 22 日	杭州泛城科技有限公司	倪先生	副总裁	杭州泛城科技进入社交类网站市场和网络游戏市场
8	定期性多次电话访谈	杭州泛城科技有限公司	“快乐生活”团队成员	研发团队	杭州泛城科技进入移动互联网市场

4.4 案例描述[①]

4.4.1 万事利集团有限公司

企业简介

万事利集团有限公司的前身是创办于1975年的杭州笕桥绸厂，经过近40年的艰苦创业，现已成为以制造业（丝绸、纺织服装，生物科技）为主业，辅以高科技产业和资本运作产业的“一主两翼”产业布局的大型多元化现代企业集团，下属子公司三十多家，员工5 000人，资产30亿元，具有70多项专利和自主知识产权。

万事利集团是唯一同时参与北京奥运会、上海世博会、广州亚运会三大盛事的丝绸企业。多年来，万事利集团不断探索和寻求新的发展领域，并通过转型升级来提升丝绸主业的发展空间和潜力，得到了社会各界的认可。企业先后获得了中国大企业集团竞争力“500强”、全国民营企业“500强”、全国上规模民营企业“500强”、全国服务业企业“500强”、全国服装行业百强、中国纺织服装企业竞争力“500强”、中国丝绸行业竞争力10强等诸多荣誉。

进入丝绸面料市场

先前经验：1975年，杭州笕桥绸厂（以下简称笕桥绸厂）由笕桥人民公社的沈爱琴女士负责筹办。尽管笕桥（古称“茧桥”）是著名的丝绸之乡，自古以来有着良好的蚕桑文化，但在现代社会的工业化背景下，创办之初的笕桥绸厂可以用“先天营养不足，后天发育不良”来形容，其全部资源仅仅是刚放下锄头的二十二位农民作为员工，几间破旧的平房作为厂房，十七张原始的铁木织机作为生产设备，两万元借款作为启动资金，沈爱琴本人也不具备丝绸

① 该案例资料出自浙江大学案例中心与万事利集团合作研究项目，笔者为研究团队成员之一，已获得全部资料的使用许可。

生产和企业管理的任何经验。

问题表征：20 世纪 70 年代，丝绸纺织产业是我国的创汇支柱产业，在当时的计划经济体制下，丝绸纺织产业中占主流地位的国营丝绸大厂有几百家，这些厂家主要依靠国家统一收购和调拨生产原料蚕丝以及统一回购丝绸面料来发展存活。相比之下，作为一家刚建立的乡镇民营企业，处于计划外的觅桥绸厂与这些供销环节都沾不上边，也不具备大规模生产的技术和设备，因此无法通过获取出口产品订单来盈利。而通过观察当地老百姓对丝绸制品的市场需求，觅桥绸厂发现丝绸被面等一些传统丝绸面料制品无论在城市还是乡村的国内市场属于紧俏物资，而且这些丝绸产品的销售受约束程度较小，利润丰厚，生产技术也相对简单，为以作坊式生产和销售起家的觅桥绸厂提供了一定的生存余地。

解决方案搜索：受到政策和资源诸多限制的觅桥绸厂只能不断地寻求一些独特的经营方式。在人员和技术方面，凭借沈爱琴的人脉关系，觅桥绸厂尝试聘请上海、杭州、绍兴等地的国营大厂的一些技术精湛、责任心强的退休工人，通过学徒制的方式来提升一线工人的操作技术水平，使得全厂从纺织、保全到机修等各个环节的技术力量在数年内已不逊于甚至超过国营大厂。在生产原料方面，国家计划调控的蚕丝不可得，觅桥绸厂从最初不得不使用国营大厂的下脚料，到与一些人造丝的生产厂家建立紧密合作来生产仿丝绸产品，再到积累了一定资金能够投产和收购计划外的议价蚕茧，逐步获得了丰富的上游资源。在产品生产和设计方面，为了追求销量和利润，觅桥绸厂效仿国营大厂不断提升产品质量和生产规模，与此同时由于市场上购买者对丝绸面料的花色品种式样的需求日益增强，觅桥绸厂也联系了丝绸纺织类的科研院所进行多样性的面料色彩和图案设计，随后送厂内有文化基础的员工到浙江丝绸工学院学习，逐渐形成了在产业内出类拔萃的自主设计能力。而在销售渠道方面，觅桥绸厂在试图获取进入国家计划产品序列的“准生证”的同时，需要自行去全国各地大中型商场如北京王府井百货大楼、西单商场等进行走访推销，在这一过程中与这些商场建立了良好的关系，更因为产品质量过关、花样品种更新快，也在各类商场中形成了一定程度的品牌效应。

进入丝绸服装市场

先前经验：到了 20 世纪 80 年代中期，觅桥绸厂已经解决了基本的生存问题，并在国内的丝绸纺织产业中立稳脚跟。其中，与十一届三中全会后在新的市场经济形势下涌现的大大小小的丝绸小厂相比，笕桥绸厂通过初始的资本积累，拥有了200多台当时国内最先进的剑杆织机以及各个生产环节、梯次齐全的一线员工队伍，全厂的生产设备和技术能力保证了一定水平的生产规模和产品质量，从而具备显著的成本优势；而与依然按照国家计划和指令生产丝绸产品、缺少丰富产品线和拓展产业链的积极性的国营大厂相比，笕桥绸厂不仅在丝绸面料生产环节并不逊色，还通过与各类科研院所的合作，培养了更多在染丝、印花、染色和丝绸产品深加工等前后端丝绸处理工序方面的专业人才，尤其先于杭州有名的杭丝联、杭州印染厂等几家国有大型企业投建了染丝项目，不仅丰富了工厂的丝绸面料产品的种类，还通过销售剩余的色丝使工厂的盈利能力、利税水平迅速翻番。此外，笕桥绸厂还建立了与政府部门、产业协会和国内大中型商场等机构的庞大的关系网络，其丝绸面料产品获得了“轻工业部优质产品”和“浙江省优质产品”等认证，沈爱琴本人也被授予“全国优秀女企业家”、“三八”红旗手和“全国农业劳动模范”等称号。

问题表征：1985年前后，一股西装热席卷了刚刚开放的物资紧缺时代的中国城乡市场，西服、夹克衬衫等服装产品成为国人热衷的商品，使得各类服装厂如雨后春笋般涌现，但是这些服装厂生产的均是面料原始和工艺简陋的“大陆货”，而非真正的做工讲究的西服。事实上，笕桥绸厂在经营主业的同时，也开办了一家小型服装厂，最初只是为了安排即将退休的工人，并根据市场需求来生产这种供不应求的西服。然而不久随着这股热潮的褪去，以及一些知名服装品牌如香港金利来对内地市场的占领，消费者开始重视服装的式样、质量和品牌，许多急于扩大生产规模的乡镇服装厂遭受了毁灭性打击。但是服装依然会使面料产生成倍的利润，在这个产业中即使是一个很小的细分市场也能做出巨大的规模，面对这样的商机，沈爱琴打算根据这一刚刚试水不久的市场的发展和变革状况进行调整，拓展自身的服装业务，正式进入精品类服装市场。

解决方案搜索：精品类服装首先需要优质的面料，而结合自己的主业，1988年笕桥绸厂决定开始生产丝绸服装，并用自己的丝绸面料作为服装厂的生产原料。一方面，由于服装对丝绸面料的更高要求，笕桥绸厂基于多年积累的设备操作和检修经验以及对国内外先进生产设备的了解和考察，投资500万美元成为国内第一家引进喷水织机的丝绸纺织企业。另一方面，由于服装对丝绸面料种类的更多需求，笕桥绸厂进一步利用自身在印花、染色等技术工艺上的发展，1992年从意大利、德国、瑞士等八个世界上最高技术水平的国家引进印花、印染设备，并聘请意大利设计师，在丝绸后处理上成为当时国内唯一、国际领先的企业，使生产的丝绸服装迅速向高档和专业方向提升。

其次，笕桥绸厂最初只是通过自身已有的出口配额接受丝绸服装的成衣订单，或者接受境外著名品牌服装的委托生产贴牌产品。但是正因为看到精品服装市场中的品牌优势，20世纪90年代初笕桥绸厂开始打造和经营自己的品牌。1993年，笕桥绸厂通过与各部门和机构长期构建的关系网络以及在产业内良好的声望，获得浙江省人民政府的批准，以自身资产为核心，联合生产、金融、科研等31家单位组建浙江万事利轻纺工贸集团公司。1995年，万事利又经国家工商局批准成为没有产业限制的综合性集团公司，获得了自营进出口权，由此正式推出万事利服装品牌，并在内地和香港多地开设办事处，直接面向国内外终端消费市场，产品远销美国、日本、欧盟等30多个国家和地区。

进入丝绸礼品市场

先前经验：经过20世纪90年代初的一系列投资和迅猛发展，万事利集团的企业产值暴增七倍，由此也确立了在中国丝绸行业引领者的龙头地位。由万事利自主设计的品牌丝绸服装也获得了国内外市场的认可，频繁亮相一些重大的服装展会。2000年，万事利集团在全国众多丝绸企业中脱颖而出，随国家文化部出访美国。通过一场“黄河之梦”的大型时装秀，万事利以丝绸元素完美诠释了含蓄庄重的中国文化，让世界看到了中国丝绸服饰的极致美。随后，万事利有幸参与了2001年于上海召开的亚太经济合作组织（APEC）领导人非正式会议，受命为与会领导人的全套唐装提供丝绸面料，同时还负责设计制作了赠予与会领导人的“丝绸唐装内衣”。

问题表征：从20世纪90年代中期开始，作为丝绸外贸主要市场的东南亚爆发金融危机，引起了巨大的经济震动，国内整个丝绸纺织产业受到了前所未有的打击。国家纺织工业局的数据显示，1998年1月到8月间，丝绸服装的出口量和出口额比上年同期分别下降了20.68%和17.46%，国内80%的丝绸企业陆续关门停业。其原因在于与逐渐成为主流面料的棉布料和其他纤维材料相比，丝绸易起皱、难打理，随着生活节奏的加快，国内外消费者对丝绸面料服装的购买兴趣急剧降低。所谓“水不涨，船难高”，在这样的市场背景下，万事利集团一时间也难以找到有效的出路，企业的流动资金日益短缺，生存和发展面临着极大的挑战。

时值集团新老管理层交替，新任万事利集团总裁的李建华先生1984年毕业于苏州大学丝绸工程专业（原苏州丝绸工学院），在进入万事利集团之前就与丝绸打了近二十年的交道，然而与产业中其他专业人员所不同，李建华一直强调丝绸纺织产业所面临的困境并非是面料生产加工的技术问题，而是没有很好地开发丝绸产品本身的价值，即“丝绸能用来做什么？”2002年，李建华将对这个问题的思考带到了万事利集团，并从万事利集团此前的经历中获得了启迪，即丝绸服装依然能够在国际上得到广泛赞誉并非因为丝绸作为面料的特性，而是丝绸本身所蕴涵的文化元素和承载的文化价值。2004年，李建华在浙江大学EMBA中心学习和交流的过程中进一步找到了问题的答案，他发现市场上的许多丝绸产品往往被用作赠送的工艺礼品，这让他看到了开发丝绸礼品的希望。事实上，包括都锦生、喜得宝以及万事利自身在内的很多丝绸企业早在1998年就有丝绸领带、围巾和书画等常见的丝绸礼品的生产，但这些礼品只是被当作普通的面料加工产品类别来进行销售。而基于上述认识，万事利集团在李建华的领导下决定开垦中国的丝绸礼品市场，深度经营丝绸的文化价值。

解决方案搜索：2005年，万事利集团分立出5位非丝绸专业的设计和营销人员成立丝绸礼品事业部（后发展成为丝绸礼品公司），杜绝了传统面料加工时“外贸靠接单，内销靠开店”的经营方式，而是遵循“轻资产运营、重品牌深耕”的思路。首先，丝绸礼品公司尝试进行礼品的“个性化定制”，即以客户为导向的主动营销，为了开发和挖掘潜在客户的潜在需求，事业部邀请了多所高校、多期MBA和EMBA的学员来杭州深度旅游，试图以一种旅游营销的策略精确地笼络一家家高端优质的公司客户。其次，个性化定制的营销模式决定了订单“小批量、多样化”的特点，由此带来了巨大的成本压力，于是整个事业部开始试验各种压低成本的可行方法，经过两年的艰难攻关，最终成功研发出了热转移数码印花技术，并申请了国家发明专利，为生产各种类型的丝绸礼品提供了技术方面的保障。

而文化的传播和营销还是需要鲜活生动的“故事”来做载体，万事利集团不断为丝绸礼品塑造各种故事。2004年，万事利集团向北京奥运会市场开发部申请奥运会特许经营商的资格，并于2005年1月13日获得批准。在2008年北京奥运会上，万事利集团设计的丝绸奖牌绶带、丝绸奖牌托盘垫以及青花瓷系列和粉红系列的颁奖礼服惊艳亮相。随后，2010 年的上海世博会上，万事利集团参与制作各国领导人头像印谱、青田石等丝绸礼品，巧妙地结合了中国丝绸文化、篆刻文化和青田石文化；同年的广州亚运会，万事利自主设计并制作了代表全城百万志愿者精神和年青时尚风采的“志愿彩”，万事利的‘彩’系列产品也因此在市场上获得了大量客户的青睐。

进入丝绸奢侈品市场

先前经验：万事利集团在丝绸礼品市场的独树一帜使其从传统的丝绸纺织企业成功转型为丝绸礼品的代言人，丝绸礼品公司业务量也因此大幅增长，销售额从2007 年的3 020 万元增长至2010 年的2 亿元，年增长率接近100%，成为万事利集团主要的利润增长点。随着这样的变化，一方面，万事利集团逐渐改变了原先的人力资源战略以配合丝绸礼品公司的发展，重点引进了许多营销岗位和设计岗位的高级人才，同时邀请到了浙江理工大学的教授参与丝绸礼品的研发，共同合作开发了如全真丝数字双面织锦、真丝弹力数码织锦、环保型面料染整和纳米技术等适用于丝绸礼品的新型面料或革新工艺。另一方面，通过参与到三大盛会，万事利集团不仅使自身的品牌形象得到了极大提升，还充分利用各种机会赢得了一些同是盛会参与者的大型客户如中国银行、中国南方航空公司等，数年内在丝绸礼品业务已积累了优质客户一万余家，并实时跟踪这些客户对各类丝绸产品的需求走向。

问题表征：万事利集团从丝绸礼品业务带来的低投入高回报中形成了对丝绸产品新的认识：“对于丝绸而言，当着眼于其面料属性或特性的时候，丝绸产品的局限性很大，价值也不高，利润可能只有每米2 元；当着眼于其文化和历史特性的时候，丝绸产品的范围就大大拓展，价值也成倍增加，利润达到了每米20 元，如果能够拓展新的更有价值的丝绸产品空间，未来丝绸的利润达到每米2 000 元，甚至20 000 元都是意料之中的。”通过进一步挖掘丝绸的文化和历史特性，万事利集团发现丝绸在古时其实是皇家独享的东西；丝绸之路后，丝绸从东方走向西方，也是进入西方的皇家，如皇宫中用的纤维材料都是丝绸，人们始终认为丝绸是最能体现艺术性的材料。而中国的丝绸一直在走平民化路线，拼命降低成本生产轻薄的廉价的丝绸面料，即使是万事利集团开发的各类丝绸礼品也相对低端，未能体现丝绸奢华、美丽、健康、时尚的特点，从这个角度来说，高档的厚重的昂贵的丝绸类奢侈品无疑是一个目前无人涉足的黄金地带。

解决方案搜索：2011 年，万事利集团筹建丝绸股份有限公司，目的在于整合集团下属的丝绸面料、丝绸礼品和丝绸服装所构成的核心主业即丝绸板块的资源以开发新的丝绸产品。而通过了解已有的高端客户群体的消费理念，并且与国内顶级的一些科研院所如清华大学展开研讨和合作，丝绸股份有限公司确定了在丝绸奢侈品市场需要主推的两类产品系列。

首先，从丝绸的环保特性出发，万事利集团开发了一系列家居装饰用的高档丝织品，并正在研发高端汽车和飞机头等舱的座椅及其他装饰材料。在实际的运作过程中，万事利集团利用在行业中的强大号召力，将国内现有的做面料、桌旗、丝毯、窗帘、手绘丝绸、丝绸设计等十个类别的业绩出色的企业召集起来，构建一个平台开发这些产品。在技术设计方面，围绕着装饰材料的特性和需求，研发了经纬线加捻技术增加丝绸面料的厚重感，并且使丝绸装饰经过技术处理后具有防火防霉防油吸音的功能。在营销宣传方面，万事利集团建立了主题性会所品牌西湖壹壹叁捌（Lake1138），作为丝绸装饰的样板，全面展示丝绸装饰在高端家居生活中的应用。

其次，从奥运会邀请老绣娘制作的青花瓷系列产品中受到启发，万事利集团开始挖掘丝绸的文化艺术价值，即设想利用濒临失传的巧艺型的丝绸手工工艺来打造各种丝绸工艺收藏品，一方面能够弘扬丝绸文化并且保护诸如丝绸手工绣法等非物质文化遗产；另一方面预见到未来手工制艺术品市场会持续走高，作为企业的万事利集团也能从中获取高额利润。为此万事利丝绸礼品公司专门开辟出一个分支做丝绸工艺品，跟众多文化遗产传承人签约，与各艺术院校和各地的丝绸文化博物馆合作，成立了中国丝绸艺术研究所。此外，借助于前几年在 B2B 的丝绸礼品业务中积累的市场和客户资源，万事利集团在各大商场开设了 B2C 的丝绸礼品和工艺品的零售门店，以进一步推广集团的产品、品牌和文化。

案例讨论

根据第 2 章理论框架中对各种市场进入者类型的界定，作为一个组织层面的问题解决者，万事利集团在上述不同发展阶段进入的四个市场中的行为特征可以被看作是从新手到熟手、从理论家到专家的转变。在初始创业时期，当不存在任何产品生产和市场运作的先前经验时，万事利集团的前身笕桥绸厂在丝绸面料市场中的战略决策类似于个体层面的“新手”所采用的问题解决方式，具体表现为在问题表征过程中，笕桥绸厂对此市场的认识基本上都来源于市场中已有的特征信息。正如作为决策制定者的企业创办者沈爱琴所说：“绸厂的先天条件决定了我们可以做什么，不可以做什么”，在当时的市场环境下，由于无法像国营大厂那样获得计划内的面料生产和回收指标，丝绸被面等其他丝绸制品的生产就成为乡镇民营企业的唯一出路。而参考其他丝绸企业的运营情况，生产和销售这些产品无非需要考虑原材料、设备、技术人员、销售渠道等输入性因素，因而这一过程符合于新手所常用的“手段—目的”分析（Simon，1971，1990），属于以元启发式为特征的“知觉性表征”过程；而在解决方案搜索过程中，笕桥绸厂同样是遵循元启发式中的“爬山法”，即在上述与生产和盈利有关的各项因素方面逐步地尝试缩小与目标的差距，因此整个过程是一种系统性的解决方案搜索。

笕桥绸厂在丝绸服装市场中的多元化发展则是扮演着熟手型市场进入者的角色，此时企业所拥有的对战略决策起作用的先前经验就在于组织层面的程序性知识，即绸厂在创业时期建立了相应的组织惯例并通过这些惯例积累了完备的丝绸面料设计和生产流程、成熟的销售渠道以及良好的社会网络，而这种先前经验最为直接的作用就体现在依靠多年在面料市场的摸爬滚打，笕桥绸厂通过已有的客户资源接触到服装市场这一面料市场的下游市场，以至于当服装市场对于精品面料和多样化设计式样的需求逐渐显现时，沈爱琴等人能够基于对市场特征信息的知觉性表征把握住这一市场机会，即发现笕桥绸厂可以根据市场和客户需求生产和设计一些以丝绸面料为主体的精品服装；而在实际的战略决策选择和运作过程中，笕桥绸厂能够迅速有效地调动已有的生产设备、服装设计和加工人才以及社会关系网络建立“万事利”品牌来生产和销售丝绸类精品服装，因而这显然是企业的战略决策制定者在解决方案搜索过程中基于既有惯例运用已有的资源和能力的第Ⅰ类启发式，即前面所界定的“直觉性搜索”过程。

先前经验对于万事利集团在丝绸礼品市场中战略决策的影响呈现了与丝绸服装市场不同的特征。一方面，与大多数丝绸企业一样，20世纪90年代的万事利集团遭遇了整个产业的萧条期，因而企业在此前积累的与丝绸面料生产和加工有关的各项资源和能力已不再成为其维持已有竞争地位和开拓新市场的保障；另一方面，万事利集团新的管理团队从企业的发展历史中建立了“丝绸是一种礼品，礼品是一种文化”的心智模型，而这种组织层面的陈述性记忆随即成为万事利集团涉足丝绸礼品市场的“敲门砖”。通过衍生型的市场进入形式，新成立的万事利丝绸礼品公司成为万事利集团在新市场中的“战略领导者”（Gavetti, 2011），目的在于摒弃以往丝绸面料生产和销售的既有惯例，而主要在上述心智模型的指导下制定战略决策，符合于本书第3章中所界定的由陈述性记忆驱动的“理论家型”的问题解决方式。其中，在问题表征过程中，丝绸礼品公司首先根据市场需求将产品定位为“以文化为特征的丝绸礼品”，进而认为这类产品应该重点强调“定制化设计”、“品牌推广”和“事件营销”等运作思路，而这些对目标市场的认识恰恰反映了战略决策制定者基于组织层面的心智模型利用第Ⅱ类启发式建立的“分析性表征”；在解决方案搜索过程中，丝绸礼品公司则是基于上述思路对相应的战略决策进行系统性的搜索，如“尝试一家一家地寻找潜在客户并设计符合客户需求的各类丝绸礼品”、“尝试研发适用于小批量定制化生产的新型印染技术以降低成本”以及“尝试利用参与各种盛事的机会为丝绸礼品营造与文化有关的故事并推广万事利品牌”等。

万事利集团在丝绸礼品市场的转型实际上为之后在丝绸奢侈品市场的多元化拓展积累了各种有价值的先前经验。首先是在新型丝绸工艺的研发、高端丝绸产品的设计、以优质客户资源为基础的社会网络和营销网络等方面建立了良好的组织惯例；其次是在推广丝绸礼品的过程中进一步确立和发展了“丝绸作为一种文化附属品”的心智模型，并从中看到了更具开发潜力的盈利模式。因此，先前经验中既包含大量可以直接运用的程序性知识也包含与新市场相关的陈述性知识，使得万事利集团可以在丝绸奢侈品市场中以“专家”的问题解决方式来制定战略决策。其中万事利集团对于此市场的问题表征是以上述心智模型为指导，即强调从“艺术性”和“环保性”等产品特征的角度设计和制作比普通丝绸礼品附加值更高的丝绸奢侈品，这种由组织层面陈述性记忆驱动的第Ⅱ类启发式符合本书分析框架中界定的“分析性表征”。而万事利集团组建丝绸股份有限公司正是为了在新市场中整合已有的资源和能力，使得企业能够凭借自身的技术储备，并且联合社会网络中的科研团队和民间艺术家共同开发出以环保性为特征的丝绸装饰品以及以艺术性为特征的丝绸工艺品，已有的客户资源则成为决定建立品牌会所和B2C门店以推广和销售其各类丝绸奢侈品的基础，因而万事利集团在丝绸奢侈品市场中的战略决策选择主要受到了其既有惯例的影响，也即通过第Ⅰ类启发式制定战略决策的直觉性搜索过程。

4.4.2　杭州泛城科技有限公司

企业简介

杭州泛城科技有限公司（FUNCITY Inc.）创立于2006年8月，从最初主要从事富媒体娱乐平台、flash虚拟现实引擎和富媒体网游及webgame的专业型开发和运营公司发展成为一家集游戏开发、影视创作、衍生品生产整合型文化创意产业于一体的企业。目前，公司在无端网游和网络动漫领域，处于国内乃至国际领先的地位。其中《魔力学堂》是无端网游业的开创之作和最为成功的产品，在全球拥有5600万多用户，并且与知名的作家合作，衍生的游戏小说、动画电视和动画电影也已经开始启动。公司曾获得2009年度中国最具投资价值公司，2010中国网络游戏新锐企业，是中国最大的网页游戏公司之一。

进入社交类网站市场

先前经验：2006年，还在浙江大学就读本科三年级的陈伟星与六位志同道合的校友一起组建了创业团队，同年注册杭州泛城科技有限公司，致力于在互联网领域中开展创业活动。作为典型的大学生创业企业，在市场经验方面，杭州泛城科技最初的创业团队成员均为刚毕业或尚未毕业的本科大学生，平均年龄不到25岁，没有任何在现实的商业市场中运作的相关经历。在技术经验方面，团队成员尽管来自不同的专业，也仅有一位具有与互联网产业相关的计算机技术背景。在资源方面，由于尚无初步成型的实际项目，缺乏对风险投资者和其他一些创业扶持平台的吸引力，创业团队仅能依靠成员拼凑的17万元作为启动资金。

问题表征：随着2005年互联网领域改变商业规则的Web 2.0概念的提出，2006年在中国互联网产业中涌现新一轮的创业热潮，杭州泛城科技就诞生在这一时代背景下。陈伟星等人选择互联网领域作为创业的涉足点，一是基于自身的资本限制，通过市场调研和评估，发现互联网企业的创业成本和运营成本相对较低，当时网络带宽和服务器等软硬件价格不断降低，尤其Web 2.0网站在建立初期仅需要基本的网站架构和互联网基础设施，有利于中小企业以较低的资本起步；二是考虑到与用户单方面从互联网获取信息的 Web 1.0 相比，Web 2.0 强调一种用户参与性与互动性的理念，进而衍生出了一大批各种类别的新型互联网产品，如博客（Blog）、社交网（SNS）、维基（Wiki）以及对等网络（P2P）等，在互联网产业中形成比先前更为多样性的商业模式和进一步的创新空间，国内一些标杆企业如阿里巴巴、百度和千橡集团的兴起也积累了众多热情高涨的 Web 2.0 网站用户，由此杭州泛城科技可以从中选择特定的商业模式和客户群作为产品开发和推广的切入点。

解决方案搜索：基于对 Web 2.0 的初步认识，泛城科技开始尝试技术难度较低的社交类网站。陈伟星等人最初的想法是打造一个商务寻呼平台，他们参考了 2005 年进入中国市场的谷歌地图，打算建立杭州本土的城市地图网页，在上面具体位置标注各类商户的信息，并通过软件实现用户与商户之间的电话通讯。然而这份项目计划尚未实现就宣告破产，首先是政策约束较大，当时通过互联网进行在线通讯要求与政府、电信运营商以及其他一些产业平台有一定的深度联系，泛城科技不具备相应的背景和运营资本；其次采用商业地图这一产品形式的竞争对手众多，如同在杭州的阿拉丁公司 2005 年刚推出了一款受到广大用户青睐的三维仿真城市地图“E 都市”，而泛城科技由于缺乏已有的客户基础，在游说商家加盟的过程中因为盈利前景未知而屡屡碰壁。

2007 年，杭州泛城科技幸运地获取一笔 120 万元的“天使投资”，决定重新策划和运营新的创业项目。因为前期的技术积累，陈伟星等人并未完全放弃开发在线地图模式产品的想法，而是将这种产品功能转向社交类网站受众较多的校园市场。那段时期校园社区的形式逐渐受到在校学生的欢迎，此类网站利用了人脉关系的概念，用户能够在社区平台上建立和拓展人际圈子并在其中进行沟通和互动。而杭州泛城科技尝试将校园地图引入社区网站，通过 Flash 技术构建与全国高校的真实校园情景一致的“虚拟校园”，并参考“一千零一梦”等类似网站的创意，在地图上增加实名注册、校园漫步、聊天工具、在线音视频分享和小游戏之类的各种功能以吸引客户。然而通过以浙江大学紫金港校区作为产品试点之后，陈伟星等人发现这个项目的实施和运营依旧存在着难以突破的“瓶颈”，即勘测和开发众多不同学校的在线地图所需成本过高，受众却仅仅局限在某一校园内的学生群体。更重要的是，尽管上述一些产品功能的确能够提高网站的用户黏性，却缺乏快速有效的盈利点，因此显然难以维持公司在商业市场中的长期生存。

进入网络游戏市场

先前经验：尽管在初创时期的运作并不成功，泛城科技却在这一阶段获取了在互联网产业的多方面经验。首先，公司完成了在核心技术上的积累，通过运作先前的寻呼平台、程序引擎和其他一些社交类网站平台项目，杭州泛城科技不仅吸纳和培养了一批 IT 领域的技术骨干，创业团队的所有核心成员包括陈伟星本人也学习并熟练掌握网站构建和管理所需的编程、美工、服务器维护等基本的 IT 技术知识；而在校园社区网站这块，泛城科技不仅搭建了成熟的服务器和网页客户端，还因为专注于对在线地图和相关功能的开发，具备了基于 FLASH、AJAX、FLEX 和 WEB3D 等先进浏览器技术的卓越的产品研发和应用能力。其次，在参与长三角各地的一些创业论坛以及日常与业内同行的交流过程中，陈伟星等人拓展了对互联网产业中各种类型产品的认识，并对自身已有产品的创新性和缺陷有了更为深入的解读，尤其开始注重于发掘和评估具有较高市场价值的产品类型和特征；与此同时，陈伟星还说服了已在世界“500 强”企业工作多年具有产品策划和市场营销背景的几位至交好友加入运营团队，并邀请到浙江大学竺可桢学院创业管理强化班的多名教授作为公司的战略顾问。

问题表征：2007 年是中国网络游戏市场井喷的一年，其市场规模达到 128 亿元人民币，增速高达 99%，并且拥有超过 4 800 万的游戏玩家用户。然而当时的网络游戏运营商基本上都是融资能力强大的上市企业，如网易、盛大和九城等，因为占据主流地位的客户端网游产品需要至少上千万元的运作资本，而上述这些大型公司也已在市场推广和技术研发上建立起了中小企业所望尘莫及的产业壁垒。在这样的市场背景下，杭州泛城科技却成为首批屈指可数的进入网络游戏市场的创业型企业。

事实上，在打造校园社区平台的时候，杭州泛城科技就尝试在虚拟地图中设计和加入各种在线小游戏，而核心团队成员几乎都是玩过上百款网络游戏的资深玩家，在这一过程中他们发现已有的浏览器技术使得在线网页游戏的场景、动画和流畅度等效果在一定程度上足以媲美于流行的“大话西游”等客户端游戏。杭州泛城科技也就是在从这个时候开始着眼于在利润不断攀高的网络游戏市场的涉入与发展，尝试开拓尚未成型的网页游戏（Webgame）的利基市场。经过团队内部多次的交流和讨论，陈伟星等人认识到一方面网页游戏不仅在技术开发方面的难度较低，而且能够借助于普通浏览器而接触到更广范围的直接性的互联网受众，不需要像客户端游戏一样投入大量的宣传广告以吸引用户来下载和运行，如果可以进一步融合 WEB 2.0 社交类网站的人脉互动的概念，就更有希望通过以点带面的方式培养更多潜在的游戏玩家；另一方面，传统的在线小游戏如连连看、祖玛等在可玩性和盈利性方面十分欠缺，有必要在基于技术可行性分析的前提下，借鉴已有一些大型网络游戏的流行元素、角色扮演、回合制和养成系统等诸多用户偏好的产品特征来设计和丰富网页游戏的形式和内容，并通过设立用户装备购买和商家在线广告等一系列盈利环节来为公司创造利润。

解决方案搜索：2008 年 9 月，泛城科技自主研发的第一款网页游戏《魔力学堂》正式上线。在这款游戏中，杭州泛城科技首先基于先前开发在线地图的经验，成功地运用自身已经发展成熟的 FLASH 虚拟现实引擎技术，在网页上参照客户端游戏中的经典设计构建了各类游戏地图、3D 建筑、卡通人物造型和后台系统等。其次，对比了多种游戏形式之后，并考虑到自身的技术水平，杭州泛城科技为这款游戏选择了国内较为流行并且投资回报率较高的回合制 MMORPG（大型多人在线角色扮演）模式，然而在游戏内容方面，《魔力学堂》却淡化了普通 MMORPG 游戏的“单人养成和对战”的特性，而是以“打造超 Q 魔法校园”为主题，突出群体社交和互动的概念，实际上是陈伟星等人将先前构建虚拟校园社区的想法和已有的程序模型移植到网络游戏中的结果，他们在游戏中的建筑风格、角色名称、任务系统、装备系统和社交系统中加入了众多校园元素，使玩家能够在虚拟游戏中找到现实中校园生活的影子，增强玩家的代入感和黏性，也大大提升了游戏的生命周期。

在市场推广方面，杭州泛城科技最初是将《魔力学堂》搭建在自身已有的服务器和客户端平台“青豆网”上，通过此前与网盟公司的合作关系，购买其廉价便捷的网页弹窗广告来进行营销，但是正因为《魔力学堂》是国内大型网页游戏的蓝海市场的开创者，同类的网页游戏的竞争者几乎没有，通过在线弹窗广告进行推广的网络游戏也少之甚少，使得《魔力学堂》一经推出就获得了许多玩家的关注。而正如之前所预期的一样，作为无端网游，《魔力学堂》的优势也很快体现出来，游戏不需要下载就能运行，一大批非专业游戏玩家的上班族和学生族也能够进行在线试玩，并且在获得良好的游戏体验后口口相传，这就极大地扩张了此款网络游戏的用户基数，短短一年时间内《魔力学堂》的用户数量就达到了 5 000 万，甚至超过了先前整个网络游戏市场的用户数量，为杭州泛城科技创造收益累计超过一个亿。

2010 年，杭州泛城科技将其游戏娱乐平台“青豆网”更名为“乐子网”进行重点推出，作为《魔力学堂》等多款网页游戏的宣传和玩家交流阵地。然而正是从这个时候开始公司通过自有平台推广网页游戏显现出了一定的局限性，一方面，尽管《魔力学堂》获得了巨大的成功，但是任何一款网络游戏都存在不可避免的“玩家曲线”和有限的生命周期，为了维持公司的盈利水平和已有的玩家用户，泛城科技需要不断地加强技术研发和产品策划来设计新的形式和内容的游戏以满足用户多样性的需求，而运营在线游戏平台同样需要大量的资金和管理投入，从而形成了“两头不能兼顾”的局面；另一方面，市场中出现了大量的网页游戏的跟风之作，随之而来的是一些专业性网页游戏平台如 265G、37wan 等的兴起，这些平台不仅在互联网领域具有积累多年的推广经验和人脉关系，还同时负责运营数十款甚至上百款不同种类的网页游戏，具有很强的规模优势。基于这种市场变化，杭州泛城科技及时地调整了公司的战略，将扩充产品线列为首当其冲的常规性任务，三年内陆续推出了《征战天下》、《水浒英雄》、《梦幻之城》等近十款网页游戏；而将游戏平台的打造放在了公司战略的次要位置，转向更多地采用与各大网页游戏平台进行分成合作的营销策略，例如，2013 年年初与腾讯公司联合打造了新型横版网页游戏《悟空 Q 传》；同时还以授权海外代理商经营的模式，将公司的几款主打产品改编并出口至日本、东南亚等近 20 个国家和地区的市场，这些游戏因为融合了新颖的中华本土文化和符合当地玩家审美的流行元素而深受欢迎，其中《征战天下》在日本的玩家数量甚至超过了国内，成功地实现了网络游戏领域中的文化输出。

进入移动互联网市场

先前经验：网页游戏的研发和推广为杭州泛城科技带来了巨大的财富和声望，也让陈伟星等人意识到在互联网领域中的存活法则就是持续性的创新和开拓。为了更稳定地占据市场的优势地位并且能够进一步探索新的发展空间，杭州泛城科技不断吸引在互联网产业及相关产业中具有创业和产品策划经验的研发团队和个人加入，公司员工数量由此呈几何级数扩张至300余人，本科以上学历的员工超过90%，大部分毕业于国内外名牌高校，其中不乏一些已在领域内崭露头角的创业型人才。泛城科技积累的人才优势也逐渐获得众多风险投资商和其他合作机构的关注和认可，公司获评2009年度中国最具投资价值公司，陈伟星也成为杭州市大学生创业联盟执行主席。

2010年5月杭州泛城科技获得4 000万元战略性风险投资，同年7月公司联合多家本土风险投资公司和一些私人投资者，投资2亿元人民币成立了泛城文化创意产业基金，目的在于通过股权投资和成立GP团队的方式为公司内外部的创业人员提供启动资金、平台资源以及研发、运营方面的支持，孵化在网页游戏、手机应用与游戏、娱乐化社区等互联网文化相关市场以及动漫、影视等领域的半成熟项目和成熟产品。

问题表征：随着各类移动终端设备（包含智能手机、平板电脑等）的日益普及，近几年在我国通过移动互联网上网的用户在数量上已经逐渐超越了通过有线网络上网的用户，使得互联网领域的市场格局发生了显著的变化，即移动互联网市场开始呈现潜在的巨大的商业价值。根据DCCI中国移动互联网市场观测报告的数据，2011年中国移动互联网市场规模已达到311亿元，相比2010年增长97.31%，这一高速增长的态势促使各种传统企业及互联网公司纷纷涉足，而在此前刚刚成立文化创意产业基金的杭州泛城科技也正式筹划进军移动互联网市场。

然而杭州泛城科技并未打算通过公司开发和运营网页游戏产品的核心团队来运作在移动互联网市场的创业项目，一是考虑到网页游戏市场仍然处于良好的上升时期，分散精力势必会影响主营业务的进一步发展；二是在“是否凭借在网络游戏方面的技术和市场优势打造手机网络游戏产品”的思路上公司的高管团队进行了详细的市场调研和分析，认为开发大型的手机网络游戏在现阶段对于公司来说尚存在较大的技术难度和一定的市场发展瓶颈，体现在移动终端系统不统一、网络质量支持性不良、运营监管和收费渠道不健全等多个方面，因而否决了这一思路而决定探索其他的产品类型和商业模式。

2012年，杭州泛城科技从外部招聘了一批在移动互联网市场具有多年从业经验的人员参与到新产品的策划，在参考和对比了目前移动互联网市场的各种产品类型如娱乐类、工具应用类、即时通讯类之后，泛城科技最终选择了发展前景更为良好、盈利模式更为多样的O2O（Online To Offline，互联网作为线下商业交易的前台）这一产品形式。而在与这些员工的交流和讨论的过程中，陈伟星本人发现移动互联网的普及率如此之高，实际上与网页游戏当年的盛行异曲同工，即移动互联网通过手机与广大用户有着非常频繁而直接的接触，在这个市场中的O2O产品如果能更为突出日常性、即时性和反馈性等特点，就能很容易地赢得大量的用户，因此开发此类线上产品反而应该从用户线下的现实需求出发。于是陈伟星立刻联想到了在杭州、上海等众多大城市普遍存在的交通难题，即出租车非高峰期的空驶率很低，而市民在高峰车却打不到车，一个主要的原因就在于司机和乘客的信息不对称，如果能设计一个搭建在移动互联网上的打车专用的沟通交流平台软件，以大城市每天的出租车交易额和预期的抽成比例来看，将具有很高的市场应用和商业价值。

解决方案搜索：2012年4月底，杭州泛城科技以上述这些新引进的人员为主组建了一支名为“快乐生活”的团队，由陈伟星作为直接性领导，开始立项研发智能打车应用。团队首先从最简单的产品设计思路出发，与多年前陈伟星构建商业寻呼平台的想法一致，即“用户发起订单，也可以查看司机直接联系；司机发起请求接单，也可以直接抢用户的订单；用户可以看到多个司机的抢单，选择一个进行联系”。而与用户和司机进行沟通和讨论之后，这个方案由于双方体验均较差而遭到高管团队的否决，前者指出使用程序不够便捷，后者指出并未从中获得实际的利益。此后在数周之内，团队针对这两方面问题进行了改良，在客户端实现了“一键到底，接通司机”的功能，即在软件中植入了语音对讲及电话直拨功能，同时确保以司机在正常驾驶过程中被动提醒和傻瓜式操作的方式，“听提示、看订单、一键抢单、接通乘客”，并且通过GPS显示用户所在位置并利用LBS（基于位置的服务，Location Based Service）技术进行指引，大大节约了沟通所需时间；而在司机方面，为了让司机愿意去偏远地区搭载客人或者优先接收有紧急需求的客人的订单，考虑到司机空跑的实际成本和时间成本，团队尝试了一项革命性的设计，即允许用户加减小费来补贴司机。此外，团队还引入了类似淘宝的信用体系和积分体系来有效地减少双方的违约现象。

2012年8月底，杭州泛城科技研发的专业性打车APP（智能手机第三方应用程序）经过调研、设计、研发、测试后正式发布，被命名为“快的打车”，杭州泛城科技首先以杭州作为试点，在没有大力推广的前提下，短短两个月内杭州已有近千名司机加入“快的”运营名单，过万名杭州乘客下载安装并使用了“快的打车”，日均有超过800单打车订单通过“快的打车”发布，其中有超过600单成交。而截至2013年3月，“快的打车”在上海，杭州，广州，宁波，郑州及青岛等地的使用用户已经超过10万，参与试运行的司机数量也接近15 000人。而根据市场反馈结果，处于免费试用培育期的“快的打车”为大部分司机提高了10% ~20%的收入，而除了广告等传统方式外，杭州泛城科技也正在基于已有的市场规模策划和设计众多盈利模式来从中获取利润，如借鉴网络游戏的商业模式引入虚拟货币的形式等。

案例讨论

从杭州泛城科技的市场进入案例中我们同样可以发现随着企业先前经验的变化其在相同产业领域的不同细分市场中战略决策模式的演进过程。最初，缺乏相关先前经验的杭州泛城科技在互联网领域中的探索与个体层面的“新手”的问题解决方式无异，即首先只能通过“知觉性表征”的方式即广泛的市场调研来发现和参考市场环境中已有的各种商业机会，而兴起的Web 2.0网站概念以及同类标杆企业为白手起家的杭州泛城科技提供的大量的可选择的商业模式，这也使得杭州泛城科技可以不断地模仿和尝试搭建各种类型的社交类网站和相应的产品功能，例如，从“商务寻呼平台”到“虚拟校园”，从在线地图的单一功能到加入各种互动性的功能和内容，从用户群体单一的高校实景校园网站到面向更多用户的魔幻校园网站等，然而尽管杭州泛城科技在各种备选决策上付诸努力，这种“系统性搜索”也未能成功地帮助其找到获取一定市场竞争地位的问题解决方案，一方面是因为企业缺少强大的资金储备、技术实力和营销资源的支持，在其他一些可能获取成功的备选方案上无法进一步进行可行性地尝试；而另一方面就在于创业团队缺乏对当时市场环境深入透彻的认识，并未真正识别适合其发展和运作的市场机会。

进入网络游戏市场其实是杭州泛城科技在互联网领域的再次创业过程，在这一阶段，企业的先前经验与之前相比发生了较大的变化，即通过在社交类网站市场的技术改进和市场运作，创业团队不仅通过内隐性学习强化了企业组织层面的程序性记忆中的产品研发能力和商业化流程，陈华伟等人还通过外显性学习的方式获取了如何在互联网领域进行创新和盈利的各类陈述性知识，使得杭州泛城科技具备了在新市场中成为专家型市场进入者的潜力。而在实际的市场进入过程中，杭州泛城科技首先意识到“大型网络游戏是盈利环节较多和投资回报率较高的互联网产品”，而“网页游戏则是在开发成本和难度方面适合于创业型小企业并且具有数量可观的潜在玩家的网络游戏产品”，这种基于先前经验总结出来的关于特定产品特征的心智模型使杭州泛城科技有意识地构建了不同于其他竞争企业关于网络游戏市场的问题表征，因而是由第Ⅱ类启发式构成的“分析性表征”过程；而在开发网页游戏产品的解决方案搜索过程中，杭州泛城科技有效地利用了之前社交类网站时积累的各项技术，尤其是设计在线游戏功能的制作经验，并通过已有的网站平台进行网页游戏产品的推广，尽管是一种“误打误撞”地对企业既有惯例的运用，但这种由第Ⅰ类启发式构成的“直觉性搜索”过程也取得了一定的收效，使企业短期内在新市场中打开了良好的局面。而此后泛城科技则主要采用“系统性搜索”来对此前的一些战略决策进行调整和补充，主要表现在产品研发上不断扩充产品线、尝试加入热门游戏的各种元素和理念，在营销策略上则从仅仅采用“弹窗式广告”到尝试外包给专业的游戏运作平台以及尝试在产品中他国流行元素的产品进军海外市场等。

杭州泛城科技在移动互联网市场中的运作采用的是典型的衍生型市场进入策略，正因为考虑到此市场与PC端的传统互联网市场在技术手段、产品特征和营销模式等方面存在着较大的差异，杭州泛城科技未采用高管团队的原班人马，而是组建了新的战略决策团队并吸纳对此细分市场具有更深见解的专业性人员来运作这一企业的多元化项目，这一做法达到的效果是减弱了企业先前经验中在网络游戏市场的既有惯例的影响的同时丰富了战略决策制定者关于目标市场的心智模型，由此杭州泛城科技在移动互联网市场中的战略决策制定过程类似于个体层面的“理论家”的问题解决方式。在问题表征过程中，以陈伟星为领导的“快乐生活”团队基于由已有心智模型产生的第Ⅱ类启发式建立了关于此市场中产品特征的“分析性表征”，即有意识地选择“具有日常性、即时性和反馈性等特点的O2O产品”作为企业重点研发的产品形式，并且最终聚焦于智能手机软件“快的打车”这一特定产品。而在问题解决搜索过程中，“快乐生活”团队开发和推广此全新类型的产品时采用的是“系统性搜索”，即在原始思路的基础上不断尝试设计各项功能以及尝试各种营销手段，并根据测试用户的体验和反馈对产品bug进行逐步地修正和改进。由于是一个实时性的案例，在本书对此案例进行调研的短短半年时间内，“快的打车”产品的系统和功能就完成了十余次的版本更迭。

4.5 跨案例分析

在4.4节中，笔者利用本书提出的问题解决的启发式过程模型的分析框架逐一对万事利集团和杭州泛城科技进入各项市场的战略决策制定过程进行了系统性的分析，其中重点考察了企业在进入特定市场时积累的先前经验的内容及其对战略决策的问题表征和解决方案搜索两个阶段的影响，初步发现同一企业在不同目标市场中根据从先前经验中可提取的知识类型的情况可能会采取不一致的战略决策制定过程。在此基础上，本节将通过跨案例分析的方式对两家不同企业的市场进入案例进行横向比较，依据前面对市场进入者类别的划分进一步识别和区分出其中的四种战略决策模式，并从中抽取被归类于同一种战略决策模式的市场进入案例所共有的特征，最终明确战略决策模式这一核心构念的过程维度。

表4.3展现了笔者从上述研究案例中归纳出的四种战略决策模式及其具体表现过程。其中万事利集团进入丝绸面料市场和杭州泛城科技进入社交类网站市场的战略决策被归类于新手型战略决策模式，这两个案例的共同特征在于企业均是由缺乏相关经验的企业家或创业团队创办的初创型进入者，因而主要是通过一般性的问题解决策略来制定战略决策。在这一过程中，战略决策制定者对目标市场构建的问题表征仅仅是依赖于市场本身呈现的特征信息，即通过对市场中已有的产品和技术特征以及竞争对手行为的观察和调研觉察到企业各种“可以做……”的备选决策；而由于在这些备选决策上不具备已有的行动模式或操作流程，也无法判断其对绩效的潜在作用，企业也只能对上述备选决策方案进行逐一地“试着做……”因此新手型战略决策模式实际上是由元启发式构成的从知觉性表征到系统性搜索的战略决策制定过程。

表4.3　战略决策模式的归类和具体表现过程

战略决策模式	案例	问题表征	解决方案搜索	决策制定过程和涉及的启发式
新手型	万事利集团进入丝绸面料市场	“可以做”：可以生产丝绸被面等一些传统丝绸面料制品	“试着做”：1. 尝试聘请国营大厂的技术精湛、责任心强的退休工人培训生产技术；2. 尝试从各种计划外渠道获得原材料；3. 尝试设计多样性的面料色彩和图案设计；4. 尝试去商场进行走访推销	知觉性表征（元启发式） → 系统性搜索（元启发式）
	杭州泛城科技进入社交类网站市场	“可以做”：可以模仿各类Web 2.0概念的互联网产品和功能	“试着做”：1. 尝试搭建商务寻呼平台；2. 尝试搭建以高校地图为背景的校园社交网站；3. 尝试做魔幻校园的校园社交网站；4. 尝试在社交网站中加入各种功能	
熟手型	万事利集团进入丝绸服装市场	“可以做”：可以生产和设计以丝绸面料为主体的精品服装	“怎样做”（程序性知识）：1. 基于设备操作和检修经验升级已有的生产设备；2. 利用在印花、染色等技术工艺上的发展提升丝绸后处理水平；3. 通过长期构建的关系网络获得自营进出口权，建立自主品牌	知觉性表征（第Ⅰ类启发式） → 直觉性搜索（第Ⅰ类启发式）
理论家型	万事利集团进入丝绸礼品市场	“应该做”（陈述性知识）：丝绸礼品需要以文化为特征，强调“定制化设计”、“品牌推广”和“事件营销”	“试着做”：1. 尝试寻找潜在客户并设计符合客户需求的各类丝绸礼品；2. 尝试研发适用于小批量定制化生产的新型印染技术以降低成本；3. 尝试参与各种盛事的机会为丝绸礼品营造故事并推广品牌	分析性表征（第Ⅱ类启发式） → 系统性搜索（第Ⅱ类启发式）

续表

战略决策模式	案例	问题表征	解决方案搜索	决策制定过程和涉及的启发式
理论家型	杭州泛城科技进入移动互联网市场	“应该做”（陈述性知识）：采取“O2O”产品形式，突出其日常性、即时性和反馈性等特点	“试着做”：1. 尝试研发智能打车应用软件；2. 尝试植入语音对讲、电话直拨以及 LBS 技术；3. 尝试引入小费功能、信用体系和积分体系；4. 以各大城市为试点推广产品；5. 尝试设计各种盈利模式	分析性表征（第Ⅱ类启发式）→系统性搜索（第Ⅱ类启发式）
专家型	万事利集团进入丝绸奢侈品市场	“应该做”（陈述性知识）：应该从“艺术性”和“环保性”的角度出发设计附加值更高的丝绸奢侈品	“怎样做”（程序性知识）：1. 利用强大的社会关系网络联合各类科研机构和民间艺术家设计以环保性为特征的丝绸装饰品以及以艺术性为特征的丝绸工艺品；2. 基于已有的客户资源建立品牌会所和 B2C 门店	分析性表征（第Ⅱ类启发式）→直觉性搜索（第Ⅰ类启发式）
	杭州泛城科技进入网络游戏市场	“应该做”（陈述性知识）：应该结合大型网络游戏的设计元素和盈利环节开发潜在玩家更多的网页游戏	“怎样做”（程序性知识）：1. 运用已有的网页技术研发多款网页游戏和相关功能；2. 基于已有的网站平台推广各款网页游戏产品；3. 通过与网盟公司的合作关系，购买其廉价便捷的网页弹窗广告进行营销	

万事利集团进入丝绸服装市场的战略决策制定过程则是一种熟手型战略决策模式，表现为企业从先前丝绸面料市场的运作经验中提取“如果—那么”类型的程序性知识，这类知识不仅会通过第Ⅰ类启发式影响战略决策制定者关于目标市场的认知表征，即使其对市场提供的特征信息中与自身资源和能力相关的内容进行无意识地提取，在此案例中反映为决策制定者对“精品类服装需要优质的面料，而丝绸面料是一种优质的面料”的感知，最终形成了“可

以生产和设计以丝绸面料为主体的精品服装”这一问题表征；而围绕着此问题表征，上述先前经验中的程序性知识使决策制定者能够快速直觉性地依据企业已有的组织惯例选择相应的行动方案而忽视对其他决策方案的尝试，这一过程同样是由程序性记忆驱动的第Ⅰ类启发式。因此熟手型战略决策模式是从知觉性表征到直觉性搜索的战略决策制定过程，其中与新手型战略决策模式的不同在于，其知觉性表征会在一定程度上受到组织层面的程序性记忆的影响。

万事利集团进入丝绸礼品市场和杭州泛城科技进入移动互联网市场共同反映了理论家型战略决策模式的特征，在这两个案例中，企业均能够从其先前经验中提取大量的关于目标市场的“是什么”、“为什么”等类型的陈述性知识，即战略决策制定者根据自身和企业以往的经历或者通过外显性的学习对新市场中的技术、产品、客户和竞争对手等方面的特征建立了较为丰富且准确的心智模型；此外，两家企业在分别进入上述两个市场时都不约而同地采用的是衍生型进入的形式，可以被看作是有目的地脱离企业的既有惯例，即在一定程度上避免了组织层面程序性记忆对战略决策的影响和制约。因而，在问题表征过程中，战略决策制定者能够超越市场环境的表面特征信息，基于已有的陈述性知识对目标市场进行结构性地分析和理解，运用第Ⅱ类启发式识别一些关键性的特征信息以构建各项对企业绩效的提升具有潜在价值的“应该做……”的备选决策（即第3章提到的架构性决策）；而在解决方案搜索过程中，战略决策制定者也会按照重要性的先后顺序对上述各项备选决策进行尝试和选择，因此其“系统性搜索”也在一定程度上受到第Ⅱ类启发式的影响。总而言之，理论家型战略决策模式是一种由第Ⅱ类启发式作用的从分析性表征到系统性搜索的战略决策制定过程。

万事利集团进入丝绸奢侈品市场和杭州泛城科技进入网络游戏市场采用的是典型的专家型战略决策模式，此战略决策模式的不同阶段分别受到两种类别的启发式的作用。其中在问题表征过程中，企业的战略决策制定者利用先前经验中已有的心智模型对目标市场的特征信息进行基于理性逻辑的因果关系推断，例如，万事利集团认为从“艺术性”和“环保性”的角度设计丝绸奢侈品将具有较高的附加值，而杭州泛城科技则秉承着“开发网页游戏将比一般的客户端网络游戏具有更大的市场空间和更丰富的营销模式”的信念，以至于这两家企业在正式进入市场之前就强调了特定的产品特征并确立了各项决策方案的指导方针，即由第Ⅱ类启发式产生“应该做……”的“分析性表征”。

而在解决方案搜索过程中，由于先前经历过的市场与目标市场具有一定程度的相似性，两家企业均拥有能够通过组织惯例直接运用于新市场的各种资源和能力，使得企业倾向于遵循第Ⅰ类启发式进行基于习惯逻辑的直觉性的搜索，即提取相应的程序性知识来完成“怎样做……”的决策方案选择。由此，专家型战略决策模式是从分析性表征到直觉性搜索的战略决策制定过程。

4.6 研究小结

本章进行的子研究二主要探讨了市场进入者在目标市场中战略决策制定的启发式过程，以及影响其选择各种不同战略决策模式的前因因素。而基于上述探索性多案例比较研究的研究结果，本书的理论建构在以下几个方面取得了进展：

首先，本书根据问题解决的信息加工理论在第3章的理论框架的基础上进一步明确了市场进入者战略决策制定过程的两个阶段即问题表征和解决方案搜索，这两个阶段的划分有助于我们深入理解本书第3章所界定的两种类别的启发式在企业的战略决策制定过程中的实际作用。通过对两家企业七次市场进入过程的跨案例分析，本书指出第Ⅰ类启发式主要作用于企业对问题解决方案的搜索过程，表现为一些市场进入者在对各项战略决策备选项进行系统性的评估之前会受到组织层面程序性记忆即既有惯例的影响，从而无意识地关注某些熟悉的市场特征信息并直觉性地制定与其相关的战略决策；而第Ⅱ类启发式则主要作用于企业的问题表征过程，依赖于组织层面的陈述性记忆即高层管理者共享的心智模型，一些市场进入者会有意识地对重要的因果关系逻辑进行提取和分析并强调某些对提升组织绩效具有潜在作用的市场特征信息，并优先利用这些特征信息制定相应的战略决策。由此可见，市场进入者战略决策制定的启发式过程实际上是战略决策制定者基于不同记忆功能的双重认知加工的结果，因而本书识别和界定了构成这一过程的四项过程性维度，即由陈述性记忆驱动的分析性表征和系统性搜索以及由程序性记忆驱动的知觉性表征和直觉性搜索。

其次，遵循第3章理论建构中所提出的市场进入者的分类依据，本书将企业采用不同类别启发式的战略决策制定过程归类于四种不同类型的战略决策模式，并致力于回答“企业为何会倾向于选择特定类型的战略决策模式”这一问题。通过对同一企业分别在特定的发展阶段进入各类产品市场的案例描述和对比分析，笔者发现影响市场进入者对战略决策模式的选择的关键因素在于企业在先前经验中积累的与目标市场有关的知识类型，其中仅具备“知道是什么”和“知道为什么”类型的陈述性知识的市场进入者通常会在市场进入过程中采用理论家型的战略决策模式，而仅具备“知道怎么样”类型的程序性知识的市场进入者通常会采用熟手型的战略决策模式，同时具备两种类型知识的市场进入者则会采用专家型战略决策模式来制定战略决策。因此，不同于以往关于“先前经验”的研究所关注的企业已有的各项资源和能力，本书强调“先前经验”对企业战略决策制定的作用在于企业从积累的组织层面的知识基础中提取的各种知识。

最后，结合第 2 章文献综述中所提及的进入时机和市场环境因素对市场进入者战略决策的潜在影响，本书在案例样本方面有意识地选择了不同的产业市场类型和市场发展的不同阶段进行对比，目的在于考察除内生性的组织特征因素之外，外生性的市场环境特征是否会产生一定的异质性。通过对各项案例的比较分析，本书发现市场环境特征主要会影响各种类型战略决策模式的绩效结果，如万事利集团在建立之初采用新手型战略决策模式在传统的丝绸纺织产业中能够得以存活，而同样作为初创型进入者的泛城科技有限公司在最初的社交类网站市场中则遭遇了极大的生存威胁；此外，在丝绸服装市场中，熟手型战略决策模式使得万事利集团获取了良好的竞争位置，而在丝绸礼品市场中，采用熟手型战略决策模式生产作为丝绸面料附属的丝绸礼品的其他一些丝绸企业却远远不及采用理论家型战略决策模式生产文化性的丝绸礼品的万事利集团。因此，相同战略决策模式在不同的市场环境中对市场进入者的绩效提升作用是有显著差异的，然而，作为定性研究的案例研究并不能为这种潜在的调节效应提供相应的定量数据支持，并且其中涉及的核心构念即战略决策模式以及市场环境特征所包含的内涵和维度也是复杂的，还有待进一步的实证研究的检验。

第 5 章

市场进入者知识基础和组织绩效关系的实证研究——以战略决策模式为中介变量

5.1 研究目的

本书提出了关于进入新市场的企业如何获取竞争优势的一个全新的理论框架，前两章完成的两项子研究分别呈现了此理论框架在不同方面的研究进路。其中第 3 章首先着眼于“战略决策模式——组织绩效”的研究进路，即在问题解决的研究视角下，借助于认知心理学中的信息加工理论提出了企业战略决策制定过程的两类启发式，由此界定了采用不同战略决策模式的四种类型的市场进入者即新手型、熟手型、理论家型和专家型，并通过基于 NK 模型的仿真实验初步验证了这四种类型的市场进入者在短期绩效和长期绩效水平的异质性；而在第 4 章的探索性多案例比较研究中，笔者则以“先前经验——战略决策模式”为研究进路，重点关注于观察四种战略决策模式在企业实际的市场进入过程中的具体表现形式，从中归纳出构成战略决策模式的各项过程维度即知觉性表征、分析性表征、系统性搜索和直觉性搜索，并且探讨了企业的先前经验与这些过程维度之间的联系，从而发现对企业战略决策制定具有潜在影响的先前经验本质上是企业所拥有的知识基础，而先前经验的作用主要体现在企业在目标市场中对已有知识的转移和利用，既包括如何在目标市场中运用先前积累的各项资源和能力的组织惯例，即组织层面的程序性知识，又包括作为战略决策制定者的企业高管团队成员形成的关于目标市场的心智模型，即组织层面的陈述性知识。

事实上，尽管上述这两项子研究对整体理论框架的理论演绎和概念构建均做出了探索性的贡献，但是由于侧重点的不同，它们只是分别分析和检验了理论框架的前半部分和后半部分的内容，即先前经验对战略决策模式、战略决策模式对组织绩效的影响关系；此外，虽然两项子研究均指出了采用相同战略决策模式的企业在具有不同环境特征或者处于不同发展阶段的市场中的绩效表现也存在显著的差异，但是并未针对潜在的外生的市场环境特征因素进行统一而深入的分析和检验。而为了能够更为广泛地验证战略决策模式在市场进入者的先前经验和组织绩效之间所具有的中介效应以及市场环境特征所可能具有的调节效应，需要展开进一步的实证研究工作。

因此，本章的主要目的是以企业的知识基础观（KBV）为主线来整合前两项子研究的研究内容和研究结果，同时基于已有的理论基础提出关于市场进入者先前经验（知识基础）、战略决策模式、市场环境特征和组织绩效之间关系的各项研究假设，最后通过问卷调查的方法来验证各变量之间的影响作用。为实现这一目的，研究有待解决的问题主要有：（1）对市场进入者知识基础的维度进行细分，仿真研究和案例研究均表明市场进入者的组织异质性主要体现在拥有的知识类型和程度方面，然而前面提到的两种知识类型即陈述性知识和程序性知识实际上与具体的任务情境有关，而较难通过广泛性的问卷调查来进行测量，由此需要从已有的文献中寻找刻画企业知识基础的其他维度，讨论这些维度与企业运用于目标市场的陈述性知识和程序性知识之间的关联性，继而建立从知识基础到战略决策模式的影响关系的研究假设；（2）对市场进入者的战略决策模式进行评估，本书的理论建构界定了四种类型的战略决策模式，而案例研究为阐释各种战略决策模式提出了一些描述性的过程维度，同时指出企业在进入目标市场的战略决策制定过程中并非仅仅而是侧重于使用某种战略决策模式，由此需要建立通过对这些过程维度的测量来获取每个市场进入者在四种战略决策模式上得分的计算模型，继而才能确定战略决策制定过程在整体上表现出的模式类型以及比较最终产生的绩效结果；（3）对市场环境特征的维度进行细分，第 2 章关于市场进入时机的文献综述已经指出，市场发展的任何阶段对于市场进入者来说既存在有利的因素又存在不利的因素，并且这些因素随着不同的产业或市场结构而呈现出较大的异质性，换言之，影响市场进入者组织绩效的外部环境因素是错综复杂的，也需要基于已有文献对市场环境特征维度进行划分和界定，以研究各维度在市场进入者战略决策模式和组织绩效之间的调节效应。

综合上述三方面的研究问题，笔者提出了本章进行的实证研究的整体理论模型，如图 5.1 所示，模型中包含自变量市场进入者知识基础、中介变量战略决策模式、调节变量市场环境特征和因变量市场进入者组织绩效，其中，除因变量组织绩效之外，其他三个核心变量均属于多维构念。因此，在本章的 5.2 节中，笔者将首先对理论模型中相关构念的多维结构进行说明，进而讨论并提出关于各核心变量和所属维度之间作用关系的研究假设；5.3 节和 5.4 节将分别介绍实证研究涉及的研究方法以及呈现数据分析的结果，最后在 5.5 节总结和讨论相应的研究结果。

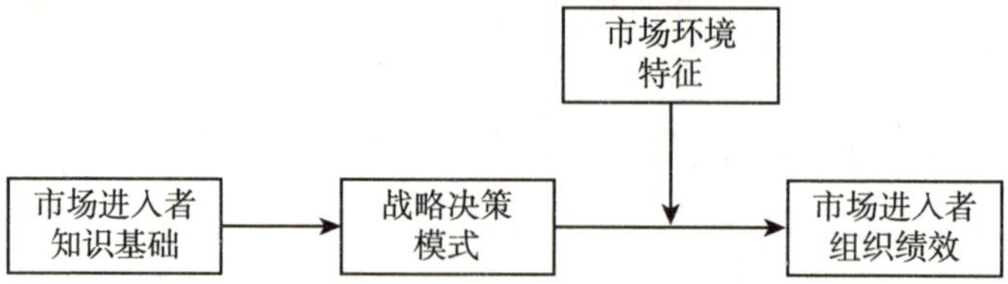

图 5.1 本章实证研究的理论模型

5.2 构念维度与研究假设

5.2.1 知识基础的维度及其与组织绩效关系

资源基础理论的基本主张是企业的竞争优势取决于其所拥有的无形的独特的难以复制和难以模仿的资源和能力的程度（Amit & Schoemaker, 1993; Petaraf & Bergen, 2003），而其中一个重要的分支理论就是企业的知识基础观（Grant, 1996），即假定企业组织是包括市场知识、技术知识和管理知识在内的各种知识要素的集合体，由于组织知识具有创造性、交互性、路径依赖性、社会复杂性和系统嵌入性等特征（Nonaka & Takeuchi, 1995; Nonaka & Von Krogh, 2009），被认为是上述这种资源和能力的重要来源，企业因此需要发展、维持和利用自身的知识基础（Nonaka, 1994）。

根据前两章的研究结论，在市场进入情境中，对市场进入者的组织绩效异质性具有潜在影响的先前经验主要体现为企业所拥有的知识基础。事实上，Argote 和 Miron（2011）指出组织知识是先前经验的作用形式，企业作为一种知识整合机制能够通过有效的组织学习过程促使已有的知识基础转化为在特定市场中的企业能力，并嵌入在具体的新产品、服务或流程中，最终表现为相应的绩效结果，其他一些研究则指出组织知识作为产品创新和过程创新的基础还能够通过作用于企业的吸收能力和创新能力来提升企业在市场中的组织绩效（Grant，1996；D'Este，2005）。战略管理和产业组织经济学中大量的实证研究也由此观察到企业的知识基础与销售额、利润率或市场份额等组织绩效指标之间的正向关系（Ernst，2001；Wang，2008；Woolridge & Snow，1990），而在实际的测量过程中，这些研究均假定组织知识是单维的，通常只是检验知识的数量和绩效之间的关系。

然而，在组织学习和知识发展等研究领域的学者认为组织绩效更大程度上受到知识基础的特定特征而非仅仅是知识总量的影响（Henderson & Clark，1990；Nonaka & Von Krogh，2009；Starbuck，1992）。遵循这一思路，本书按照 Cohen 和 Levinthal（1990）、Moorthy 和 Polley（2010）以及彭学兵（2008）等对知识基础结构特征的研究，将市场进入者的知识基础划分为三个构成维度：知识宽度、知识深度和知识集中度，如图 5.2 所示。

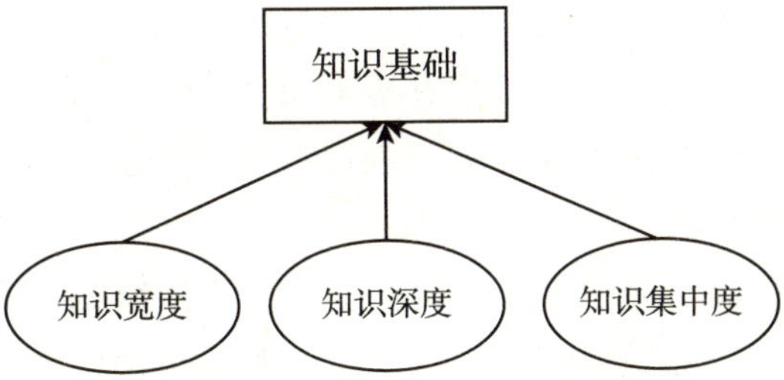

图 5.2　知识基础的三个构成维度

知识宽度是指企业在其中拥有专门性知识的领域数量和范围（Bierly & Chakrabarti，1996；Prencipe，2000）。进入目标市场通常要求企业拥有一定的知识宽度，其中，在技术和产品方面，企业会面临多种可行性技术的选择或者需要跃迁至不同的“技术范式”（Dosi，1982），而不同技术的知识积累和进展的效率各不相同，在高不确定性下提升成功可能性的最为简单的方式就是拓展企业掌握的技术性知识的类别（Leiponen & Helfat，2010）；此外，在一些产品市场中，产品结构的复杂性还使得企业需要具备多种科学性和工程性领域的知识（Ernst, 2001），如汽车制造商需要掌握关于引擎、底盘和电气设备等零部件以及相应供应商的知识。而在市场方面，企业如果拥有较宽的市场知识，就意味着拥有关于当前的和潜在的客户和竞争者的较多种类的知识，以及使用更多关联性的参数来描述和评估这些客户（如需求、行为、特点）和竞争者（如产品、市场、战略）（Zahra et al.，2000）。综合上两方面，市场进入者所具有的知识宽度会对在目标市场中的组织绩效产生潜在的正向影响。

知识深度是指企业在某领域内拥有专门性知识的数量，即企业熟悉于某一特定的技术性或应用性领域的程度（Prabhu et al.，2005；Wu & Shanley, 2009），与刻画知识的水平维度的知识宽度相比，知识深度实际上刻画的是知识的垂直维度。由于新产品和技术的引进涉及对新知识要素的识别以及对已有知识要素的重组（Nonaka, 1994），而组织学习文献发现深度的知识能够增强企业消化新知识的吸收能力（Cohen & Levinthal, 1990；Henderson & Cockburn, 1994），由此进入目标市场的企业需要在一些专业性的技术领域建立深度知识以建立核心能力和获取竞争优势（Hamel & Prahalad, 1994）。此外，企业关于其客户和竞争者的知识掌握的成熟度和复杂性被定义为市场方面的知识深度，反映了企业能够理解关于客户和竞争者的各市场要素之间独特的和相互关联的关系，并能够描述其中关键的要素。因此，市场进入者所具有的知识深度也会对在目标市场中的组织绩效产生潜在的正向影响。

知识集中度反映了企业知识基础结构中各领域知识的比例分布情况（Zhang et al.，2007），即主要集中于少数几个技术性领域或部门层面还是较为宽泛性地散布在公司层面的所有领域之中（Argyres, 1996；Chacar & Lieberman, 2003）。在市场进入情境中，当企业的知识集中度较高时，一方面因为市场进入者对某领域具有较高的关注度而有利于将此领域的“部件性知识”有效地运用于目标市场中（Henderson & Clark, 1990），由此能够较好地把握局部性的技术或市场机会；另一方面也会因为缺乏对其他领域以及领域间“架构性知识”的充分掌握而无法通过公司层面的知识整合来进行有效的知识重组或知识创造，从而可能制约整体绩效的提升。因此与知识宽度和知识深度有所不同，知识集中度对市场进入者在目标市场中的组织绩效的影响作用较为复杂，需要基于后续的实证结果进行探讨。

综上所述，本书关于市场进入者的知识基础与组织绩效之间的关系提出了 1 个一级假设和 4 个二级假设，其中假设 H1c 和假设 H1d 为竞争性假设：

H1：市场进入者拥有的知识基础对组织绩效具有显著的影响；

H1a：市场进入者的知识宽度对组织绩效具有显著的正向影响；

H1b：市场进入者的知识深度对组织绩效具有显著的正向影响；

H1c：市场进入者的知识集中度对组织绩效具有显著的正向影响；

H1d：市场进入者的知识集中度对组织绩效具有显著的负向影响。

5.2.2　战略决策模式的维度及其中介效应

如前所述，已有的研究指出企业的知识基础尽管对于组织绩效具有潜在的促进作用，但是这一作用一般并不是直接体现的，而是通过作用于企业应对动态变化的环境所采取的各类组织方式或组织过程来间接影响组织绩效，如作用于企业的技术创新过程（Fleming & Sorenson，2001）、新产品的发展过程（Smith et al.，2005）、对市场机会的识别和利用（Nordman & Melen，2008）、企业选择战略联盟的组织方式（Zhang et al.，2007）以及复杂问题解决过程（Nickerson & Zenger，2004）等。而在市场进入情境中，结合之前几章的研究结论，本书假定市场进入者的知识基础主要通过作用于其在目标市场中的战略决策模式来影响最终的组织绩效，并提出以下两个一级研究假设：

H2：市场进入者拥有的知识基础对战略决策模式具有显著的影响；

H3：战略决策模式对市场进入者的组织绩效具有显著的影响。

如图 5.3 所示，笔者首先依据第 4 章探索性多案例研究的研究结论将市场进入者的战略决策模式通过四个过程性维度来进行描述。其中，直觉性搜索即战略决策制定者问题解决的第Ⅰ类启发式过程；分析性表征即战略决策制定者问题解决的第Ⅱ类启发式过程，分别受到组织层面的程序性记忆和陈述性记忆的作用。而这四个维度两两之间的组合可以构成相应的四种类型的战略决策模式，其中，新手型战略决策模式由知觉性表征和系统性搜索构成；熟手型战略决策模式由知觉性表征和直觉性搜索构成；理论家型战略决策模式由分析性表征和系统性搜索构成；专家型战略决策模式由分析性表征和直觉性搜索过程构成。笔者由此可以通过分析知识基础的各项维度对上述四项战略决策制定过程维度之间的作用关系来讨论市场进入者的知识基础如何影响其对战略决策模式类型的选择，继而基于第3章仿真研究的结果以及相关的文献探讨各种战略决策模式对组织绩效潜在的作用关系，从而提出关于战略决策模式的中介效应的各项研究假设。

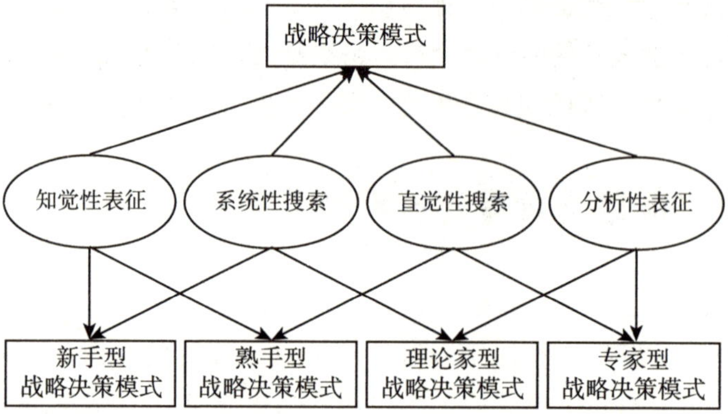

图 5.3　战略决策模式的四个构成维度以及组合方式

1. 知识宽度与战略决策模式

知识宽度被认为决定了企业从已有的知识基础中提取知识的范围，一方面，Bower 和 Hilgard（1981）发现先前知识被企业归类的宽度越宽，就越有助于决策制定者识别和理解市场环境中较多领域的专门性知识，Kauffman（2000）等也指出拥有较宽知识基础的企业因为对知识地形图上的许多知识领域有一定的认识，能够通过对这些已知领域的分析和对比来尝试更多的路径以探索新的区域，从而意识到更为多样性的技术和市场机会并从中选择具有较好发展前景的机会；另一方面，Cohen 和 Levinthal（1990）认为宽泛性的知识基础还"增加了新的知识与已有知识发生关联的前景"，即较宽的知识基础促进了不同领域之间知识溢出的机会，从而有利于市场进入者认识到市场环境中哪些领域的专门性知识是相互关联的以及是否具有知识重组的可能性。当包含了专门性知识和机会的技术或市场领域的数量增加时，领域间知识重组的机会也就快速增加（Fleming & Sorenson，2001；Katila & Ahuja，2002），继而很大程度上提升了创新机会的产出（Henderson & Cockburn，1996）。正如 Hargadon 和 Sutton（1997）所观察到的，一些产品设计公司之所以能够频繁地涉足于新的市场领域，是因为处于多个产业之间的核心网络位置而获得较为广泛的产业知识，从而通过“知识经纪”（Knowledge Brokerage）和破坏性重组提升其创新能力并不断产生新的想法。

因此知识宽度主要作用于市场进入者运用陈述性记忆有意识地从知识基础中提取和利用陈述性知识的分析性表征过程，即知识宽度较宽的企业并不仅仅依赖于目标市场所呈现的表面特征来制定战略决策，而是基于已有的“知道是什么”（Know-What）和“知道为什么”（Know-why）类型的陈述性知识来识别与技术和产品开发相关的各种领域以及领域间的相互作用关系，并且能够对关键领域中的有用知识进行吸收和重组来为战略决策提供创新性的具有潜在价值的技术和市场机会。由此本书假定知识宽度会正向影响市场进入者的分析性表征过程，继而使其在战略决策制定过程中倾向于采用理论家型或专家型战略决策模式。

H2a：市场进入者知识宽度越宽，企业越有可能采用理论家型战略决策模式；

H2b：市场进入者知识宽度越宽，企业越有可能采用专家型战略决策模式。

2. 知识集中度与战略决策模式

知识集中度显然会制约企业积累知识的范围，然而却有利于企业获取在特定领域的程序性知识。事实上，知识集中度对企业建立某一领域的知识目录至关重要（Levinthal & March，1993），“时间压缩不经济性”意味着在较短时间内单纯地输入性增加无法补偿逐步积累的资产储备，为了发展核心能力和赢得竞争优势，组织必须在某一个特定的技术领域进行集中性的探索，才能够增加知识目录中知识的易得性。此外，由于各种资源的有限性和稀缺性，产品基于不同的知识基础越多，就越难将一项产品的经验转移到另一项产品（Barnett et al.，1994；Ingram & Baum，1997），而围绕着一个相对狭窄的产品基础构造进行大量的增量性改进通常会促进企业在激烈的竞争环境中获得较为有利的位置。

因此在市场进入情境中，知识集中度主要作用于市场进入者运用程序性记忆从知识基础中提取和利用程序性知识的直觉性搜索过程。知识越集中，由此产生的由程序性记忆驱动的路径依赖性越强，企业越关注于市场中关于某特定领域的内容，并倾向于在已有的专门性的领域中开展活动（Christensen，

1993），即在目标市场中通过直觉性搜索过程对企业内最佳实践进行整合和使用。由此本书假定知识集中度会正向影响市场进入者的直觉性搜索过程，继而使其在战略决策制定过程中倾向于采用熟手型战略决策模式或专家型战略决策模式。

H2c：市场进入者知识集中度越高，企业越有可能采用熟手型战略决策模式；

H2d：市场进入者知识集中度越高，企业越有可能采用专家型战略决策模式。

3. 知识深度与战略决策模式

知识基础在知识深度方面对企业制定战略决策的作用通常是两面性的，一方面，Zahra 和 George（2002）相信在特定市场领域的深入的知识对企业的根本性创新有促进作用，因为使其有助于有效地意识到大量的新想法，许多企业产生有前途的创新想法但是失败于利用这些想法是因为它们缺乏解决复杂的或非常规的问题的足够的专长；相反，在另一方面，Tripsas 和 Gavetti（2000）则指出在特定领域深层的知识会产生认知惯性，从而将企业限制在当前的细分市场或者已有的技术而进行细小的改进（Levinthal & March，1993），但是一定程度上会破坏其开拓并使用新兴技术的能力（Christensen & Bower，1996）。

在市场进入情境中，具有较深知识基础的市场进入者积累了关于已有技术和市场的较为彻底的经验，使得战略决策制定者能够获取对既有知识更为深刻和精细的理解的陈述性知识，有利于其通过分析性表征识别潜在的市场机会（Kale & Singh，2007；Tsai，2001）。而由知识深度推动的内部知识共享机制又能够进一步综合组织内部拥有的“知道怎么样”（Know-how）类型的程序性知识并且帮助其沿着当前路径进行开发，从而基于直觉性搜索的方式规定了企业在目标市场中用以产生新解决方案的搜索空间（Nelson & Winter，1982）。由此本书假定知识深度会正向影响市场进入者的分析性表征过程和直觉性搜索过程，继而使其在战略决策制定过程中倾向于采用专家型战略决策模式。

H2e：市场进入者知识深度越深，企业越有可能采用专家型战略决策模式。

4. 战略决策模式与组织绩效

在四种战略决策模式与组织绩效的关系方面，结合第 3 章的仿真研究结果，由第Ⅰ类启发式构成的直觉性搜索和由第Ⅱ类启发式构成的分析性表征分别能在一定程度上提升企业的组织绩效，即在市场进入情境中，本书假定采用熟手型、理论家型和专家型战略决策模式的市场进入者均能获取相对于采用新手型战略决策模式的市场进入者的绩效优势，由此提出以下几项研究假设：

H3a：熟手型战略决策模式能显著提高组织在目标市场中的组织绩效；

H3b：理论家型战略决策模式能显著提高组织在目标市场中的组织绩效；

H3c：专家型战略决策模式能显著提高组织在目标市场中的组织绩效。

5.2.3　市场环境特征的维度及其调节效应

战略决策是在企业组织所处的市场环境中进行制定，因此环境决定视角下的许多研究认为战略决策制定过程对组织绩效的作用会受到一些环境特征因素的影响（Brouthers et al.，2000），而一系列的实证研究对于战略决策制定的各项过程维度在不同的市场环境中是否会对组织绩效的提升有利的问题上产生了一些矛盾性的观点。例如，Fredrickson 和 Mitchell（1984）以及 Fredrickson 和 Iaquinto（1989）的研究均发现，全面性的战略决策制定过程在稳定的环境下会创造绩效优势而在不稳定的环境下则会导致低绩效；Eisenhardt（1989a）却发现在高动态环境中最有效的战略决策是全面性的，尽管这些决策也是在较短的时间内制定出来的，Judge 和 Miller（1991）也发现了战略决策的全面性仅能在高动态性的环境中发生作用。这些实证结果的不一致性在一定程度上归因于以往研究通常仅关注于环境的某一方面特征。事实上，在 Dess 和 Beard（1984）具有深远影响的文章中，他们提出了能够影响各种组织过程的三种环境特征：环境动态性、环境复杂性和环境宽松性，如图 5.4 所示，并被众多实证研究所采用。在本书中，笔者还需要解释采用同一类型战略决策模式的企业在呈现不同环境特征的产业市场或市场的不同发展阶段的绩效差异来源，因此沿用上述对市场环境特征的分类，验证各项市场环境特征维度对四种战略决策模式与组织绩效之间关系的调节效应。

1. 环境动态性

环境的动态性（Environmental Dynamism）主要描述了企业组织所处的

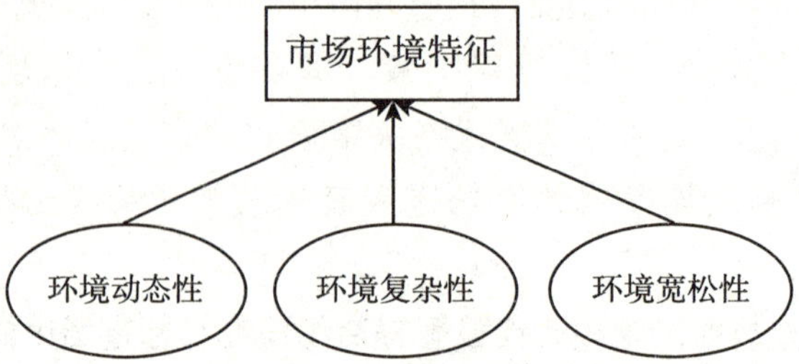

图 5.4　市场环境特征的三个构成维度

市场环境在技术、产品和竞争态势等方面变化的速率和不稳定性，一些研究采用了这一构念的变形，包括周转率、波动性以及不确定性（Priem et al.，1995；Bourgeois & Eisenhardt，1988；Goll & Rasheed，1997），但均指代市场环境的“快速而不连续的变革”（Bourgeois & Eisenhardt，1988：816）。

当市场进入者进入高动态性的目标市场尤其是主导技术尚未出现的初生市场中，环境持续性的波动会严重制约市场中已有信息的可得性和可靠性，使得搜集市场数据以及尝试和评估多种解决方案的成本和压力也会增大（Elbanna & Child，2007），因此战略决策制定过程中的知觉性表征和系统性搜索均会在一定程度上受限。而此时市场进入者可以通过两种方式来提升组织绩效，一方面是通过基于第Ⅰ类启发式的直觉性搜索过程制定快速有效的战略决策，即借助于既有惯例将在其他市场中积累的各项资源和能力运用于目标市场中，以获取短期的竞争优势；另一方面是通过分析式表征提取更多关于目标市场的陈述性知识，Eisenhardt（1989a）发现在动态的环境中绩效较高的企业的战略决策制定者反而会比在稳定的环境中利用更多的市场特征信息，因为这些信息有助于具有一定心智模型的企业使用第Ⅱ类启发式识别较为优质的市场机会，并沿着正确的路径进行技术和产品的创新和改进以应对环境的快速变化，从而减少盲目性的探索和试错。

因此，在市场进入情境中，本书假定分析性表征和直觉性搜索对组织绩效的提升作用在动态性的市场环境中更为显著，使得采用熟手型、理论家型和专家型战略决策模式的市场进入者相对于采用新手型战略决策模式的市场进入者在目标市场中更能够获取较高的组织绩效，由此提出以下几项研究假设：

H4：环境的动态性对战略决策模式影响组织绩效具有调节作用；

H4a：环境的动态性正向调节熟手型战略决策模式的绩效提升作用；

H4b：环境的动态性正向调节理论家型战略决策模式的绩效提升作用；

H4c：环境的动态性正向调节专家型战略决策模式的绩效提升作用。

2. 环境复杂性

Child（1972）将环境复杂性（Environmental complexity）定义为“组织活动的异质性和范围”，并被其他研究者所广泛接受。环境越复杂，战略决策制定者所要考虑的信息数量和信息之间的相互关联数量也就越多（Tan & Litschert, 1994）。战略认知的研究文献指出，当面临较高程度的环境复杂性时，较为适用的决策策略是使用启发式和类比推理等认知性简化过程，对考虑的决策备选项和用以评估决策备选项的重要信息进行有意识地限定（Schwenk, 1984, 1988）。

在市场进入情境中，环境复杂性意味着市场进入者所面临的客户需求、技术和产品特征、竞争企业以及其他利益相关者等各种因素的多样性，例如，在一些高技术产业的产品市场中，这种多样性显然提高了市场进入者制定战略决策的难度，但同时也为其提供了通过创新开发新产品或利基市场的更多机会（Zahra & Bogner, 2000）。而为了获取一定的竞争优势，战略决策制定者一方面需要通过构建准确的因果关系地图对复杂的市场环境信息和信息之间的关联性进行评估并识别其中的关键要素（Gary & Wood, 2011）；另一方面则需要拓展和延伸企业在目标市场中的产品线，通过建立广阔的创新空间来把握潜在的多样性的市场机会。因此，在环境复杂性程度较高的市场环境中，本书假定分析性表征和系统性搜索将有利于组织绩效的提升，即采用理论家型战略决策模式的市场进入者能获取更高的绩效优势，而采用熟手型战略决策模式的市场进入者的绩效优势会显著减弱，专家型战略决策模式则存在两方面的竞争性假设：

H5：环境的复杂性对战略决策模式影响组织绩效具有调节作用；

H5a：环境的复杂性负向调节熟手型战略决策模式的绩效提升作用；

H5b：环境的复杂性正向调节理论家型战略决策模式的绩效提升作用；

H5c：环境的复杂性正向调节专家型战略决策模式的绩效提升作用；

H5d：环境的复杂性负向调节专家型战略决策模式的绩效提升作用。

3. 环境宽松性

环境的宽松性（Environmental Munificence）和竞争性（Environmental Hostility）是相对的两个构念，并被看作是对战略行为和绩效最有影响力的环境特征维度（Castrogiovanni, 1991; Wan & Hoskisson, 2003）。环境宽松性强调了市场环境对企业生存的威胁程度，包含了资源稀缺程度和竞争激烈程度两方面的内涵（Covin & Slevin, 1989），仅有为数不多的实证研究检验了环境宽松性在战略决策制定过程与组织绩效之间的调节作用，但却都明确了其作用的显著性（Goll & Rasheed, 1997; Sutcliffe, 2000）。

Rajagopalan 等（1993, P. 359）指出相同市场发展的初始阶段和成熟阶段的差异不仅体现在环境的不稳定性还体现在环境的宽松性，此外不同产业市场在竞争态势、进入壁垒等方面为市场进入者提供的生存环境而是不同的，因而各种战略决策模式对组织绩效产生的作用也会随之不同。其中宽松的市场环境通常为企业提供大量资源和创新机会（Dess & Beard, 1984），存在充足的时间和资源使战略决策制定者广泛地搜集和分析市场环境中的信息并探索多种产品特征和技术特征的可能性，例如，Elbanna 和 Child（2007）发现较为宽松的市场环境有利于企业基于全面性的决策制定过程而不利于基于直觉的决策制定过程来提高战略决策的有效性。在市场进入情境中，本书假定知觉性表征和系统性搜索均会在宽松的市场环境中促进市场进入者组织绩效的提升，相反，直觉性搜索的作用则会受到限制。由此，本书假定市场环境越宽松，相对于新手型战略决策模式，采用熟手型战略决策模式和专家型战略决策模式的市场进入者的绩效优势将会显著减弱，而理论家型战略决策模式对绩效提升的作用则需要对两方面的竞争性假设进行验证：

H6：环境的宽松性对战略决策模式影响组织绩效具有调节作用；

H6a：环境的宽松性负向调节熟手型战略决策模式的绩效提升作用；

H6b：环境的宽松性正向调节理论家型战略决策模式的绩效提升作用；

H6c：环境的宽松性负向调节理论家型战略决策模式的绩效提升作用；

H6d：环境的宽松性负向调节专家型战略决策模式的绩效提升作用。

5.3 研究方法

由于本书的理论模型中所涉及的所有构念均属于难以直接测量的潜在变量，笔者采用了管理定量研究中最为普及的问卷调查法（德维利斯，2010；福勒，2010），并以现实中的商业企业作为分析层次和调查对象来获取样本数据，以此为基础对这些构念进行间接测量，从而对本章 5.2 节提出的各项理论假设进行实证检验。

问卷调查研究开始于 2012 年 10 月，结束于 2013 年 3 月，本节将按照时间的先后顺序逐一介绍笔者在此期间所完成的各项研究流程，其中包括量表题项的设计和整合过程、问卷发放和回收情况、样本结构的基本特征以及量表分析和实证结果所采用的统计分析技术。

5.3.1　测量量表

在首先进行的量表题项的设计和整合过程中，“企业知识基础”、“市场环境特征”、“企业组织绩效”为实证研究常用的研究变量，可以从先前的研究中选择和借鉴一些已有的成熟量表，而基于问题解决视角的“战略决策模式”则是本书所提出的一个全新的构念，缺少对其进行测量的成熟量表，为此笔者根据第 3 章对这一构念的理论分析以及第 4 章基于探索性多案例比较研究所归纳的战略决策模式的四项过程维度，按照一般问卷开发的手段和流程初步设计了关于这些过程维度的测量题项。

针对上述这些新设计的测量题项在文字、语义、构思、代表性、表面效度和区分度等方面的质量，笔者多次邀请所在学术团队的 7 名博士生成员以及企业管理专业的 3 位老师和 5 位博士生参与专题性的讨论，在这一过程中剔除或修改了一些在措辞表达上存在明显问题和歧义的题项，并由笔者的博士生导师进行审核和修订，最终与研究中的其他待测变量的已有的成熟量表一同整合成了一份完整的测量问卷（见附录 2），其中，市场进入者知识基础包括三个维度的 13 个题项，企业战略决策模式包括四个维度的 32 个题项，目标市场的环境特征包括三个维度的 13 个题项，市场进入者在目标市场中的组织绩效包括 5 个测量题项，全部题项均采用李克特 7 级量表。

1. 市场进入者知识基础问卷

知识基础的测量是在彭学兵（2008）针对知识资本和知识基础结构的测量量表的基础上，抽取其中有关知识宽度、知识深度和知识集中度的知识基础结构分量表并扩展为李克特 7 级量表。这三个变量的测量题项分别对应附录 2 中的 A1 - A5、B1 - B4 和 C1 - C4。

2. 市场进入者战略决策模式问卷

笔者分别从案例研究中归纳的战略决策制定过程的四个过程维度出发，通过对之前两家案例企业的回访以及另外三家企业的战略决策制定者的深度访谈，了解了各过程维度在企业实际运作中的表现形式，并从已有研究战略决策的文献中查找与这些过程维度相近的构念和测量这些构念的成熟量表，初步开发了调查问卷中关于战略决策模式的测量题项。其中知觉性表征和系统性搜索的量表设计借鉴了 Fredrickson（1984）以及 Atuahene-Gima 和 Li（2004）等研究者关于决策全面性的测量量表，分析性表征的测量设计借鉴了 Miller（1987）以及 Elbanna 和 Child（2007）等研究者关于决策理性的测量量表，而直觉性搜索的量表设计则借鉴了 Khatri 和 Ng（2000）对决策制定过程中直觉的评估和测量。四个战略决策制定过程维度的测量题项分别对应附录 2 中的 D1 – D8、E1 – E8、F1 – F8 和G1 – G8。

3. 市场环境特征问卷

对市场环境特征的三个维度均是采用已有的成熟量表进行测量，并在其基础上增加了与市场进入情境有关的指导语，其中环境动态性借鉴了 Miller 和 Friesen（1983）开发的量表题项（附录 2 中的 H1 – H5），环境复杂性借鉴了 Zahra 和 Bogner（2000）在 Tan 和 Litschert（1994）开发的量表基础上拓展的量表题项（附录 2 中的 I1 – I4），而环境宽松性则是借鉴了 Covin 和 Slevin（1989）开发的量表题项（附录 2 中的 J1 – J4）。

4. 市场进入者组织绩效问卷

Venkatraman 和 Grant（1986）提出对组织绩效的测量需要考虑多种绩效维度，由此笔者借鉴了 Tan 和 Litschert（1994）所采用的七点量表分别从财务绩效和非财务绩效以及客观评价和主观评价多个角度进行测量（附录 2 中的 K1 – K5）。

5.3.2 样本数据

为了建立一个适用于本书的具有代表性的企业样本，笔者从问卷调查研究的内外部效度出发，考虑使被调研的对象企业能够具备以下几个条件：（1）企业在所在区域、股权性质、成立年限和所属产业等方面具有较为宽泛的分布；（2）作为市场进入者两种主要类型的初创型企业和多元化型企业在数量上尽可能相近；（3）企业在近三年内有在某一新产业或新产品市场中涉入和发展的经历，以减少问卷填答者的回忆偏差；（4）问卷填答者要求是参与过或比较了解企业在进入目标市场的战略决策制定过程的管理者，以中层以上管理者为宜。

然而，在短时间内和同一地点获得符合以上要求的企业样本难度较大，鉴于此，笔者省略了问卷的预测试流程，而是将问卷发放分为了多个时间段进行，每次根据对前一阶段回收的问卷情况进行初步分析以确定下一阶段的问卷发放对象，最终通过三个阶段从多种渠道完成对问卷的发放和回收。（1）在2012年12月至2013年1月期间，笔者将在校学习的浙江大学10级、11级MBA同学作为首批问卷发放的渠道和对象，总共发放纸质问卷共150份，回收123份，并删除存在重复、循环、矛盾、空白等情况的无效问卷，整理出有效问卷91份，有效问卷回收率61%。而由于地域的限制和MBA同学在企业中一般性的职位特征，这批问卷所调查的企业主要集中在浙江省杭州、宁波、绍兴和温州等地，以国有、中外合资或外商独资的大中型企业为主，填写对象集中在基层管理者和中层管理者。（2）在第二阶段，即2013年寒假期间，笔者利用本人和学术团队成员的社会网络关系，在包括浙江在内的北京、上海、江西、山东和陕西等多个省市发放纸质问卷和电子问卷总计139份，回收103份，其中有效问卷87份，有效问卷回收率63%，这一阶段的发放对象企业大部分为从事于传统制造业、批发零售业和房地产开发业等传统产业的民营企业和集体企业，填写对象集中在高层管理者和企业所有者。（3）结合前两阶段的问卷回收情况，笔者有针对性地开展了第三阶段的问卷发放，委托分别在浙江大学国家大学科技园和四川省成都市高新技术产业开发区任职的两位朋友通过E-mail、MSN群组等方式面向主要分布在电子信息、生物医药和材料化工等高技术产业和服务业的180家左右的创业型企业的管理者进行在线电子问卷的发放，回收并从中筛选出有效问卷81份。经过以上三个阶段的问卷发放，本书最终用以数据处理的企业样本数量为259个，表5.1和表5.2为企业样本的基本特征分布以及应答者的基本特征分布。

表 5.1　企业样本的基本特征分布

股权性质	企业数（比例%）	成立年限	企业数（比例%）	所属行业	企业数（比例%）	员工人数	企业数（比例%）	销售规模（元）	企业数（比例%）
民营	124（47.8）	3 年以下	41（15.8）	高技术行业	52（20.1）	少于 50	65（25.1）	少于 1 000 万元	41（15.8）
国有	48（18.5）	3～5 年	67（25.9）	传统制造业	75（29.0）	51～100	37（14.3）	1 000 万～5 000 万元	59（23.2）
集体	21（8.1）	6～10 年	39（15.1）	批发零售业	20（7.7）	101～500	75（29.0）	5 000 万～1 亿元	36（13.9）
中外合资	41（15.8）	11～20 年	80（30.9）	建筑/房产开发业	16（6.1）	501～1 000	30（11.6）	1 亿～5 亿元	39（15.1）
外商独资	25（9.7）	20 年以上	32（12.4）	金融业	35（13.5）	1 001～3 000	54（20.8）	5 亿～10 亿元	43（16.6）
				服务业	36（13.9）	3 000 以上	28（10.8）	10 亿元以上	41（15.8）
				文体和娱乐业	9（3.5）				
				其他	26（10.0）				
合计	259（100）								

表 5.2　　　　　　　　　　应答者的基本特征分布

职位	人数（比例%）	工作年限	人数（比例%）
企业所有者	50（19.3）	1 年以下	39（15.1）
高层管理者	68（26.3）	1～3 年	101（39.0）
中层管理者	69（26.6）	3～5 年	78（30.1）
基层管理者	72（27.8）	5～10 年	29（11.2）
		10 年以上	12（4.6）
合计	259（100）		259（100）

5.3.3　分析技术

1. 信度分析

针对研究问卷中各测量量表的信度和效度的检验是实证研究中不可或缺的重要环节。其中在信度方面，如前所述，由于本书的问卷针对的调研对象是要求符合一定标准的商业企业，采用测量重测信度和复本信度的可行性较低，因此笔者拟通过“内部一致性”指标来检验调查问卷的信度，即关注于构成问卷中各分量表的题项指标之间的相关程度，相关程度越高就表明这些题项指标与所测潜变量之间也是高相关的（德维利斯，2010）。通常使用克伦巴赫的阿尔法系数（Cronbach's α）来评价量表的内部一致性，其原理在于把一组题项指标的所有变异归因于两种来源：（1）信号方差，应答者在量表所测量变量上的实际变异；（2）误差方差。阿尔法系数就是信号方差在总方差中所占的比例，这一系数在 0.7 以上是被认为可以接受的最小信度值（Nunnally，1994）。而在之后的量表分析过程中，本书将利用 SPSS 17.0 软件来输出各测量量表的克伦巴赫阿尔法系数。

2. 效度分析

对调查问卷的效度一般无法直接测量，而是主要采取以下两种方式进行评估：一是考察设计的问卷题项是否能够准确反映测量的目的和要求的内容效度（Content Validity，也称为表面效度或逻辑效度），这依赖于研究者基于现有信息进行主观地逻辑推断，本书主要通过之前在设计和整合研究问卷的过程中与专业人员的充分讨论来确保调查问卷各测量量表的内容效度。二是基于实际获得的资料和数据来衡量问卷的效标关联效度（Criterion - related Validity，也称为预测效度或准则效度）或建构效度（Construct Validity），其中效标关联效度是指所用量表与某个效标或“金标准”之间的关联程度（德维利斯，2010），而在本书的研究中，很难找到一个本身具有较高信度与效度的外在效标，因此对效标关联效度的测量受到一定的限制；建构效度则被定义为“测验或度量能够测量到的理论建构的程度”（吴明隆，2010），是结合了基于理论的逻辑分析的更为严谨的效度检验方法，因此也是本书在量表分析过程中所重点关注的效度指标。

检验建构效度的最常用方法是因子分析，因子分析又分为探索性因子分析（EFA）和验证性因子分析（CFA）两种基本形式，前者在于通过统计分析结果将一组具有错综复杂关系的变量综合为少数几个核心因子以提取出多元变量的潜在结构，适用于分析尚未明确题项指标与因子之间关系结构的测量量表，例如，本书中关于“战略决策模式”的新开发的测量量表；而后者在于呈现样本数据与整体构思模型的拟合程度和每个题项指标的因子负荷，以检验已知的关系结构是否按照预期的方式产生作用，适用于分析具有清晰的理论结构的成熟量表或者已通过探索性因子分析决定因子结构的新开发量表。因此在本书的研究中，笔者将采用探索性因子分析和验证性因子分析相结合的方式来检验各测量问卷的构念效度。

在探索性因子分析方面，笔者利用 SPSS 17.0 软件中的 Factor Analysis 模块输出主要的分析指标。首先通过巴特利特（Bartlett's）球形检验和 KMO（Kaiser-Meyer-Olkin）检验来观察所得数据是否适合进行因子分析，其中当巴特利特球形统计量近似服从 χ^2 分布，并且显著性概率（P 值）为 0 时，才说明题项指标间具有较强的相关性和可能的共同因子；而 KMO 统计量得分越接近于 1，说明变量间的偏相关性较强，因子分析的效果就会越好，在实际分析中，要求 KMO 得分在 0.7 以上（张文彤，2004）。然后采用常用的方差最大正交旋转法（Varimax）对因子和原始题项间的关系进行重新分配，使各因子的方差差异达到最大，从而能够通过各题项指标的因子负荷对因子进行印证和解释，并从中筛选与因子相关度较高的部分题项指标。

在验证性因子分析方面，笔者根据黄芳铭（2005）和侯杰泰等（2004）的观点将评价构思模型与样本数据的拟合度指标分为绝对拟合指标、相对拟合指标和简效拟合指标三类，并整理和选取了其中的八项主要指标（如表 5.3 所示，其中标 * 为拟合评价的核心指标）作为统计分析的参考。而由于验证性因子分析是结构方程模型的一种次模型（邱皓政和林碧芳，2009），笔者将利用 AMOS 7.0 软件输出这些分析指标。

表 5.3　　　　结构方程模型的主要拟合评价指标及标准

	指标用途	分项指标	评价标准
绝对拟合指标	用以揭示整体的理论模型能够预测协方差阵和相关矩阵的程度	P 值*：卡方检验值，反映样本数据与理论推断值之间的偏离程度，小于 0.001 为显著	N = 200 时，α = 0.001
		GFI：拟合优度指数，反映模型可以解释的观察资料的变异数与共变数之间的比较	>0.9
		RMSEA*：近似误差均方根系数，一般认为小于 0.05 时，模型具有理想的拟合度	<0.08
相对拟合指标	用以比较理论模型相对于基准模型（baseline model）的改进程度，其中基准模型假设所有指标之间是相互独立的	AGFI：调整拟合优度指数，即考虑自由度后进行调整的 GFI 系数	>0.9
		CFI*：比较拟合优度指数，反映理论模型和基准模型之间的差异程度	>0.9
		NFI：正态拟合优度指数，即理论模型与基准模型相比，卡方值减少的比率	>0.9
简效拟合指标	用以评价理论模型的简约程度，能够惩罚参数过多的模型	χ^2/d_f：卡方自由度比，即考虑模型复杂度后的卡方值	$1 < \chi^2/d_f < 2$
		PGFI：简约 GFI 系数，即考虑参数数目之后的 GFI 系数，等于简效比率乘以 GFI	>0.5

3. 相关分析

在检验量表中各变量之间的中介效应和调节效应之前需要首先确保这些变量之间存在相互依存关系，而相关分析即一种研究变量之间不确定关系的统计方法，其目的在于：（1）确定变量之间是否存在相互关系；（2）确定相关关系的表现形式；（3）测定相关关系的强弱程度和方向。通常使用 Pearson 积矩相关公式来计算各变量间的相关系数。

本书将利用 SPSS 17.0 统计分析软件输出所有变量的 Pearson 相关系数矩阵，考察市场进入者知识基础、战略决策模式、市场环境特征和组织绩效之间是否存在显著相关，并将其作为多元回归分析的基础。

4. 多元回归分析

相关分析的结果仅能说明变量之间是否存在关联，而无法说明变量之间的因果关系及其量化程度的大小。因此，根据本书有待验证的各项研究假设，笔者需要运用多元线性回归分析来进一步验证变量之间可能存在的中介效应、调节效应及其显著性程度。多元线性回归主要是用来研究一个变量（也称被解释变量或因变量）与其他多个变量（也称解释变量或自变量）的线性统计关系（马庆国，2002），在本书的研究中，由于自变量个数较多，计算非常麻烦，因而笔者将借助于 SPSS 17.0 统计分析软件来完成这一分析过程。

在进行多元线性回归分析之前，首先有必要通过多重共线性检验（Collinearity Statistics）来检测变量之间所可能存在的多重共线性问题，即考察方差膨胀因子 VIF（Variance Inflation Factor）是否在 1 到 5 之间，而越接近 1 越好（Baum，2006），尤其在检验市场环境特征的调节效应时，由于需要使用加入多个交互项的层次回归分析方法，可能导致较为严重的共线性问题，为此笔者会将构建交互项的变量进行中心化后再计算它们的交互项，以便最大限度地控制这种影响（Schwab，2005）；其次，还需要进行 Durbin-Watson 检验来考察解释变量的残差是否存在自相关，并通过 Dw 系数来判断，其中当 $0 < Dw < 1.5$ 时，说明相邻两点的误差项正相关；当 $2.5 < Dw < 4$ 时，说明相邻两点的误差项负相关，都会导致估计与假设结论不可靠，因此要求 Dw 系数接近于 2，在 1.5 ~ 2.5 之间。

在中介效应的多元回归分析方面，笔者遵循于 Baron 和 Kenny（1986）所严格界定的对中介变量的检验方式，即必须首先根据理论和构思来确定中介变量，然后要求变量间的关系或作用在一定程度上通过实证统计的验证和支持。而要检验一个构思模型中的变量之间的关系是否属于中介效应，需要具备以下三个必备条件，如图 5.5 所示：首先，验证自变量 X 到因变量 Y 的影响 a 是否显著；其次，验证自变量 X 到中介变量 Me 的影响 b 以及中介变量 Me 对因变量 Y 的影响 c 是否显著；最后，当自变量 X 和中介变量 Me 同时进入对因变量 Y 的回归分析时，验证变量 X 到 Y 的影响 a' 是否显著减弱或没有显著影响。仅当同时满足以上三个条件时，才能确定变量 Me 的部分中介或完全中介效应

（温忠麟等，2012）。而在本书的研究中，由于涉及市场进入者知识基础对战略决策模式影响的研究假设，还需要检验自变量 X 的各项构成维度对中介变量 Me 的各项构成维度的影响路径系数是否显著。

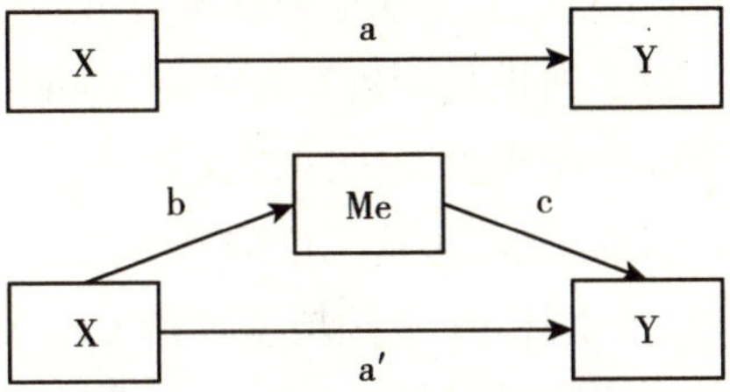

图 5.5　中介效应检验示意图

对调节效应的检验则使用了层次多元回归的方法（侯杰泰等，2005），层次多元回归相比较于一般的多元回归方法，能够使研究者直接观察到每个模型解释力随着解释变量的增加的变化（R^2的变化）。而为了在同一模型中保留足够多的样本数量，本书通过引入交互项的方法来检验调节效应，其中交互项是两个外源变量（自变量和调节变量）之间的乘积项，如果乘积项对内源变量（因变量）的作用系数显著，那么认为两个外源变量具有交互效应，再根据理论解释确定哪一个是调节变量或互为调节变量。在实际的操作过程中，将由自变量 X、调节变量 Mo 与因变量 Y 组成的模型按以下步骤进行统计检验：（1）对自变量 X 和调节变量 Mo 进行中心化变换；（2）运行层次回归模型：$Y = aX + bMo + cXMo + \varepsilon$，根据输出的研究结果，先验证 a 是否显著不为 0，即必须存在从自变量 X 到因变量 Y 主效用，再验证 c 是否显著不为 0，即交互项必须显著，而此时，若 b 显著不为 0，则说明这种调节效应是准调节效用，否则为完全调节效用。

5.4 实证结果

5.4.1　量表分析结果

1. 知识基础量表的信度与效度分析

针对“市场进入者知识基础”构念的测量采用的是成熟量表，彭学兵

(2008)已在先前的研究中进行过相应的探索性因子分析，从原始的13个测量题项指标中提取出了三个一阶因子（维度）即“知识宽度”、“知识深度”和“知识集中度”，因此仅需要对此测量量表进行信度分析和验证性因子分析。

在信度分析方面，基于获取的全部企业样本数据（$n=259$），计算出“知识宽度”、“知识深度”和“知识集中度”的Cronbach's α 系数分别为0.926、0.876和0.917，均大于可接受标准的0.70，并且删除任一题项指标对各维度的 α 系数均无显著提升作用，表明对这三个构念维度的测量分别具有较高的内部一致性信度。然而，有关上述13个题项整体的Cronbach's α 系数也达到了0.823，说明有必要通过验证性因子分析对这三个维度之间的区分度做进一步的分析。

同样基于全部的企业样本数据进行结构方程建模后，得到知识基础三维结构的原始题项的验证性因子分析结果，图5.6展示了这一模型标准化解的结构图，其中方框对应各测量题项，椭圆对应各潜变量或维度，箭头上的数值对应各测量题项指标的因子路径负荷，为便于比较，笔者将此模型标记为 $M_{CFA-KB-0}$。由图5.6可知，虽然每个题项指标的因子路径负荷均显著地异于零，但是整体模型的拟合效果却并不理想。其中卡方检验的P值低于0.001的显著水平，意味着模型与数据样本不能达到很好的拟合。同时，在AMOS 7.0软件报告的MI修正建议中，题项指标A2、A4与其他潜变量之间的路径显著，意味着这两个题项指标的区分效度不够理想，也即对应的两个题项不适合作为知识宽度的理想测量指标。因此，本书将对模型 $M_{CFA-KB-0}$ 做进一步的修正，提出剔除这两个指标之后的模型 $M_{CFA-KB-1}$。

图5.7呈现了修正后的模型 $M_{CFA-KB-1}$ 的验证性因子分析结果，可以发现模型的卡方检验和RMSEA均得到较大的改善，其中卡方检验P值大于0.001，表明理论模型与样本数据拟合良好而无显著差异；而RMSEA = 0.031，小于“可接受拟合”标准的0.08甚至小于“良好拟合”标准的0.05，表明理论模型拟合效果十分理想。在模型 $M_{CFA-KB-1}$ 的其他拟合评价结果中，绝对拟合评价指标GFI = 0.98，相对拟合评价指标AGFI = 0.92、NFI = 0.96和CFI = 0.98，简效拟合评价指标卡方/自由度 = 1.814、PGFI = 0.59，这些指标均能够佐证模型达到了拟合程度较好的水平。而从各题项指标的路径系数均大于0.71的结果可知，所提出的因子可以解释各题项指标大部分的变异，换言之，这些题项指标适用于分别测量构成市场进入者知识基础的三个维度。

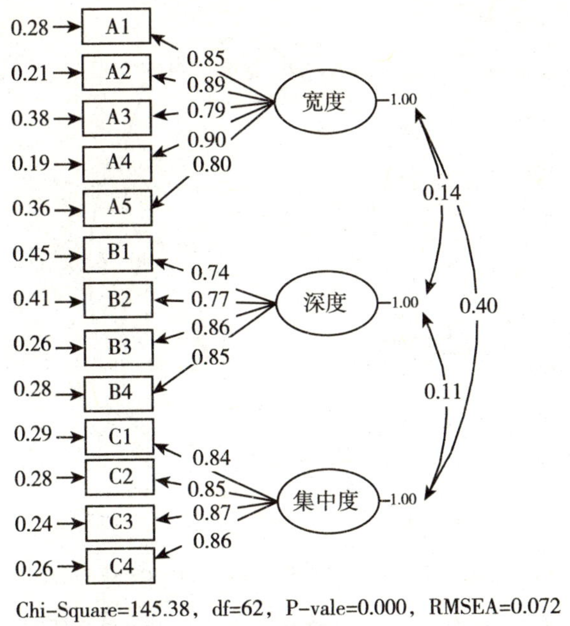

图 5.6　验证性因子分析模型 $M_{CFA-KB-0}$ 的路径估计结果

虽然模型 $M_{CFA-KB-1}$ 相较于模型 $M_{CFA-KB-0}$ 实现了对样本数据更加理想的拟合，但是以剔除知识基础原始题项指标 A2 和 A4 之后剩余的 11 个题项指标为基础所计算的 Cronbach's α 系数依然达到了 0.853 的水平，即存在这 11 个题项指标共同指向同一个因子而非三个因子的可能性，需要进一步检验因子之间的区分度即题项指标的区分效度。

笔者首先检验三因子相关系数的 95% 置信区间是否覆盖了 1.00，根据 A-MOS 软件的输出结果所报告的因子两两之间的路径系数和相关系数的标准误，可以通过置信区间的估计公式计算因子间相关系数的 95% 置信区间，其中，

知识宽度与知识深度之间：$0.23 \pm 1.96 \times 0.10 = 0.034 \sim 0.426$，

知识宽度与知识集中度之间：$0.39 \pm 1.96 \times 0.11 = 0.1744 \sim 0.6056$，

知识深度与知识集中度之间：$0.06 \pm 1.96 \times 0.12 = -0.1752 \sim 0.2952$。

由此可见上述三个置信区间均未覆盖 1.00，可以初步判断三个维度之间具有明显的区分度。

为了更为直观地支持这一结论，笔者将上述一阶三因子模型与其他竞争性模型进行对比，新构建的两个竞争性模型包括：一阶二因子模型 $M_{CFA-KB-2}$，

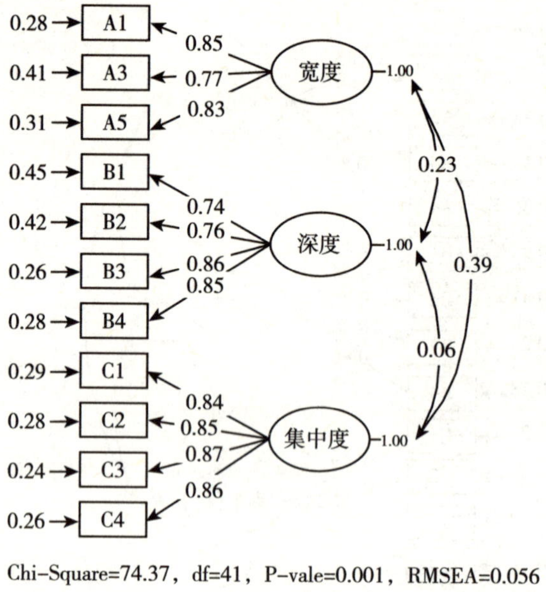

图 5.7　验证性因子分析模型 $M_{CFA-KB-1}$ 的路径估计结果

即将前 7 个题项指标合并在一个因子下的特征模型；单因子模型 $M_{CFA-KB-3}$，即将全部 11 个题项指标合并在一个因子下的特征模型。图 5.8 呈现了上述竞争性模型的拟合情况，从列出的重要拟合评价指标卡方检验 P 值和 RMSEA 值可以看出，这两个模型的拟合结果并不理想（为简化表述，此处不列举有关模型 $M_{CFA-KB-2}$ 和 $M_{CFA-KB-3}$ 的拟合评价结果）。由此笔者否定了所有竞争性模型而接受前述的假设模型，即选择三因子模型 $M_{CFA-KB-1}$ 作为"市场进入者知识基础"的验证性因子分析的最终结果，并在之后对变量间关系的多元回归分析时以此模型为基础计算各维度的因子得分。

2. 战略决策模式量表的信度与效度分析

针对"战略决策模式"这一构念进行测量所采用的量表是本书新开发的量表，首先要对其进行探索性因子分析。由于探索性因子分析易受到样本数量的影响，而样本量与测量项目的比例要求在 4∶1 以上（刘军，2008），因此笔者随机性地从总体样本中抽取出 130 个样本进行探索性因子分析，其余 129 个样本留待之后的验证性因子分析，以避免两种形式的因子分析采用相同的样本。

表 5.4 呈现了战略决策模式的探索性因子分析结果。其中，此量表的

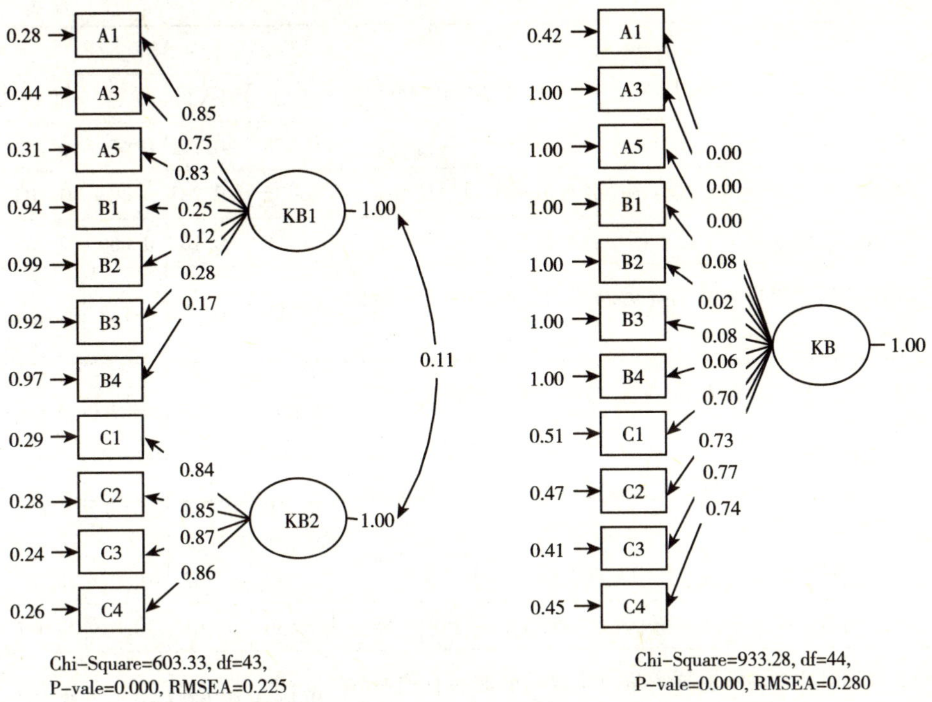

图5.8 竞争性模型 $M_{CFA-KB-2}$ 和 $M_{CFA-KB-3}$ 的路径估计结果

KMO统计量为0.915，Bartlett's球形检验统计量的显著性系数（P值）为0.000，均达到适合进行因子分析的水平。而通过探索性因子分析，笔者在有关战略决策模式的32个题项指标中成功地提取出了四个因子，共解释了总变异量的76.65%，显著地超过了最低可接受比例的60%。

表5.4　　　　战略决策模式的探索性因子分析结果

测量题项 KMO = 0.915，Bartlett's χ^2 = 3974，P值 = 0.000	旋转后因子负荷			
	FA1	FA2	FA3	FA4
D1 在制订行动方案之前，我们曾经对该市场进行了专门的市场调查	0.203	-0.187	0.805	0.203
D2 我们广泛地搜集了该市场中已有客户需求的信息	0.124	-0.041	0.788	0.283
D3 我们广泛地搜集了该市场中已有生产工艺的信息	0.213	-0.106	0.798	0.227
D4 我们广泛地搜集了该市场中已有产品或服务的信息	0.260	-0.174	0.824	0.262

续表

测量题项 KMO =0. 915，Bartlett's χ^2 =3974，P 值 =0. 000	旋转后因子负荷			
	FA1	FA2	FA3	FA4
D5 我们频繁地追踪了该市场中各类竞争对手的行为	0. 278	-0. 252	0. 651	0. 286
D6 我们广泛地搜集了该市场中各种供销渠道的信息	0. 132	-0. 233	0. 603	0. 205
D7 我们广泛地搜集了新市场中各种利益相关者的信息	-0. 203	-0. 163	0. 660	0. 065
D8 我们通过市场调查为此后的行动方案提供了大量的信息	0. 187	-0. 074	0. 742	0. 225
E1 在制订行动方案之前，我们曾经组织内外部专家来分析该市场	0. 099	0. 723	-0. 200	0. 158
E2 通过市场分析，我们尤其重视该市场中某些重要的客户需求	0. 219	0. 787	-0. 085	0. 210
E3 我们重点强调了该市场中某些关键性的生产工艺	0. 190	0. 733	-0. 038	0. 168
E4 我们重点强调了该市场中某些重要的产品和服务特征	0. 156	0. 861	-0. 019	0. 067
E5 我们对该市场中主要竞争对手成败的原因有独特的见解	0. 186	0. 790	-0. 141	0. 162
E6 我们对该市场中各种供销渠道的优劣性有明确的认识	0. 138	0. 837	-0. 052	0. 184
E7 通过市场分析，我们尤其重视该市场中某些利益相关者的作用	0. 184	0. 721	-0. 110	0. 182
E8 我们通过市场分析为此后的行动方案确立了一些指导方针	0. 231	0. 724	-0. 088	0. 137
F1 我们曾经将公司积累的一些资源直接运用于该市场中	0. 873	0. 218	0. 184	-0. 095
F2 在此市场中，我们根据公司先前的研发和生产基础选择了特定的生产工艺	0. 716	0. 279	0. 194	-0. 058
F3 在此市场中，我们参考公司先前的产品系列提供了特定的产品和服务	0. 842	0. 144	0. 208	-0. 107
F4 在此市场中，我们参考公司先前的客户偏好来选择了相应的行动方案	0. 682	0. 290	0. 160	-0. 140

续表

测量题项 KMO = 0.915，Bartlett's χ^2 = 3974，P 值 = 0.000	旋转后因子负荷			
	FA1	FA2	FA3	FA4
F5 在此市场中，我们参考公司先前的供销渠道选择了相应的行动方案	0.841	0.197	0.059	-0.132
F6 在此市场中，我们根据公司先前的利益相关者选择了相应的行动方案	0.836	0.179	0.140	-0.100
F7 在此市场中，我们根据公司已有的规章和流程选择了相应的行动方案	0.819	0.160	0.114	-0.193
F8 在此市场中，我们沿用了先前的一些行动方案	0.722	0.194	0.281	-0.204
G1 为了达成某一特定的目标，我们通常考虑过多种行动方案	-0.097	0.114	0.342	0.819
G2 我们使用了多种标准来评估各项备选的行动方案	-0.183	0.278	0.143	0.786
G3 在此市场中，我们开发和试验了一些替代性的生产工艺	-0.174	0.189	0.239	0.713
G4 在此市场中，我们设计和筛选了一些新的产品或服务	-0.177	0.198	0.272	0.725
G5 我们曾经试图响应该市场中一些不同的客户的需求	-0.035	0.247	0.328	0.739
G6 在此市场中，我们尝试了一些不同的供销渠道	-0.169	0.161	0.227	0.700
G7 在此市场中，我们试图与一些潜在的利益相关者建立联系	-0.120	0.244	0.212	0.729
G8 在此市场中，我们曾经频繁地调整了各项行动方案	-0.108	0.122	0.134	0.794

表 5.4 的右侧为经过方差最大正交旋转法（Varimax）进行因子旋转后的因子负荷矩阵，矩阵中的因子负荷数值分布印证了战略决策模式的四因子结构，而根据对应的题项内容，可以将 4 个因子分别称作战略决策制定过程中的“知觉性”、“分析性”、“直觉性”和“系统性”，从而支持针对“战略决策模式”的测量量表具有较好的构念效度。

与此同时，依然有一些题项指标在各因子下的最大负荷低于 0.71，意味着对应的因子无法独立地解释这些题项指标 50% 以上的变异，并且考虑到之后验证性因子分析要求题项指标不宜过多，笔者最终以0.75作为筛选题项指标的负荷水平，以期使得各因子能够解释保留下来的题项指标60%以上的变异。由此笔者在构建战略决策模式的验证性因子模型之前将部分题项删除，删除的题项为D5－D8，E1，E3，E7，E8，F2，F4，F8，G3－G7。

探索性因子分析初步确保了各测量构念的单维性，因此可以对各个维度进行信度分析。信度分析的结果显示，“知觉性”、“分析性”、“直觉性”和“系统性”的Cronbach's α系数分别为0.947、0.946、0.950、0.941，均大于可接受标准的0.70，并且删除任一题项指标对各维度的α系数均无显著提升作用，表明对这四个构念维度的测量分别具有较高的内部一致性信度。然而，有关上述32个题项指标整体的Cronbach's α系数也达到了0.928，说明有必要通过验证性因子分析对这四个一阶因子之间的区分度做进一步的分析。

笔者基于另一半样本数据（N＝129）构建了一个一阶四因子的假设模型$M_{CFA-SDM}$，图5.9呈现了此模型标准化解后的结构图，由图5.9可知，整体模型对样本数据的拟合效果十分理想，其中卡方检验的P值为0.276，显著地大于0.001的显著水平；RMSEA等于0.025，也落入了小于0.05的“良好拟合”范围内；在模型输出的其他拟合评价结果中，绝对拟合评价指标GFI＝0.96，相对拟合评价指标AGFI＝0.91、NFI＝0.95和CFI＝0.97，简效拟合评价指标卡方/自由度＝1.759、PGFI＝0.551，也都说明模型$M_{CFA-SDM}$达到了拟合程度较好的水平。而根据各题项指标的路径系数均大于0.71，即每个因子能够解释其下各题项指标50%以上的变异，表明这16个题项均可作为相应因子的良好测量指标，因此得到全部保留。

在进一步检验各因子的区分效度方面，研究通过估计公式计算了四个因子之间两两相关系数的95%置信区间，详细的结果如下：

知觉性与分析性：$0.11 \pm 1.96\ (0.11) = -0.1056 \sim 0.3256$，

知觉性与直觉性：$0.40 \pm 1.96\ (0.13) = 0.1452 \sim 0.6548$，

知觉性与系统性：$0.68 \pm 1.96\ (0.14) = 0.4056 \sim 0.9544$，

分析性与直觉性：$0.60 \pm 1.96\ (0.13) = 0.3452 \sim 0.8548$，

分析性与系统性：$0.35 \pm 1.96\ (0.11) = 0.1344 \sim 0.5656$，

直觉性与系统性：$-0.024 \pm 1.96\ (0.11) = -0.2396 \sim 0.1916$。

由此可见，这些置信区间均未覆盖1.00，可以初步判断模型$M_{CFA-SDM}$中的四个维度之间具有明显的区分度。为了进一步支持这一结果，笔者将上述一阶

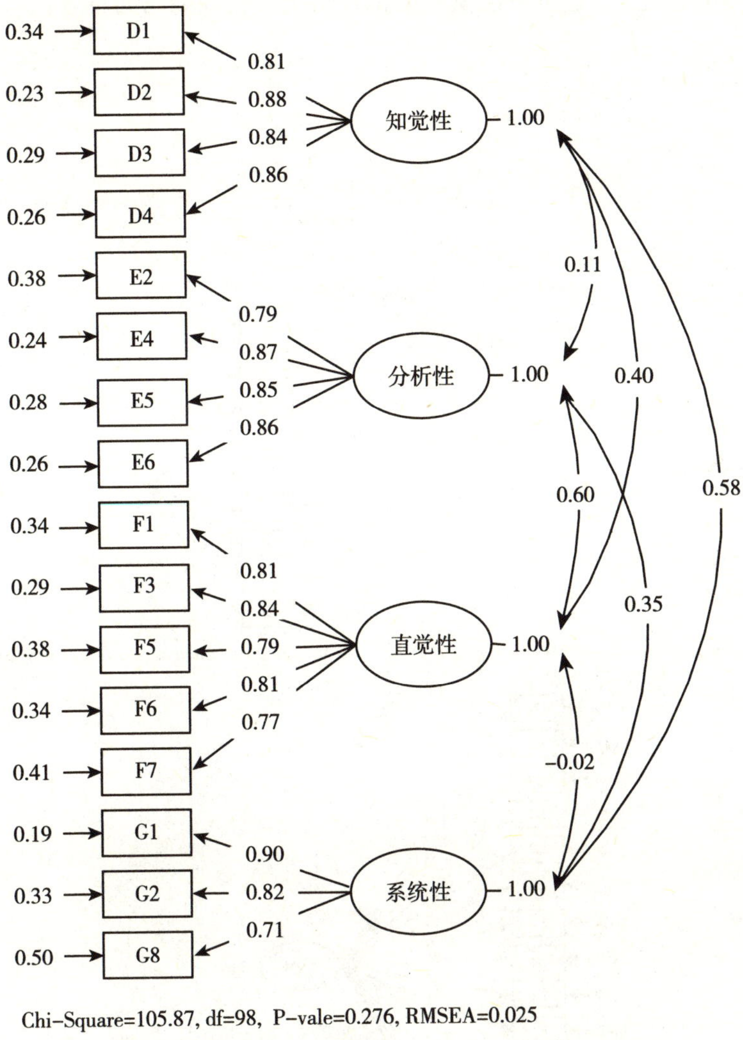

图 5.9　验证性因子分析模型 $M_{CFA-SDM}$的路径估计结果

三因子模型与其他竞争性模型进行对比，研究构建了三个竞争性模型如下：一阶三因子模型 $M_{CFA-SDM-1}$，即将指向后两个因子的 8 个题项指标合并在一个因子下的特征模型；一阶二因子模型 $M_{CFA-SDM-2}$，即在 $M_{CFA-SDM-1}$的基础上再将指向前两个因子的 8 个题项指标合并在另一个因子下，由这两个因子构成的特征模型；单因子模型 $M_{CFA-KB-3}$，即将全部 16 个题项指标合并在一个因子下的特征模型。

图 5.10 呈现了上述竞争性模型的拟合情况，根据列出的重要拟合评价指

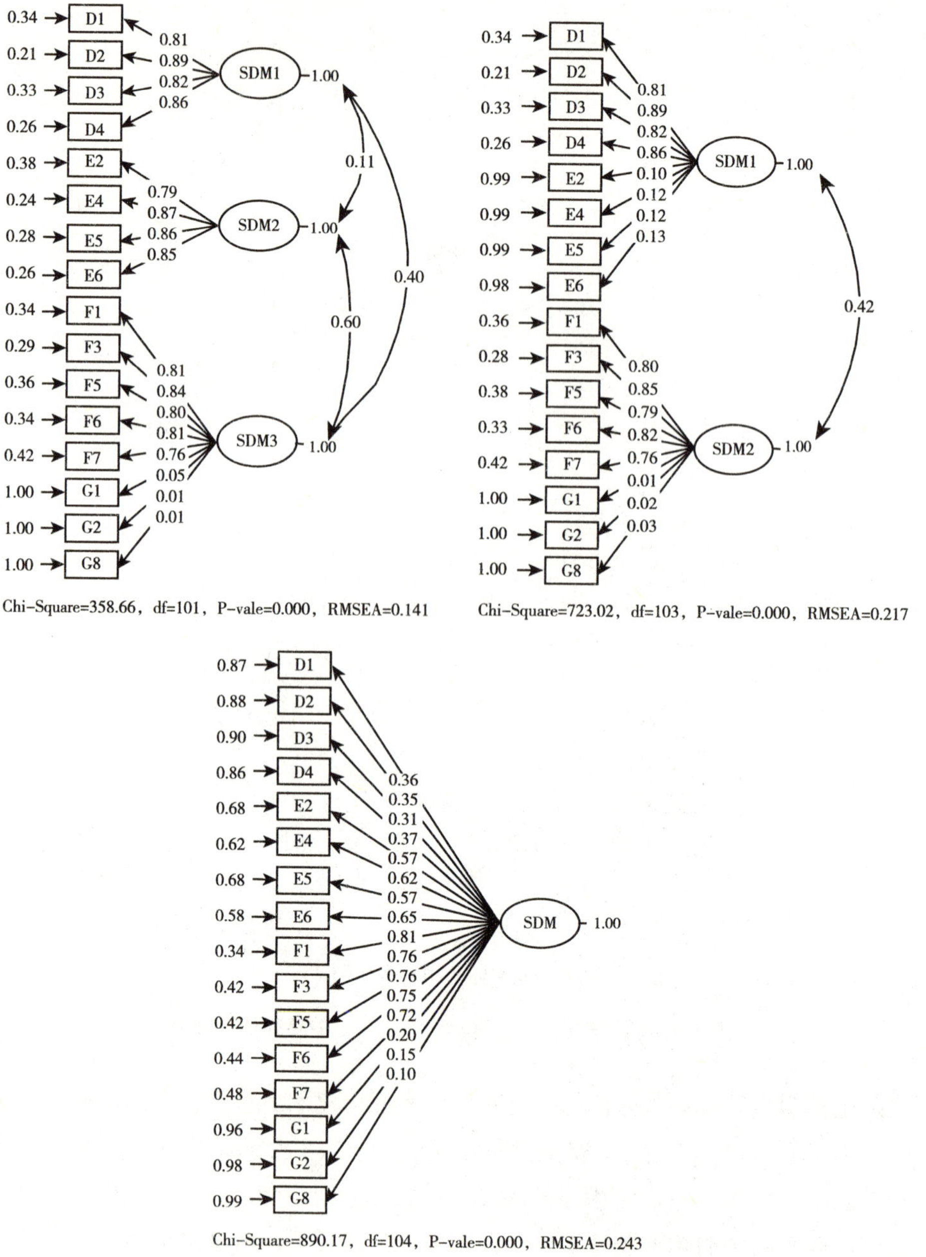

图 5.10　竞争性模型 $M_{CFA-SDM-1}$，$M_{CFA-SDM-2}$ 和 $M_{CFA-SDM-3}$ 的简要分析结果

标，三个模型的卡方检验 P 值均为 0，因而小于 0.001 的显著水平，RMSEA 值也均大于“可接受拟合”的 0.08，因此这三个模型对样本数据的拟合结果显然并不理想。由此笔者否定了所有竞争性模型而接受前述的假设模型，即选择四因子模型 $M_{CFA-SDM}$作为“战略决策模式”的验证性因子分析的最终结果，并在之后的多元回归分析中以此模型为基础计算各维度的因子得分。

3. 市场环境特征的信度与效度分析

针对“市场环境特征”构念进行测量的量表是由先前研究中关于“环境动态性”、“环境复杂性”和“环境宽松性”三个构念的成熟量表整合而成，因而无须通过探索性因子分析对其进行分变量的提取，而仅需要对整体的测量量表进行信度分析和验证性因子分析。其中在信度分析方面，基于获取的全部企业样本数据，笔者计算出“动态性”、“复杂性”、“宽松性”的 Cronbach's α 系数分别为 0.944、0.937、0.956，均显著地大于接受标准的 0.70，并且删除任一题项指标对各维度的 α 系数均无明显的提升作用，表明对这三个构念维度的测量分别具有较高的内部一致性信度。然而，测量“市场环境特征”的 13 个题项指标整体的 Cronbach's α 系数也达到了 0.803，说明有必要通过验证性因子分析对上述三个维度之间的区分度做进一步的分析。

基于全部的企业样本数据进行结构方程建模后，笔者得到了包含全部原始题项的市场环境特征三维结构的初始假设模型 $M_{CFA-ME-0}$。图 5.11 展示了这一模型标准化解的结构图，由图 5.11 中所示的卡方检验 P 值小于 0.001 并且 RMSEA 大于“可接受”拟合的 0.08 可知，模型 $M_{CFA-ME-0}$与数据样本并未达到理想的拟合水平，而在 AMOS 7.0 软件报告的 MI 修正建议中，题项指标 H4、H5、I2、J1 与其他多个变量间的路径显著，即这四个题项指标在此模型中的区分效度较低，不适合作为各环境特征维度的测量指标。因此，研究将对模型 $M_{CFA-ME-0}$做进一步的修正，提出剔除上述四个指标之后的模型 $M_{CFA-ME-1}$。

由图 5.12 呈现的模型 $M_{CFA-ME-1}$的验证性因子分析结果可以发现，作为主要拟合度指标的卡方检验 P 值和 RMSEA 得到较大的改善，表明理论模型与样本数据拟合良好，而在模型 $M_{CFA-KB-1}$的其他拟合评价结果也佐证了这一结果，其中绝对拟合评价指标 GFI = 0.97，相对拟合评价指标 AGFI = 0.94、NFI = 0.96 和 CFI = 0.97，简效拟合评价指标卡方/自由度 = 1.605 和 PGFI = 0.573。与此同时，各题项指标的路径系数均大于 0.85，表明每个因子甚至可以解释其下各指标 70% 以上的变异，即经过筛选保留的所有 9 个题项指标能够十分

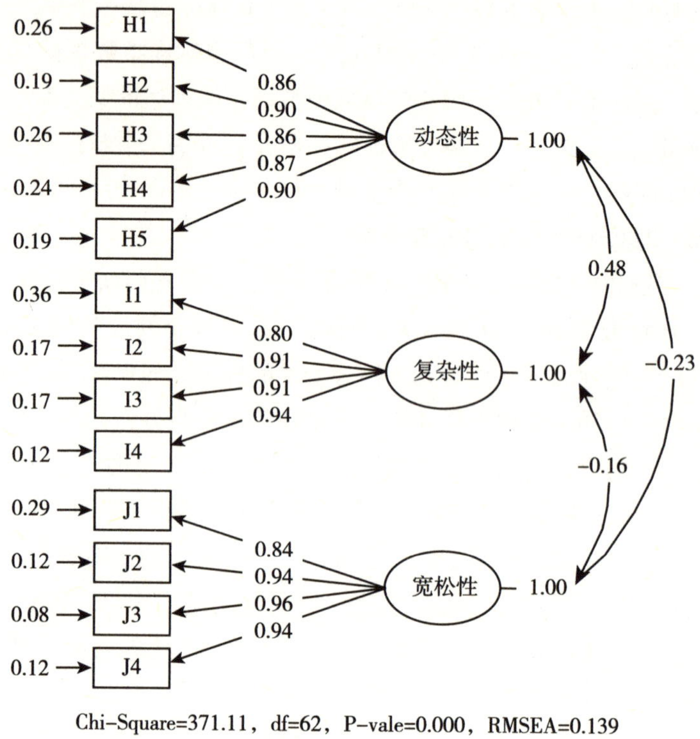

图 5.11 验证性因子分析模型 $M_{CFA-ME-0}$ 的路径估计结果

良好地测量市场环境特征的三个子维度。

由于整体量表由整合后的成熟量表题项构成，存在所有题项指向一个因子或两个因子的可能性，需要进一步检验各因子的区分效度。笔者基于估计公式计算出上述三个环境特征维度之间两两相关系数的 95% 置信区间，结果如下：

动态性与复杂性：0.65 ± 1.96（0.17）= 0.3168 ~ 0.9832，

复杂性与宽松性：-0.22 ± 1.96（0.18）= -0.5732 ~ 0.1328，

动态性与宽松性：-0.20 ± 1.96（0.16）= -0.5136 ~ 0.1136。

上述三个置信区间均未覆盖 1.00，由此可以初步判断三个环境特征维度之间具有明显的区分度。研究同样通过对比竞争性模型来支持这一结果，构建了两个竞争性模型 $M_{CFA-ME-2}$ 和 $M_{CFA-ME-3}$，其中模型 $M_{CFA-ME-2}$ 为将后六个指标合并在一个因子下的一阶二因子模型，而模型 $M_{CFA-ME-3}$ 为将全部九个指标合并在同一个因子下的单因子模型。根据如图 5.13 所示的主要拟合指标情况，笔者发现这两个竞争性模型的拟合度均要比先前的假设模型 $M_{CFA-ME-1}$ 的拟合

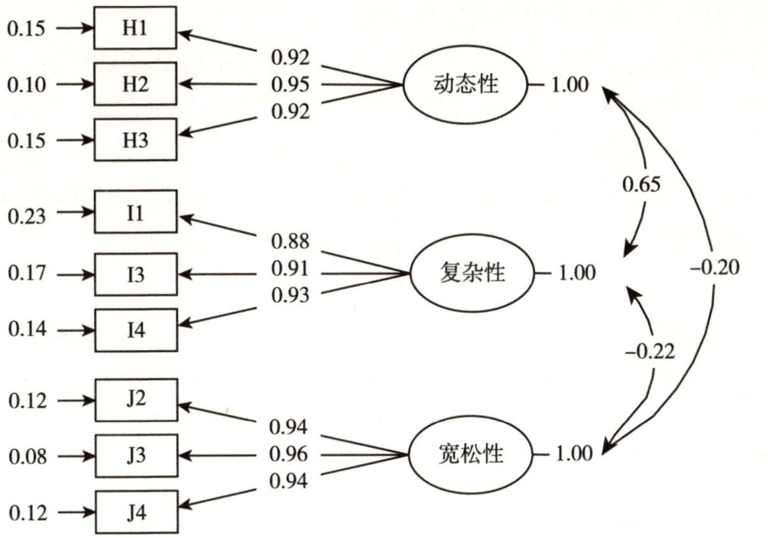

Chi-Square=38.52，df=24，P-vale=0.083，RMSEA=0.055

图 5.12　验证性因子分析模型 $M_{CFA-ME-1}$的路径估计结果

度要显著低得多，因此最终选择一阶三因子模型 $M_{CFA-ME-1}$作为“市场环境特征”构念的验证性因子分析的最终结果，并计划在之后的多元回归分析中以该模型为基础计算各维度的因子得分。

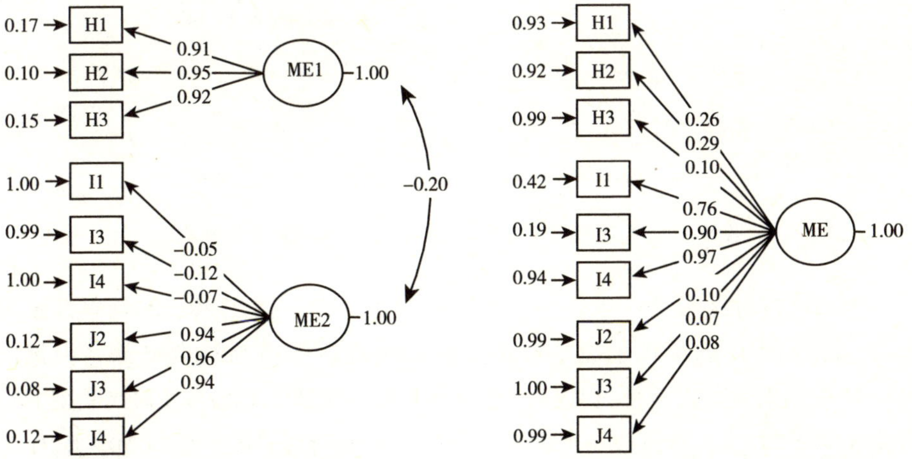

Chi-Square=677.93, df=26,
P-vale=0.000, RMSEA=0.177

Chi-Square=1499.34, df=27,
P-vale=0.000, RMSEA=0.381

图 5.13　竞争性模型 $M_{CFA-ME-2}$和 $M_{CFA-ME-3}$的简要分析结果

4. 市场进入者组织绩效的信度与效度分析

针对“市场进入者组织绩效”构念的测量也采用的是成熟量表，仅需要对此测量量表进行信度分析和验证性因子分析。在信度分析方面，笔者基于获取的全部企业样本数据（$n=259$），计算出“市场进入者组织绩效”的 Cronbach's α 系数分别为 0.922，大于接受标准的 0.70，并且删除任一题项指标对 α 系数均无显著提升作用，表明对这一构念维度的测量具有较高的内部一致性信度。

笔者由此构建了“进入者组织绩效”的单因子的假设模型 M_{CFA-OP}，图 5.14 呈现了此模型的验证性因子分析结果，可见每个题项指标的因子路径负荷均显著地异于零，说明这些题项能够作为测量组织绩效的良好指标，而整体模型的拟合效果也比较理想，其中卡方检验的 P 值大于 0.001 的显著水平，RMSEA 也落入了小于 0.08 的“可接受拟合”范围内。模型 M_{CFA-OP} 的其他拟合评价结果如下，绝对拟合评价指标 GFI = 0.98，相对拟合评价指标 AGFI = 0.96、NFI = 0.99 和 CFI = 0.99，简效拟合评价指标卡方/自由度 = 1.818 和 PGFI = 0.328。

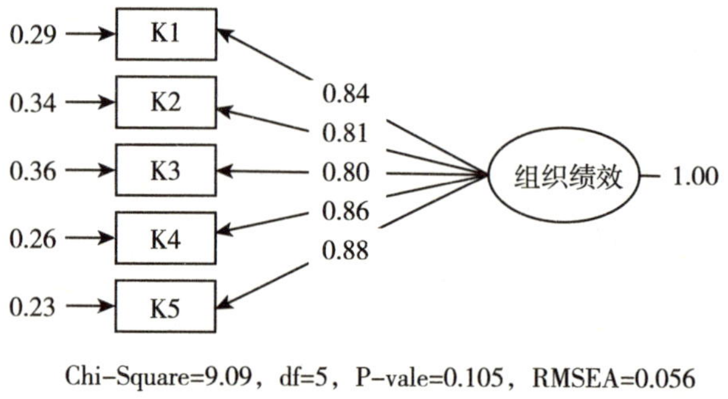

图 5.14　验证性因子分析模型 M_{CFA-OP} 的路径估计结果

为了进行对比和进一步佐证，本书构建了一个一阶二因子的竞争性模型 $M_{CFA-OP-1}$。图 5.15 呈现了竞争性模型的验证性因子分析简要结果，根据图 5.15 中列出的重要拟合评价指标卡方检验 P 值和 RMSEA 值，可知此模型的拟合度相对于 M_{CFA-OP} 并没有显著提高。因此，本书选择单因子模型 M_{CFA-OP} 作为“组织绩效”的验证性因子分析的最终结果，并在之后的多元回归分析中以此模型为基础计算组织绩效的变量得分。

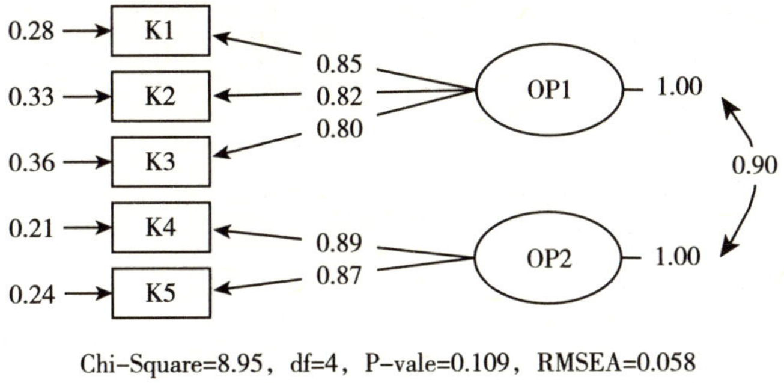

图 5.15　竞争性模型 $M_{CFA-OP-1}$ 的简要分析结果

5.4.2　描述性统计与相关分析结果

对于问卷量表的因子分析得到的各变量得分为均值等于 0、方差等于 1 的标准化得分，并不能对样本数据进行全面地描述，因而需要采用合并题项的方法呈现样本数据的基本情况（吴明隆，2010），即通过问卷中各题项的平均得分来计算模型中各变量的平均值、标准差和 Pearson 相关系数及其在统计上的显著性。其中，在战略决策模式这一构念上，根据本书的理论建构和研究假设，需要将从量表中提取的四个过程维度的得分进行如下的两两叠加处理：

新手型决策模式得分 = 知觉性得分 + 系统性得分；

熟手型决策模式得分 = 知觉性得分 + 直觉性得分；

理论家型决策模式得分 = 分析性得分 + 系统性得分；

专家型决策模式得分 = 分析性得分 + 直觉性得分。

由此分别获得四种战略决策模式的得分，并将这四种战略决策模式作为进入到相关分析和多元回归分析的中介变量。

表 5.5 是本书的描述性统计与相关分析结果，涵盖了市场进入者知识基础的三维变量、战略决策模式的四维变量、市场环境特征的三维变量以及组织绩效的单维变量。结果显示，在市场进入者知识基础的评价方面，知识深度和集中度、宽度之间存在显著相关，知识宽度和集中度之间则基本没有相关，这符合本书的研究构思中提出的企业组织的陈述性记忆受到知识宽度和知识深度的共同作用，而程序性记忆受到知识集中度和知识深度的共同作用。在战略决策模式的评价方面，四种类型的战略决策模式之间分别存在显著的正相关关系，

表 5.5　　主要变量的均值、标准差与相关系数

	变量	Mean	S. D.	1	2	3	4	5	6	7	8	9	10	11
1	知识宽度	4.518	1.309	(0.926)										
2	知识深度	4.402	1.164	0.138*	(0.876)									
3	知识集中度	4.395	1.457	0.024	0.220**	(0.917)								
4	新手型	9.344	2.049	-0.135*	-0.090*	-0.114*	(0.947)							
5	熟手型	9.535	1.896	-0.185**	0.387**	0.581**	0.600**	(0.946)						
6	理论家型	9.329	1.868	0.434**	0.364**	-0.180**	0.647**	0.292**	(0.950)					
7	专家型	9.521	1.932	0.382**	0.637**	0.517**	0.155*	0.627**	0.567**	(0.941)				
8	环境动态性	4.203	1.543	0.093	0.114	0.074	0.169**	0.202**	0.188**	0.201**	(0.944)			
9	环境复杂性	4.053	1.706	0.189**	0.175**	0.097	0.292**	0.285**	0.358**	0.316**	0.191**	(0.937)		
10	环境宽松性	4.257	1.025	-0.064	-0.190*	-0.097	-0.170**	-0.227**	-0.191**	-0.227**	-0.056	-0.082	(0.956)	
11	组织绩效	4.518	1.309	0.438**	0.356**	0.162**	-0.110	0.156*	0.319**	0.499**	0.281**	0.218**	-0.161**	(0.922)

注：括号内为各变量的 Cronbach's alpha 值；** 表示在 0.01 水平上显著（双尾检验），* 表示在 0.05 水平上显著（双尾检验）；N = 259。

是对战略决策的各项过程维度得分两两累加的反映，也在一定程度上受到题项临近性和应答者的社会称许性的影响。在市场环境特征的评价方面，动态性和复杂性之间存在显著相关，而宽松些和这两个维度则基本没有相关，表明在现实中市场环境的动态性和复杂性往往是相互依存的，环境的宽松性则相对独立，由市场发展阶段、政策约束情况和垄断竞争态势等多方面共同决定。

从表 5.5 还能大致看到各研究变量之间的相关关系，其中在潜在的自变量和中介变量的关系方面，新手型战略决策模式与市场进入者知识基础的三个维度都存在显著负相关；熟手型战略决策模式与市场进入者知识基础的知识宽度存在显著负相关，与知识集中度和知识深度存在显著正相关；理论家型战略决策模式与知识宽度、知识深度存在显著正相关，与知识集中度存在显著负相关；专家型战略决策模式与市场进入者知识基础的三个维度都存在显著正相关。在潜在的中介变量和因变量的关系方面，组织绩效和熟手型、理论家型以及专家型战略决策模式之间分别存在显著正相关。

虽然这些结果为本研究的研究假设提供了初步的证据，但是在相关分析中，相关系数矩阵由变量间直接、间接和虚假相关效应叠加在一起而成，并不能说明变量间实际的因果关系及其显著水平（邱皓政和林碧芳，2009），需要通过接下来的多元回归分析方法对这些变量之间的关系做更为精确的验证。

5.4.3　战略决策模式的中介效应检验

对于战略决策模式对市场进入者知识基础与组织绩效之间关系的中介效应的检验，涉及对本书的 3 个一级假设的验证：

H1：市场进入者拥有的知识基础对组织绩效具有显著的影响；

H2：市场进入者拥有的知识基础对战略决策模式具有显著的影响；

H3：战略决策模式对市场进入者的组织绩效具有显著的影响。

根据本章 5.2 节中介绍的中介效应的检验方法，验证战略决策模式的中介效应的步骤是先验证假设 H1 是否成立，因为自变量市场进入者知识基础和因变量组织绩效之间存在主效应是战略决策模式具有中介效应的前提；其次要验证假设 H2 和假设 H3 是否成立，即自变量市场进入者知识基础对中介变量战略决策模式，以及中介变量战略决策模式对因变量市场进入者组织绩效的影响是否显著；然后验证当市场进入者知识基础和战略决策模式同时进入对因变量组织绩效的回归分析时，知识基础对组织绩效的影响是否显著减弱或没有显著影响。

研究首先构建了以市场进入者组织绩效为被解释变量的三个回归模型 M_1、M_2和 M_3，其中，M_1以市场进入者知识基础为解释变量，M_2以战略决策模式为解释变量，而 M_3将知识基础和战略决策模式同时作为解释变量。经检验，各模型的方差膨胀因子（VIF）指数均大于 1 且小于 5，解释变量之间不存在多重共线性问题；DW（Durbin – Watson）值在 1.5 和 2.5 之间并接近于 2，因而能够拒绝承认模型存在序列相关问题；进一步通过残差项散点图分析来考察各模型的异方差问题，即以标准化残差为纵轴、标准化预测值为横轴的各模型的散点图显示均呈无序状态，可以认为均不存在异方差问题。表 5.6 呈现了这三个回归模型的输出数据。

表 5.6　战略决策模式对市场进入者知识基础与组织绩效关系的中介效应分析

		M_1		M_2		M_3	
		B	Sig	B	Sig	B	Sig
控制变量	成立年限	0.02	0.822	-0.06	0.512	-0.03	0.733
	员工人数	0.14	0.071	0.10	0.155	0.12	0.097
	销售规模	0.06	0.505	0.14	0.114	0.10	0.256
知识基础	宽度	0.40***	0.000			0.16	0.057
	深度	0.28***	0.000			0.10	0.146
	集中度	-0.01	0.854			-0.03	0.749
战略决策模式	新手型			-0.45***	0.000	-0.33***	0.001
	熟手型			0.17*	0.022	0.13	0.253
	理论家型			0.50***	0.000	0.33*	0.035
	专家型			0.24**	0.003	0.20	0.126
F		19.62***	0.000	24.69***	0.000	17.28***	0.000
R^2		0.319		0.371		0.385	
ΔR^2				0.052		0.014	

注：被解释变量：组织绩效（***、**、*分别表示在 0.001、0.01、0.05 的水平上显著，回归系数均为标准化回归系数）。

从表 5.6 中可知，市场进入者知识基础的知识宽度和知识深度对组织绩效具有在 0.001 水平上显著的正向影响，而知识集中度对组织绩效不存在显著的影响，但是仍然可以说明市场进入者知识基础整体对组织绩效具有重要的解释作用，即一级假设 H1 以及其中两个二级假设 H1a、H1b 成立。四种类型的战略决策模式对组织绩效也分别具有显著的影响，其中新手型对组织绩效具有较强的负向影响；熟手型对组织绩效具有正向影响，但是影响关系较弱，仅在 0.05 水平上显著；理论家型和专家型对组织绩效则具有较强的正向影响，综上所述，可以推断战略决策模式对组织绩效也具有重要的解释作用，即假设 H3 以及 H3 下的全部二级假设均成立。而模型 M_3 的结果显示，当市场进入者知识基础和战略决策模式同时进入回归分析时，知识基础对组织绩效不存在显著的影响，表明战略决策模式具有潜在的完全中介效应。

然而，表 5.6 并不能完全证明战略决策模式的中介效应，还需要验证假设 H2 是否成立，即市场进入者知识基础对战略决策模式是否存在显著的影响。此外，本书重点关注于知识基础到战略决策模式的作用路径，因而在假设 H2 下提出了若干个二级假设，即需要对构成知识基础的三个维度对构成战略决策模式的四个维度的路径系数进行验证：

H2a：市场进入者知识宽度越宽，企业越有可能采用理论家型战略决策模式；

H2b：市场进入者知识宽度越宽，企业越有可能采用专家型战略决策模式；

H2c：市场进入者知识集中度越高，企业越有可能采用熟手型战略决策模式；

H2d：市场进入者知识集中度越高，企业越有可能采用专家型战略决策模式；

H2e：市场进入者知识深度越深，企业越有可能采用专家型战略决策模式。

表 5.7 中的结果显示，市场进入者知识基础的知识深度和知识集中度对新手型战略决策模式不存在显著的影响，知识宽度也仅在 0.05 水平上对新手型战略决策模式具有显著的负向影响。而熟手型、理论家型和专家型战略决策模式均在 0.001 水平上受到知识基础各维度显著的影响，因而知识基础对战略决策模式的影响得到验证，即假设 H2 成立。在之后进行的 Sobel 检验中，四种

类型的战略决策模式在知识宽度、知识深度和知识集中度对组织绩效的影响过程中，Sobel 检验的统计值均大于 3，远大于 1.96（0.05 显著水平下的临界值），从而说明战略决策模式在市场进入者知识基础和组织绩效之间关系的完全中介效应得到验证。在各项二级假设方面，知识宽度对熟手型战略决策模式具有显著的负向作用，对理论家型和专家型决策模式具有显著的正向作用，因此假设 H2a、假设 H2b 成立；知识集中度对理论家型战略决策模式具有显著的浮想作用，对熟手型和专家型决策模式具有显著的正向作用，因此假设 H2c、假设 H2d 成立；知识深度则对熟手型、理论家型和专家型决策模式具有显著的正向作用，其中对专家型决策模式作用的路径系数为 0.51，因此假设 H2e 成立。图 5.16 呈现了从市场进入者知识基础到战略决策模式再到组织绩效的全部作用路径和路径系数。

表 5.7　　　市场进入者知识基础对各种战略决策模式作用关系分析

		M_4		M_5		M_6		M_7	
		B	Sig	B	Sig	B	Sig	B	Sig
控制变量	成立年限	-0.11	0.283	-0.03	0.736	-0.01	0.888	0.08	0.203
	员工人数	-0.07	0.434	0.00	0.978	-0.04	0.570	0.04	0.516
	销售规模	0.06	0.582	0.07	0.416	-0.04	0.672	-0.04	0.600
知识基础	宽度	-0.16*	0.011	-0.24***	0.000	0.39***	0.000	0.31***	0.000
	深度	0.14	0.067	0.30***	0.000	0.37***	0.000	0.51***	0.000
	集中度	-0.07	0.367	0.50***	0.000	-0.23***	0.000	0.35***	0.000
F		2.63*	0.017	36.64***	0.000	23.32***	0.000	77.37***	0.000
R^2		0.059		0.467		0.358		0.649	

注：被解释变量：M_4：新手型；M_5：熟手型；M_6：理论家型；M_7：专家型（***、**、* 分别表示在 0.001、0.01、0.05 的水平上显著，回归系数均为标准化回归系数）

5.4.4 市场环境特征的调节效应检验

根据研究的理论建构和研究假设，市场环境特征的调节效应主要针对战略决策模式对市场进入者组织绩效的影响，其中市场环境特征包含环境动态性、环境复杂性和环境宽松性三个维度，研究将根据本章 5.2 节中介绍的调节效应

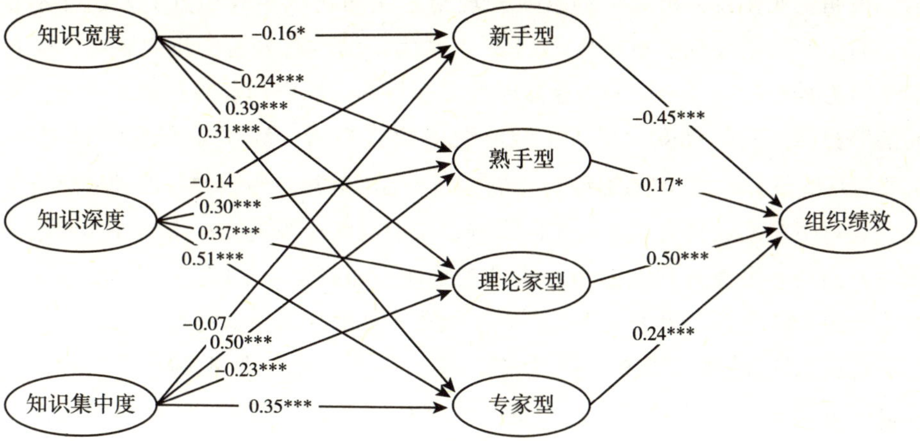

图 5.16　以战略决策模式为中介变量的作用路径

注：***、**、*分别表示在 0.001、0.01、0.05 的水平上显著。

的检验步骤逐一分析这三个维度对战略决策模式影响组织绩效的调节作用。

1. 环境动态性的调节效应

环境动态性的调节效应涉及对以下 1 个一级假设和 3 个二级假设的验证：

H4：环境的动态性对战略决策模式影响组织绩效具有调节作用；

H4a：环境的动态性正向调节熟手型战略决策模式的绩效提升作用；

H4b：环境的动态性正向调节理论家型战略决策模式的绩效提升作用；

H4c：环境的动态性正向调节专家型战略决策模式的绩效提升作用。

研究为此通过层次回归的方法依次构建了以市场进入者组织绩效为被解释变量的三个回归模型 M_8、M_9 和 M_{10}，其中，M_8 的解释变量仅包含控制变量，即检验企业成立年限、员工人数和销售规模是否对组织绩效具有潜在的影响，而 M_9 在 M_8 的基础上加入了解释变量战略决策模式和市场环境的动态性，是为了检验战略决策模式对组织绩效的作用是否显著，因为这一主效应是环境动态性对其具有调节效应的前提，M_{10} 则在 M_9 的基础上进一步加入了环境动态性和四种战略决策模式的交互项作为解释变量，由此来考察环境动态性的调节效应。

表 5.8 呈现了上述三个回归模型的输出数据。首先从表 5.8 最右侧接近于 1 的 VIF 值可以表明研究已经通过对变量的中心化而避免了各模型的共线性问题。其中 M_8 的结果显示，前两个控制变量对于因变量组织绩效的作用均不显

著，说明企业在目标市场中的绩效表现与企业的在位年数和员工人数并不相关，而企业的销售规模则在0.05水平上对组织绩效有显著的正向影响，这可能是因为具有较高现金流的企业能够保障在目标市场中的资源和研发投入，从而能够获得较高的绩效。加入了战略决策模式之后，M_9的解释变异量 R^2 为42%，F值显著，比M_8的解释变异量提高了 $\Delta R^2=36.2\%$，并且四种战略决策模式均对组织绩效具有显著的正向影响，说明战略决策模式在市场进入者组织绩效方面具有很强的预测能力，这再次验证了假设H4c的成立，而环境动态性也对组织绩效具有显著的正向影响。加入了战略决策模式与环境动态性的交互项之后，M_{10}的解释变异量 R^2 为49.2%，F值显著，比M_9的解释变异量又提高了 $\Delta R^2=7.2\%$，说明上述变量间的交互作用对组织绩效的预测能力比单一的变量战略决策模式更强，而此时环境动态性对组织绩效不存在显著的影响，意味着环境动态性具有完全的调节效应，即假设H4成立；其中环境动态性与熟手型和专家型的交互项分别在0.05水平和0.001水平对组织绩效具有显著的正向影响，即环境动态性正向调节这两种战略决策模式的绩效提升作用，假设H4a和H4c成立，而环境动态性与理论家型的交互项并未表现出统计显著性，由此可以拒绝假设H4b。

表5.8　环境动态性对组织战略决策模式影响组织绩效的调节效应分析

	M_8		M_9		M_{10}		
	B	Sig	B	Sig	B	Sig	VIF
控制年限							
成立年限	-0.01	0.890	-0.04	0.616	-0.04	0.592	2.83
员工人数	0.05	0.558	0.09	0.227	0.06	0.360	2.21
销售规模	0.21*	0.048	0.16	0.064	0.19	0.054	3.18
解释变量							
新手			-0.49***	0.000	-0.40***	0.000	1.93
熟手			0.16*	0.024	0.18*	0.023	1.42
理论家			0.51***	0.000	0.44***	0.000	1.53
专家			0.18*	0.018	0.25**	0.007	1.38
动态性			0.23***	0.000	0.08	0.297	1.70
交互项							
新手×动态性					-0.05	0.541	1.17
熟手×动态性					0.13*	0.038	1.19

续表

	M_8		M_9		M_{10}		
	B	Sig	B	Sig	B	Sig	VIF
理论家×动态性					-0.03	0.625	1.58
专家×动态性					0.36***	0.000	1.87
F	5.23	0.002	25.85	0.000	43.22		
R^2	0.058		0.420		0.492		
ΔR^2			0.362		0.072		

注：因变量：组织绩效（***、**、*分别表示在 0.001、0.01、0.05 的水平上显著，回归系数均为标准化回归系数，VIF 为三个模型在回归过程中的最大 VIF 值）。

为了更加直观地理解市场动态性的调节作用，根据 Cohen 等（2003）推荐的方法，本书将高环境动态性和低环境动态性分别按上下一个标准差分为高低两个群体，分别以熟手型战略决策模式和专家型战略决策模式为自变量，市场进入者组织绩效为因变量，绘制趋势图以形象地表示市场动态性的调节作用，如图 5.17 所示。由图 5.17a 可知，企业的战略决策模式在熟手型上的得分越高，其在目标市场中组织绩效越高，其中在高动态性的市场环境中企业的绩效提升幅度明显高于在低动态性的市场环境中的提升幅度，表明市场动态性的调节作用明显。同样由图 5.17b 可知，企业的战略决策模式在专家型上的得分越高，其在目标市场中组织绩效越高，其中在高动态性的市场环境中企业的绩效提升幅度也明显高于在低动态性的市场环境中的提升幅度，表明市场动态性的调节作用明显。

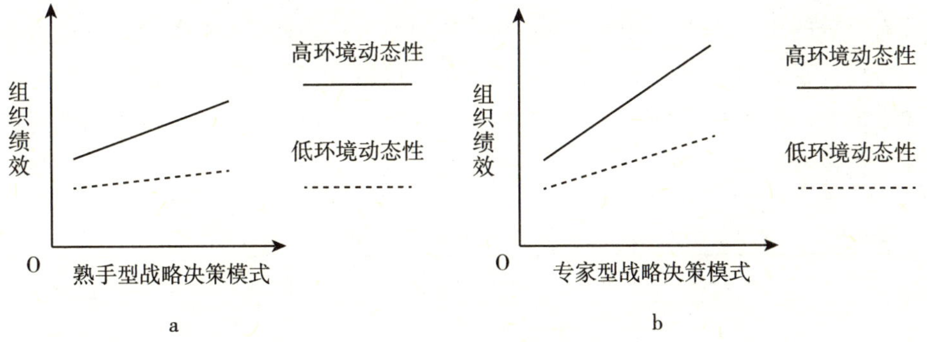

图 5.17　环境动态性的调节效应示意图

2. 环境复杂性的调节效应

环境复杂性的调节效应涉及对以下 1 个一级假设和 4 个二级假设的验证：

H5：环境的复杂性对战略决策模式影响组织绩效具有调节作用；

H5a：环境的复杂性负向调节熟手型战略决策模式的绩效提升作用；

H5b：环境的复杂性正向调节理论家型战略决策模式的绩效提升作用；

H5c：环境的复杂性正向调节专家型战略决策模式的绩效提升作用；

H5d：环境的复杂性负向调节专家型战略决策模式的绩效提升作用。

研究为此也以 M_8 作为原始参照模型，依次构建了以市场进入者组织绩效为被解释变量的另外两个回归模型 M_{11} 和 M_{12}，其中 M_{11} 在 M_8 的基础上加入了解释变量战略决策模式和市场环境的复杂性，M_{12} 则在 M_{11} 的基础上进一步加入了环境复杂性和四种战略决策模式的交互项作为解释变量，由此来考察环境复杂性的调节效应。

表 5.9 呈现了上述三个回归模型的输出数据。从表 5.9 最右侧接近于 1 的 VIF 值可以表明研究已经通过对变量的中心化而避免了各模型的共线性问题。研究结果显示，相对于 M_8，在 M_{11} 中加入了战略决策模式之后，其解释变异量 R^2 为 38.1%，F 值显著，比 M_8 的解释变异量提高了 $\Delta R^2 = 32.3\%$。在 M_{12} 中进一步加入了战略决策模式与环境复杂性的交互项之后，解释变异量 R^2 变为 44.8%，F 值显著，比 M_8 的解释变异量又提高了 $\Delta R^2 = 6.7\%$，说明上述变量间的交互作用对组织绩效的预测能力比单一的变量战略决策模式更强，而此时环境复杂性对组织绩效不存在显著的影响，意味着环境复杂性具有完全的调节效应，即假设 H5 成立；其中环境复杂性与熟手型的交互项在 0.05 水平上对组织绩效具有显著的负向影响，与理论家型的交互项在 0.001 水平上对组织绩效具有显著的正向影响，说明环境复杂性负向调节熟手型战略决策模式的绩效提升作用，正向调节理论家型战略决策模式的绩效提升作用，由此假设 H5a 和 H5b 成立，而环境复杂性与专家型的交互项并未表现出统计显著性，由此可以拒绝假设 H5c 和 H5d。

表 5.9　环境复杂性对组织战略决策模式影响组织绩效的调节效应分析

	M_8		M_{11}		M_{12}		
	B	Sig	B	Sig	B	Sig	VIF
控制变量							
成立年限	-0.01	0.890	-0.06	0.439	-0.06	0.437	2.86
员工人数	0.05	0.558	0.10	0.179	0.10	0.167	2.18

续表

	M_8		M_{11}		M_{12}		
	B	Sig	B	Sig	B	Sig	VIF
销售规模	0.21*	0.048	0.15	0.089	0.12	0.160	3.19
解释变量							
新手			-0.47***	0.000	-0.06	0.309	1.06
熟手			0.19*	0.015	0.16*	0.042	1.27
理论家			0.49***	0.000	-0.04	0.857	1.74
专家			0.22*	0.007	0.25**	0.007	1.06
复杂性			0.11	0.051	-0.07	0.133	1.12
交互项							
新手×复杂性					-0.11	0.092	1.65
熟手×复杂性					-0.15*	0.031	1.81
理论家×复杂性					0.43***	0.000	1.26
专家×复杂性					0.05	0.728	1.17
F	5.23	0.002	21.95	0.000	38.67	0.000	
R^2	0.058		0.381		0.448		
ΔR^2			0.323		0.067		

注：因变量：组织绩效（***、**、*分别表示在 0.001、0.01、0.05 的水平上显著，回归系数均为标准化回归系数，VIF 为三个模型在回归过程中的最大 VIF 值）。

研究将高环境复杂性和低环境复杂性也按上下一个标准差分为高低两个群体，分别以熟手型战略决策模式和理论家型战略决策模式为自变量，市场进入者组织绩效为因变量，绘制趋势图以形象地表示市场动态性的调节作用，如图 5.18 所示。由图 5.18a 可知，在低复杂性的市场环境中，企业的战略决策模式在熟手型上的得分越高，其在目标市场中组织绩效越高，然而在高复杂性的市场环境中，熟手型战略决策模式会负向影响进入者的组织绩效，表明市场复杂性的调节作用明显。同样，由图 5.18b 可知，在任何的市场环境中，企业的战略决策模式在理论家型上的得分越高，其在目标市场中组织绩效越高，而在高复杂性的市场环境中企业的绩效提升幅度明显高于在低复杂性的市场环境，也表明市场复杂性的调节作用明显。

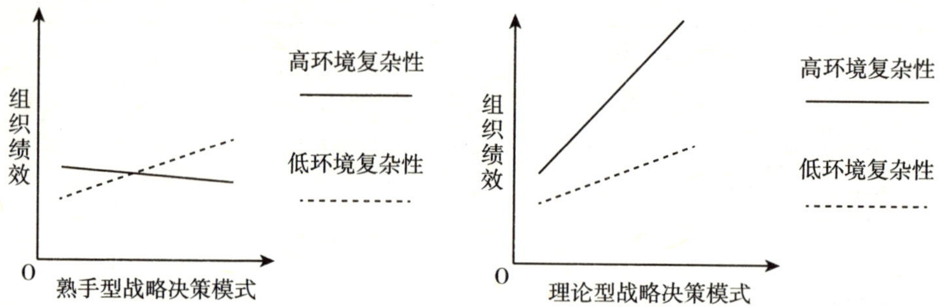

a　　　　b

图 5.18　环境复杂性的调节效应示意图

3. 环境宽松性的调节效应

环境宽松性的调节效应涉及对以下 1 个一级假设和 4 个二级假设的验证：

H6：环境的宽松性对战略决策模式影响组织绩效具有调节作用；

H6a：环境的宽松性负向调节熟手型战略决策模式的绩效提升作用；

H6b：环境的宽松性正向调节理论家型战略决策模式的绩效提升作用；

H6c：环境的宽松性负向调节理论家型战略决策模式的绩效提升作用；

H6d：环境的宽松性负向调节专家型战略决策模式的绩效提升作用。

研究为此也把 M_8 作为原始参照模型，依次构建了以市场进入者组织绩效为被解释变量的另外两个回归模型 M_{13} 和 M_{14}，其中 M_{13} 在 M_8 的基础上加入了解释变量战略决策模式和市场环境的宽松性，M_{14} 则在 M_{13} 的基础上进一步加入了环境宽松性和四种战略决策模式的交互项作为解释变量，由此来考察环境宽松性的调节效应。

表 5.10 呈现了上述三个回归模型的输出数据。从表 5.10 最右侧接近于 1 的 VIF 值可以表明研究已经通过对变量的中心化而避免了各模型的共线性问题。研究结果显示，相对于 M_8，在 M_{13} 中加入了战略决策模式之后，其解释变异量 R^2 为 37.6%，F 值显著，比 M_8 的解释变异量提高了 $\Delta R^2 = 31.8\%$。而在 M_{12} 中进一步加入了战略决策模式与环境宽松性的交互项之后，解释变异量 R^2 变为 43.3%，F 值显著，比 M_8 的解释变异量又提高了 $\Delta R^2 = 5.7\%$，说明上述变量间的交互作用对组织绩效的预测能力比单一的变量战略决策模式更强，此时环境宽松性对组织绩效不存在显著的影响，意味着环境宽松性具有完全的调节效应，即假设 H6 成立；其中环境宽松性与熟手型和专家型的交互项分别在

0.01 水平上和 0.001 水平上对组织绩效具有显著的负向影响，说明环境宽松性负向调节这两种战略决策模式的绩效提升作用，由此假设 H6a 和 H6d 成立，而环境宽松性与理论家型的交互项并未表现出统计显著性，由此可以拒绝假设 H6b 和 H6c。

表 5.10 环境宽松性对组织战略决策模式影响组织绩效的调节效应分析

	M_8		M_{13}		M_{14}		
	B	Sig	B	Sig	B	Sig	VIF
控制变量							
成立年限	-0.01	0.890	-0.06	0.486	-0.02	0.851	2.90
员工人数	0.05	0.558	0.10	0.158	0.11	0.129	2.20
销售规模	0.21*	0.048	0.14	0.126	0.09	0.288	3.18
解释变量							
新手			-0.46***	0.000	-0.40***	0.000	1.01
熟手			0.18*	0.023	0.16	0.087	1.99
理论家			0.50***	0.000	0.05	0.677	1.37
专家			0.22**	0.005	0.43***	0.000	1.19
宽松性			-0.10	0.175	0.07	0.478	1.87
交互项							
新手×宽松性					-0.02	0.736	1.35
熟手×宽松性					-0.27**	0.005	1.96
理论家×宽松性					0.19	0.055	1.14
专家×宽松性					-0.39***	0.000	1.27
F	5.23	0.002	21.499	0.000	37.91	0.000	
R^2	0.058		0.376		0.433		
ΔR^2			0.318		0.057		

注：因变量：组织绩效（***、**、*分别表示在 0.001、0.01、0.05 的水平上显著，回归系数均为标准化回归系数，VIF 为三个模型在回归过程中的最大 VIF 值）。

研究将高环境宽松性和低环境宽松性也按上下一个标准差分为高低两个群

体，分别以熟手型战略决策模式和专家型战略决策模式为自变量，市场进入者组织绩效为因变量，绘制趋势图以形象地表示市场动态性的调节作用，如图5.19所示。由图5.19a可知，在低宽松性的市场环境中，企业的战略决策模式在熟手型上的得分越高，其在目标市场中组织绩效越高，然而在高宽松性的市场环境中，熟手型战略决策模式会负向影响进入者的组织绩效，表明市场宽松性的调节作用明显。同样，由图5.19b可知，在任何的市场环境中，企业的战略决策模式在专家型上的得分越高，其在目标市场中组织绩效越高，而在高宽松性的市场环境中企业的绩效提升幅度明显低于在低复杂性的市场环境中的提升幅度，也表明市场宽松性的调节作用明显。

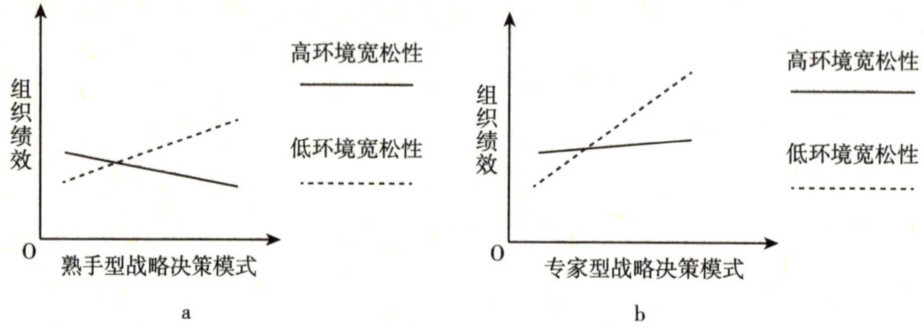

图5.19　环境宽松性的调节效应示意图

综合以上实证结果，表5.11总结了本书所有理论假设的验证结果。

表5.11　各项理论假设的验证情况汇总

假设	内　容	验证结果
中介效应的相关假设		
H1	市场进入者知识基础对组织绩效具有显著影响；	支持
H1a	市场进入者的知识宽度对组织绩效具有显著的正向影响；	支持
H1b	市场进入者的知识深度对组织绩效具有显著的正向影响；	支持
H1c	市场进入者的知识集中度对组织绩效具有显著的正向影响；	不支持
H1d	市场进入者的知识集中度对组织绩效具有显著的负向影响。	不支持
H2	市场进入者知识基础对战略决策模式具有显著影响；	支持
H2a	市场进入者知识宽度越宽，企业越有可能采用理论家型战略决策模式；	支持

续表

假设	内　容	验证结果
中介效应的相关假设		
H2b	市场进入者知识宽度越宽，企业越有可能采用专家型战略决策模式；	支持
H2c	市场进入者知识集中度越高，企业越有可能采用熟手型战略决策模式；	支持
H2d	市场进入者知识集中度越高，企业越有可能采用专家型战略决策模式；	支持
H2e	市场进入者知识深度越深，企业越有可能采用专家型战略决策模式。	支持
H3	战略决策模式对市场进入者组织绩效具有显著影响；	支持
H3a	熟手型战略决策模式能显著提高组织在目标市场中的组织绩效；	部分支持
H3b	理论家型战略决策模式能显著提高组织在目标市场中的组织绩效；	支持
H3c	专家型战略决策模式能显著提高组织在目标市场中的组织绩效。	支持
调节效应的相关假设		
H4	环境的动态性对战略决策模式影响组织绩效具有调节作用；	支持
H4a	环境的动态性正向调节熟手型战略决策模式的绩效提升作用；	支持
H4b	环境的动态性正向调节理论家型战略决策模式的绩效提升作用；	不支持
H4c	环境的动态性正向调节专家型战略决策模式的绩效提升作用。	支持
H5	环境的复杂性对战略决策模式影响组织绩效具有调节作用；	支持
H5a	环境的复杂性负向调节熟手型战略决策模式的绩效提升作用；	支持
H5b	环境的复杂性正向调节理论家型战略决策模式的绩效提升作用；	支持
H5c	环境的复杂性正向调节专家型战略决策模式的绩效提升作用；	不支持
H5d	环境的复杂性负向调节专家型战略决策模式的绩效提升作用。	不支持
H6	环境的宽松性对战略决策模式影响组织绩效具有调节作用；	支持
H6a	环境的宽松性负向调节熟手型战略决策模式的绩效提升作用；	支持
H6b	环境的宽松性正向调节理论家型战略决策模式的绩效提升作用；	不支持
H6c	环境的宽松性负向调节理论家型战略决策模式的绩效提升作用；	不支持
H6d	环境的宽松性负向调节专家型战略决策模式的绩效提升作用。	支持

5.5 研究结论和讨论

本章进行的子研究三首先围绕着第4章探索性案例研究中所识别的市场进入者战略决策制定过程的各项过程维度进行了量表的开发，并利用问卷调查法检验了“战略决策模式”这一核心构念的内部结构。基于对259家企业的有效样本数据的搜集和分析，笔者验证了市场进入者战略决策制定过程实际上可以反映为四种不同的战略决策模式，而这四种战略决策模式分别由四项过程性维度即知觉性表征、分析性表征、直觉性搜索和系统性搜索两两构成，因此根据高阶构念的内容和变异由低阶维度的内容和变异共同产生的理论（罗胜强和姜嬿，2008），实证研究能够通过测量这四项过程性维度来刻画市场进入者的战略决策模式。

在检验战略决策模式的中介效应方面，子研究三实际上是对前两项子研究由“分”到“总”的整合过程，即通过理论分析和实证研究进一步探讨和验证了反映市场进入者先前经验的知识基础对战略决策模式的作用关系以及战略决策模式对市场进入者组织绩效的作用关系。实证结果表明，组织层面知识基础的宽度会通过提高市场进入者采用理论家型战略决策模式和专家型战略决策模式的可能性而提升其在目标市场中的组织绩效，得益于战略决策制定者从知识基础中提取与市场有关的陈述性知识进行分析性表征的过程。这也在一定程度上解释和验证了 Hambrick 和 Mason（1984）的高层梯队视角所提出的高层管理团队的异质性程度能够影响组织绩效的研究假设，事实上，这种在年龄、任期和专业背景等方面的异质性的作用体现在使作为战略决策制定者的高层管理团队成员具备多种信息搜集的途径和多种信息分析的视角，因而有助于企业对目标市场形成更深层次的理解，从而提高战略决策的理性程度和决策质量（Amason & Sapienza，1997；Wiersema & Bird，1993）。

本书发现知识基础的深度主要通过提高市场进入者采用专家型战略决策模式的可能性而提升其在目标市场中的组织绩效。从测量量表的题项可以看出，知识深度主要由作为战略决策制定者的高层管理团队的学历水平和任期所反映，其中 Tihanyi 等（2000）的研究发现，高层管理团队成员的平均学历水平越高，其在战略决策制定过程中所识别和获取的有效信息就越多，就越有可能制定对企业发展有利的战略决策；而 Finkelstein 和 Hambrick（1990）的研究则发现，高层管理团队成员的平均任期对战略决策和绩效也有显著影响，平均任期越长，他们在制定战略决策时的内部冲突越少和沟通越强，所能参考和利用的流程和资源就越多，使得战略决策的效率越高，体现为一种稳定的组织惯例。因此，知识深度对于市场进入者的作用就在于使战略决策制定者能够从知识基础中提取大量的陈述性知识和程序性知识而在战略决策制定过程中分别运用第Ⅱ类启发式的分析性表征和第Ⅰ类启发式的直觉性搜索来提高决策的速度和质量。

实证结果并未支持知识基础的集中度对市场进入者组织绩效具有显著影响的研究假设，但是却验证了具有较高知识集中度的市场进入者更倾向于采用以直觉性搜索过程为特征的熟手型或专家型战略决策模式，这是因为这些企业通常在先前较为狭窄的市场运作中积累了大量的资源和能力，继而通过一种路径依赖性的“资源概念化”过程影响战略决策制定者的决策制定（Kunc & Morecroft, 2010），使其直觉性地倾向于选择与已有的资源和能力有关的决策备选项（Bettis & Prahalad, 1995）。而本书的实证结果也正反映了决策制定过程中采用直觉的“速度—准确性”博弈（Ruder & Bless, 2003；Woolhouse & Bayne, 2000），即在大多数情境下直觉是对决策效率有帮助的，但是也可能因为由决策制定者专业领域的有限性和价值系统所产生的选择性知觉所带来的认知偏差（Adner & Helfat, 2003），而在市场进入情境中，直觉性搜索的作用还依赖于战略决策制定者关于目标市场的问题表征的质量，如果市场进入者通过既有惯例运用了不符合于市场需求的资源和能力时，反而可能对组织绩效产生负面的影响。

在检验市场环境特征的调节效应方面，子研究三则是对前两项子研究进行了拓展和补充，即验证了各种战略决策模式对于组织绩效的作用在不同市场环境中实际上存在着显著的差异，这也解释了为何进入不同产业市场或者在不同时机进入同一市场的企业会面临着不一致的竞争态势和可行性策略选择（Durand & Coeurderoy, 2001）。而与以往对战略决策制定过程的研究不同，本书综合考虑了市场环境的三方面特征因素，这种维度的细分更有助于我们理解市场进入者对战略决策模式的选择的权变性。其中，在动态性的环境中，实证结果显示熟手型战略决策模式和专家型战略决策模式更能够使市场进入者获取有利的竞争位置，以往研究指出市场发展的早期阶段充斥着从相关市场而来的多元化型进入者（Carroll et al.，1996；Klepper，2002b），这种“先动优势”归因于多元化型进入者所能够利用的相关的资源和能力，而在本书中则反映为这些市场进入者借助于直觉性搜索过程来制定战略决策，对应于子研究一中所阐释的熟手型进入者和专家型进入者能够利用第Ⅰ类启发式获取较高水平的短期绩效，从而在动荡的市场环境中存活并向在位企业变迁（Chen et al.，2012）。

然而理论家型战略决策模式对组织绩效的提升作用在动态的市场环境中并未得到增强，原因可能在于 Hough 和 White（2003）所指出的“在不稳定环境中新的但是相互矛盾的信息会延缓理性的决策过程并对绩效产生负向的影响作用”，而在稳定的环境中，战略决策制定者反而更能够识别市场环境中关键的信息而使得理性决策过程有助于提高决策质量。

而采用理论家型战略决策模式的市场进入者的竞争优势在复杂的市场环境中却尤为凸显，这就能解释许多高技术产业主要由知识密集型企业所构成，并为潜在的创业型进入者尤其是衍生型进入者提供了大量的创新机会和市场空间（Zhou & Li，2012；Chatterji，2009），在这样的市场环境中，企业的成功在于战略决策制定者基于已有的具备一定生态效度的心智模型构建了关于目标市场的分析性表征（吉戈伦尔，2002），而这种对各项因果关系的准确理解能够在战略规划、执行和评估期间有助于提高决策的质量，使战略决策制定者在竞争地形图上识别有前景的区域从而获得较高的绩效（Gary & Wood，2011）。相反，环境的复杂性削弱了熟手型战略决策模式的绩效提升作用，而专家型战略决策模式在复杂环境中的作用也并未得到增强，是因为采用这两种战略决策模式的市场进入者通常受限于已有的产品技术和客户需求，缺乏对多种技术或产品构造进行探索和试验（Sanderson & Uzumeri，1997），因此无法通过这种系统性搜索的方式对具有复杂关联的各种子系统之间的相互协作进行有效的架构性调整和变革（Herderson & Clark，1990），从而逐渐失去在市场中的竞争地位（Dowell，2006）。

环境的宽松性是以往研究最常忽视但是又非常重要的一项环境特征维度，实证结果显示，在宽松的竞争环境中，专家型战略决策模式和熟手型战略决策模式能够使企业获得的绩效优势被显著地减弱，这是因为市场环境为采用新手型战略决策模式的市场进入者提供了大量的可用资源和存活空间，使其能够通过系统性搜索的方式逐步提升组织的绩效，这与子研究一中新手型进入者在长期能逐渐缩小与其他类型进入者的绩效差距甚至超过熟手型进入者的仿真结果相一致。对这一现象的解释还可以从环境的宽松性相对的构念即环境的竞争性角度出发，而市场环境对潜在进入者的竞争威胁程度实际上与产业组织理论中对进入壁垒的研究有关（Demsetz，1982），在具有较高进入壁垒的市场中，大部分研究者认为市场进入者需要采用相对保守的低成本战略来应对有限的资源的约束，而无须考虑监视和探索客户的需求的变化（Miller，1991），因此，这样的市场环境对采用专家型战略决策模式和熟手型战略决策模式的多元化型进入者是有利的；当然也有一些研究者指出在竞争程度较高的市场环境中，创新冒险的进取型战略如产品差异化战略也能够获取较高的绩效（Covin & Slevin，1989），而本书发现理论家型战略决策模式对绩效提升的作用并未受到市场竞争性的影响，因此笔者认为产品差异化战略的有效性在于市场进入者通过分析性表征识别了正确的产品创新和市场开拓的路径。

以此，作为本书的最后一个子研究，本章的实证分析完成了对市场进入者先前经验和战略决策制定过程的解释和整合，提出并验证了企业层面的知识基础通过影响市场进入者对战略决策模式的选择而间接影响其在不同市场环境中的组织绩效的理论模型。

第6章

结论与展望

在商业环境日益复杂和动态的背景下，市场进入成为企业需要频繁面对的一项战略情境，面对充斥着模糊性和不确定性的各类新市场的响应实际上是企业“动态能力”的一种体现，正如Eisenhardt和Martin（2000，P.1107）定义企业的“动态能力”是“企业的一种组织性的和战略性的惯例以能够在市场形成的时候获得相应的资源形态”一样，这些能力既能够促进也能够限制企业进行变革，因为它们建立在组织经验的基础上而不是通过市场交易而来（Teece et al. 1997，P.528），即产生这种能力需要足够的先前经验使得各种与生产和组织有关的知识融入“一种新模式的活动和‘惯例’”中（Foss & Langlois，1997，P.18），帮助企业整合、重构或者建立和利用新资源（Helfat & Raubitschek，2000；Henderson & Cockburn，1994；Sull，1999）。因而企业在新市场中基于资源运作的能力是以惯例的形式，对能力的发展则需要意图性和深思熟虑（Dosi et al.，2000，P.12），而这种有意识的能力发展涉及企业在进入市场时对一系列战略性决策的制定，如进入怎样的市场、何时进入到市场、在市场中采用什么样的组织形式和运作模式等。

战略领域的研究者们发现市场进入者最初制定的各项战略决策会决定和限制企业此后很长一段时间的发展演化，继而影响其在市场中的成功和失败（Aldrich，1999；Boeker，1989；Cardinal et al.，2004；Eisenhardt & Schoonhoven，1990；Kimberly & Bouchikhi，1995）。然而，以往的理论研究和实证分析却很少关注于这些关键性的战略决策的来源以及决策制定的过程，也并未充分地解释为何面临着相同市场环境的企业会构想出并最终选择一系列不同的战略决策。为此，本书对企业市场进入这一主题的研究上从传统的“能力观”转向了“战略观”，并且从探讨战略决策的内容转向了探讨战略决策的过程。

基于对已有文献的回顾，本书采用了自变量“先前经验”和中介变量“战略决策模式”来解释市场进入者的绩效差异，而正因为需要理解经验如何影响战略决策制定过程，本书求助于认知心理学中与人类问题解决有关的知识结构和启发式两项基本概念。其中知识结构被定义为“反映关于一项构念或刺激类型的知识的认知结构，包含了其属性和属性之间的关系”（Fiske & Taylor，1991：98），在组织层面，企业在某一领域的知识相关性也会随着在此领域运作和发展的经验会不断提高（Howell，1973；Lurigio & Carroll，1985），一项知识结构开始于一些不相关联的知识成分的聚集，这些知识成分之间的关系和联结则由额外的经验形成，以产生式规则的性质联结的知识结构构成了内隐性的程序性知识，而以认知图式的性质联结的知识结构就构成了能够进行外显提取的陈述性知识（Grant，1996；Spender，1996）。当先前经验进一步增加时，企业会获取更多的知识成分并建立更多的成分间关联，于是企业的知识结构就从简单的状态到整合的状态，使得面对特定任务的问题解决方式也随之发生变化。

而在市场进入情境中，本书假定企业以问题解决为特征的战略决策是一项由基于先前经验的各种知识结构和记忆功能驱动的启发式过程。启发式是当信息、时间和加工能力有所限制时出现的一种认知捷径（Newell & Simon，1972），即企业在市场环境中通常会面临无限的决策备选项，行为决策理论的“有限理性”则强调战略决策制定者是认知受限的个体（March & Simon，1958），他们不能深思熟虑所有的可能性决策备选项和决策结果，而更可能考虑与他们过去经验相关的那部分决策备选项，甚至在那些已有知识并不足以制定高质量的决策的情境中（Wiley，1998）。因而市场进入者已有的知识结构（例如关于客户、供应商、地理位置、技术、设备和最佳实践的知识）就会使其借助于各种启发式——利用部分信息而忽视其他信息的经验法则来制定战略决策（Butler & Sherer，1997；Ward，2004）。特定的，遵循于认知心理学中对启发式的不同研究范式（Tversky & Kahneman，1974；Gigerenzer et al.，2011），本书界定了两种类别的启发式过程，即由程序性记忆驱动的第Ⅰ类启发式和由陈述性记忆驱动的第Ⅱ类启发式，依赖于第Ⅰ类启发式的战略决策制定者会直觉性地选择与知识结构中已有的程序性知识相匹配的一部分战略决策，而通过第Ⅰ类启发式战略决策制定者则能够有意识地提取知识结构中已有的陈述性知识来分析和理解市场环境中各项特征信息的重要性，并依据其中一些相对重要的特征信息进行战略决策的评估和选择。

上述两种类别的启发式的界定使本书能够进一步基于问题解决视角来区分市场进入者四种不同类型的战略决策模式——分别是新手型、熟手型、理论家型和专家型，并通过第 4 章的探索性多案例比较研究识别和界定了构成这四种战略决策模式的各项过程维度，包括知觉性表征、分析性表征、直觉性搜索和系统性搜索。自此，本书经过对核心构念“战略决策模式”的构成结构以及与其他构念相互间的作用关系的深入认识逐步发展和完善了第 3 章中所提出的理论框架，如图 6.1 所示，并分别通过仿真研究、案例研究和问卷调查研究验证了市场进入者战略决策模式在先前经验（知识基础）与组织绩效之间具有的中介效应以及市场环境特征的调节效应。而在本章中，笔者将梳理本书通过理论建构和各项子研究的开展所取得的主要结论和现实意义，并对相应的理论进展和研究局限进行讨论，从而在此基础上提出未来研究的可能方向。

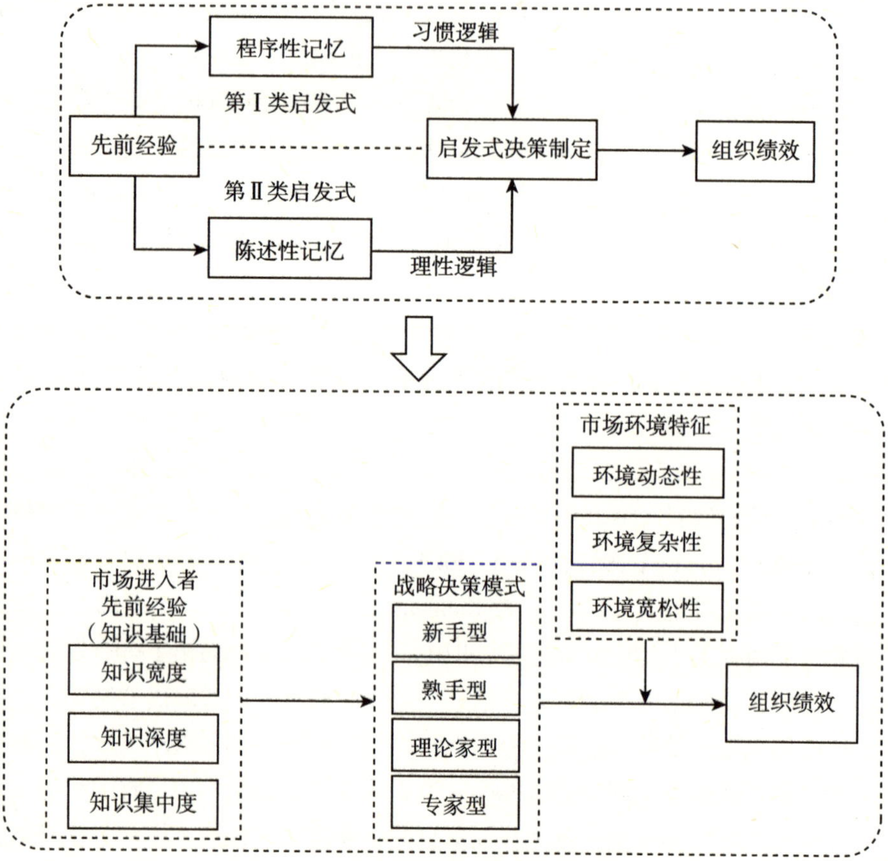

图 6.1　本书基本理论认识的建立和发展

6.1 主要结论和现实意义

本书得出的结论主要体现为以下几点：

（1）市场进入者的战略决策制定过程在本质上遵循于问题解决的启发式，而启发式所基于的不同的信息加工方式将影响战略决策的效率和质量。

在市场进入情境中，企业内部的战略决策制定者如同问题解决者一样对来自不可预测的市场环境中的各种信息进行处理和加工（Simon et al.，1987），他们会依赖于各种启发式来建立由不完全信息构成的问题表征以及基于有限的注意力选择性地关注问题表征中的一部分战略决策备选项，以此来提供符合“满意原则”的解决方案。而从决策制定的双重认知加工模型入手（Stanovich & West，2000；Evans，2008），笔者认为上述过程会分别受到组织层面内隐性的程序性记忆和外显性的陈述性记忆的作用，由此区分了代表元启发式的知觉性表征和系统性搜索、代表第Ⅰ类启发式的直觉性搜索以及代表第Ⅱ类启发式的分析性表征这四项市场进入者战略决策的过程维度，其中知觉性表征和直觉性搜索基于的是由程序性记忆驱动的无意识的自动性信息加工方式，而分析性表征和系统性搜索则是由陈述性记忆驱动的有意识的主动加工过程。

通过对 Gavetti 和 Levinthal（2000）基于 NK 模型的仿真研究的借鉴和拓展，本书第 3 章设计的各项仿真实验的结果表明基于不同信息加工方式的启发式决策制定过程决定了战略决策的效率和质量，由于仿真实验所设置的市场环境是静态的，笔者分别使用短期绩效和长期绩效两项指标来观察不同类型的战略决策模式对市场进入者组织绩效提升的速度和幅度的作用。其中元启发式对绩效提升的速度最为缓慢，但通过全面性地试验大量的战略决策备选项却在一定程度上保证组织绩效最终所能达到的较高水平，使得新手型进入者（即采用新手型战略决策模式的企业，下同）呈现最低的短期绩效和较高的长期绩效；第Ⅰ类启发式和第Ⅱ类启发式在短期内对组织绩效的提升均具有显著的正向作用，分别得益于自动加工的第一系统过程的快速性以及拥有一定生态效度的心智模型的企业构建问题表征的准确性，然而第Ⅰ类启发式由于忽视了许多重要的决策备选项而制约了市场进入者长期的绩效发展，因而一般情况下仅采用第Ⅰ类启发式的熟手型进入者长期绩效最低；相反，利用第Ⅱ类启发式的理论家型进入者会始终沿着相对正确的路径搜索可行的问题解决方案，因而其在静态的市场环境中最终能够获取的长期绩效水平是最高的。由第Ⅰ类启发式和第Ⅱ类启发式共同构成的专家型战略决策模式则会同时发挥两类启发式的长处，专家型进入者会分别通过自动加工和主动加工来获取较高水平的短期绩效和长期绩效。上述仿真结果也在第5章进行的问卷调查研究的数据分析中得以证实，即理论家型战略决策模式和专家型战略决策模式对市场进入者在目标市场中的组织绩效具有显著的正向作用，而熟手型战略决策模式对组织绩效的正向作用则并不显著，是因为这种战略模式仅有助于短期绩效的提升。

（2）市场进入者在目标市场中竞争优势的根本来源在于其在先前经验中积累的相关知识，其中企业知识基础的宽度、深度和集中度会影响市场进入者对不同类型战略决策模式的选择。

本书最初提出的理论框架假定战略决策制定者从企业先前经验中提取的与目标市场相关的两种类型的知识——陈述性知识和程序性知识构成了其运用不同类别的启发式进行战略决策制定的基础（Edmondson et al. 2003；Tucker，2007），并最终影响市场进入者的组织绩效。而第4章的案例研究对多个市场进入案例的分析结果也支持了这一理论命题，笔者发现拥有“知道怎么样”（Know-how）的程序性知识（如关于如何利用已有生产流程、采用特定销售方式的知识）的市场进入者会倾向于使用自动加工的第Ⅰ类启发式进行直觉性的解决方案搜索；而拥有“知道是什么”（Know-what）和“知道为什么”（Know-why）（如对于聚焦的产品技术和客户类型的有意识的看法）则倾向于使用主动加工的第Ⅱ类启发式进行分析性的问题表征，而处于生命周期不同发展阶段的同一企业进入各类市场中所呈现的绩效差异就在于其在先前经验中所积累的知识类型和相关性程度的异质性。

为此，本书在第5章基于上述理论框架构建的实证模型就将企业知识基础作为检验先前经验作用的代理变量，并通过知识基础的宽度、深度和集中度三个维度来检验市场进入者战略决策模式的中介效应，实证结果指出，较宽的知识基础使市场进入者能够拥有丰富的陈述性知识从而提高其采用理论家型和专家型战略决策模式的可能性，较为集中的知识基础则使市场进入者能够拥有大量的程序性知识而提高其采用熟手型和专家型战略决策模式的可能性，而具备较深的知识基础的市场进入者则会因为能够同时从中提取相关的陈述性知识和程序性知识而更可能采用专家型战略决策模式，这种组织特征的异质性对战略决策模式的选择倾向性的显著影响也因此成为市场进入者在目标市场中获得竞争优势的根本来源。

（3）各种类型的战略决策模式对组织绩效的提升作用在不同市场环境中存在显著的差异性。

与以往一些研究所强调的企业的成功在于“在合适的时机以合适的竞争策略进入到合适的市场”的观点一致（Robinson et al.，1992；Durand & Coeurderoy，2001），本书的实证研究结果也发现市场进入者在目标市场中的组织绩效水平高低还取决于其采用的战略决策模式与不同产品市场以及市场发展不同阶段所呈现的环境特征之间的匹配性，例如，在与本书仿真研究设定的静态市场地形图类似的一些传统产业市场中，市场环境一般会提供大量的可利用资源和信息而允许企业尝试多种备选产品和营销手段来改进绩效，因而这种市场环境的宽松性和稳定性使采用新手型战略决策模式的创业型市场进入者也能得以存活和发展，并不断缩小相对于采用其他三种战略决策模式的市场进入者的绩效差距；而相反在其他由重大技术变革形成的新产品市场的初生时期（Anderson & Tushman，1990；Utterback & Suarez，1993），市场动态性的逐渐增强要求进入其中的企业能够采用快速有效地行动来克服频繁发生的技术变革所带来的成长性阻碍（Chen et al.，2012），使得熟手型战略决策模式和专家型战略决策模式在提升短期绩效方面的优势得以显现；而当这类市场逐渐趋向于以主导设计为特征的增量变革时期，市场中的竞争通常基于对相互关联的各方面特征信息的分析和处理，即需要市场进入者克服自身以及市场中已有的一些认知惯性而识别和理解能够进一步提高产品质量和可靠性的技术特征、吸引特定客户群体的产品属性以及其他一些关键性的外围特征（Utterback，1994），因此理论家型战略决策模式相对于其他战略决策模式更为适用于这种复杂性程度较高的市场环境。总而言之，市场环境特征在一定程度上促进或制约了各种类型战略决策模式对组织绩效的提升作用。

上述这些研究结论对现实中各种不同类型的企业在市场中的运作和实践起到一些重要的理论指导作用。

首先，为企业如何构建自身的知识基础提供了理论指导。本书的实证研究结果表明，在一般情况下，知识基础的宽度和深度相比较于集中度对企业在新市场中的创新和发展更为重要，即更有助于从中提取相应的知识来应对日趋多样性的产品技术和不断变化的市场环境，因此，企业一方面应注重于吸收一些高学历并且拥有异质性知识背景的人才，并且通过建立各类沟通渠道和培训方式加强项目组或决策团队中成员之间的信息交互和知识共享；另一方面需要尽可能避免在较为局限的产品和技术领域的停滞，而是努力提高自身的产品线的拓展范围和研发强度以及寻求在各类产品技术领域的涉入和发展。

其次，分别为多元化型企业和创业型企业在市场中的竞争策略提供了理论指导。对于多元化型企业来说，为了较早地进入与自身发展相关的市场而获取一定程度的先动优势，可以在短期内主要依靠熟手型战略决策模式来整合和利用已有的资源和能力以快速地占有尽可能多的市场份额并且建立相应的进入壁垒；然而随着市场中竞争者的逐渐增多，为了避免因为主导技术的出现或变更被其他晚进入者所取代，多元化型企业需要转向专家型战略决策模式或者理论家型战略决策模式（如采用母公司衍生的形式）来及时地调整或脱离当前的技术路径。而对于创业型企业来说，对市场特征的正确理解以及对相应的市场机会的有效地识别和把握是其能够存活的关键所在，因此企业需要尽可能地采用理论家型战略决策模式而非新手型战略决策模式，即放弃对市场信息的广泛性搜索而是注重于通过经验学习或代理学习对潜在的关键的信息进行提取和分析，在这一过程中，创业型企业还需要致力于不断地试错和反馈来构建自身的知识目录和组织惯例，以能够在市场中逐渐向更为高效的专家型战略决策模式发展。

最后，为企业在不同市场环境中的战略决策提供了理论指导。本书指出市场环境特征在一定程度上决定了各类战略决策制定过程所能发挥的作用，其中企业依赖于标准化决策范式的信息搜索、环境诊断和决策备选项生成和评估的全面性战略决策制定过程仅在稳定且宽松性的市场环境中能够获取较高质量的战略决策，而在许多情境中并非是有效率的甚至会带来负向作用，例如，当企业处于持续动荡的产品市场或产业发展阶段时，就有必要更多地利用直觉性的决策方案搜索和判断过程；而当面对较为数量庞大并且复杂的市场信息时，分析理性就显然尤为重要。本书在这两方面的研究发现其实表明了企业需要在战略决策制定过程摒弃僵化的组织流程，合理地利用基于特定知识结构的启发式来针对市场中部分有效的信息进行选择性地关注和利用，以减少战略规划涉及的认知资源并降低战略执行涉及的组织成本。

6.2

理论进展、局限性和研究展望

本书的理论建构和研究结果具有以下几方面的理论贡献。

(1) 基于行为决策理论的问题解决视角揭示了企业的战略决策模式。

本书主要贡献于卡耐基学派行为决策理论的发展，行为决策理论的核心在于强调组织决策制定中的“有限理性”，但是在以往的理论建构中，无论是最初的“满意原则”模型（March & Simon 1958），还是基于行为决策理论发展起来的演化经济学所提出的“组织惯例”（Nelson & Winter，1982）都“呈现出脱离于企业决策制定的概念发展和思想转变”（Gavetti et al.，2007，p529），其主要原因就是过分强调企业决策制定的以惯例为中心的“习惯逻辑”而忽视了以心智为中心的“理性逻辑”。

反观认知心理学和神经科学对个体问题解决的大量研究，则为组织层面的决策制定研究——特别是在以“战略领导者”为主导的战略决策情境（Gavetti，2011）提供了许多值得借鉴的理论成果。在本书中，笔者引入了“启发式”这一个体问题解决中的重要概念和与之相关的研究范式和形式模型来揭示市场进入者的战略决策模式，以往许多认知心理学研究仅把启发式看作是产生直觉性偏差的理性过程的低劣的替代物（Piattelli - Palmarini，1994；Tversky & Kahneman，1974），战略领域的大部分文献也采用了这一消极性的观点（Busenitz & Barney，1997；Holcomb et al.，2009），使得启发式成为非理性行为和战略失败的解释。而相反，基于其他一些认知心理学研究的观点（Gigerenzer，2008；Gigerenzer et al.，2011），本书强调了基于“有限理性”的启发式也可以是一种由理性逻辑驱动的决策制定过程，其作用并非仅仅在于减少战略决策制定者的认知努力，也可能为战略行动提供较高程度的准确性的保障，即战略决策制定者有能力通过先前的学习和知识的积累在各类市场中建立与解决关键问题相关的一些启发式，以避免将注意力集中于并不相关的其他细节之上而影响所考虑的战略决策方案的质量（Wilson & Schooler，1991）。因此，对启发式这一概念的深入探讨和重新阐释使我们更为全面地揭示了企业战略决策制定过程的全面性、分析性以及直觉等不同形式的信息加工方式，弥补了已有研究所存在的不足。

然而行为决策理论在关联个体心理和组织战略方面还需要长远的探索，战略管理的一大显著特征就在于对集体行为的研究，在本书中，由于主要强调战略决策制定中“战略领导者”的个体心理特征的影响，笔者在一定程度上忽略了团队层面和组织层面的从个体认知到社会认知的形成和作用过程，尤其当研究对象是大型的集体决策的企业组织或是需要重点研究战略决策的执行过程时。因此今后的研究需要进一步致力于解释个体或团队的心智过程如何通过各种心理学或社会学机制影响组织层面的战略决策制定和执行。

（2）基于知识基础观分析了“先前经验”的内容、维度和作用过程。

本书主要基于企业的知识基础观（KBV）而非传统的资源基础观来解读市场进入者先前经验的作用，从而拓展和补充了以往关于市场进入行为的研究仅仅对企业进入前资源和能力的作用的关注和探讨，由此也能够解释为何一些并不具备上述资源和能力的创业型进入者也能在新市场中获取有利的竞争位置。笔者指出先前经验会使企业获得可用于提取、转移和加工的组织层面的两种类型的知识，从而影响其在新市场中的战略决策选择。其中市场进入者运用已有资源和能力的组织惯例被看作是企业通过相关市场领域的运作积累的组织层面的一种程序性知识，而市场进入者在战略决策制定过程中形成的关于目标市场的心智模型则反映了企业内部的战略决策制定者通过先前的外显性学习习得的陈述性知识。

本书的研究结果显示，这两种类型的知识对企业进入市场后的成功性产生了不一致的影响。首先，通过在较为狭窄的特定领域集中发展而积累的程序性知识是企业利用直觉进行快速有效的决策判断的基础，在市场进入情境中就表现为多元化型进入者借助于“资源杠杆”在短时间内取得一定的竞争优势，得益于对既有惯例的运用所产生的自动性的认知效能；然而从长期来看，与已有研究指出默会性的程序性知识的应用会导致学习近视（Levinthal & March，1993）和能力陷阱（Levitt & March，1988）相一致，本书发现市场进入者对既有惯例的依赖会制约其在目标市场中的开拓和发展，使得战略决策制定者缺乏对不适用的资源和能力的反思而导致对市场环境的不完全理解，继而产生对竞争优势不利的路径依赖性和组织惯性。研究结果还显示，市场进入者可达到的绩效水平也取决于其最初拥有的可利用的既有惯例的相关性，相关性处于中等水平的多元化型进入者会遭遇较大的发展瓶颈，其组织绩效显著低于相关性较高和相关性较低的多元化型进入者，这一研究结果暗示了基于资源基础观的企业的相关多元化并不一定优于非相关多元化，由此为企业多元化的研究提供了一项值得进一步探讨和验证的研究命题。

其次，组织层面的陈述性知识则构成了市场进入者获取持续性竞争优势的来源。在市场进入情境中，以往研究也指出拥有较宽知识基础的企业家或创业团队（通才型而非专才型）会成为更为善于思考的战略决策制定者（Lazear, 2004），归因于他们能够基于宽泛性和异质性的先前经验构建在目标市场中具有一定生态效度的心智模型，这种外显性的知识结构不仅有助于市场进入者在短期内识别和利用存在较好发展前景的市场机会，还能对由直觉性搜索过程产生的各项战略决策进行有效地调整，从而降低既有惯例对长期的绩效提升所施加的限制。然而，研究结果也表明，当企业在先前经验中积累的与目标市场有关的陈述性知识的数量和范围较为有限时，其在市场进入时形成的与市场环境不匹配的心智模型反而会威胁到企业的生存。事实上，心智模型已经成为战略认知研究领域研究的核心内容（Hodgkinson & Healey, 2008；Kaplan, 2011），许多研究者致力于识别和测量不同企业和战略团队的心智模型的异质性（Osborne et al., 2001），然而很少有研究揭示心智模型准确性和战略决策所产生的绩效之间的关系（Gary & Wood, 2011）。因此，本书的研究结果为战略认知研究提供了一个新的论点，即今后的研究需要更为关注于对心智模型准确性的探讨。

（3）利用仿真研究方法探索了企业在市场中的演进过程。

企业的建立、发展、变革和消亡是一项动态性的复杂过程，以往的实证研究往往仅局限于探讨和验证这些组织过程的前因和结果之间的关系，然而许多研究者却认为，组织理论研究不应陷入常规性的理论视角，这是因为企业组织本身是非常复杂的自适应系统（Daft, 1992），内部各要素通过反馈回路网络互相影响，使得其演进过程会呈现一些非线性的特征，即略微改变某一两个系统参数都可能导致整个系统的行为发生急剧的变化。

为此，在本书理论建构的过程中，笔者在开展进行关系验证的实证研究之前首先采用了基于复杂系统理论的仿真研究方法来观察和分析企业进入新市场后的演进过程。一方面，复杂系统理论核心思想是“适应性造就复杂性”（霍兰, 2000），即从生物的进化规律出发，研究系统复杂性的起源，并运用适应性主体的概念将微观和宏观世界联系起来（陈禹, 2003），在微观方面，主体能够在与环境及其他主体的交互作用中不断学习并根据学习到的经验改变自身的结构和行为方式以更好地在客观环境中生存，体现出它的适应性；而在宏观方面，在主体与环境的交互作用中使整个系统表现出复杂的演变和进化过程。由此本书利用在复杂系统理论的基础上发展的NK模型和适应度地形理论，将企业组织看作与生物有机体类似的适应性主体，即由内部各项相互关联的决策构成（类同于生物基因）的集合体（Levinthal，1997），而相同市场环境中不同企业的区别在于其决策选择的差异以及由此导致的组织绩效（适应度）的异质性，而企业的演进则是其不断地改变决策输入以获得更好的绩效输出结果的过程。

另一方面，仿真研究被看作“演绎逻辑和归纳逻辑之外的第三种科学研究范式”，这种方法让很难用数学关系表达的演绎问题利用计算机来进行处理；并且通过产生定量的研究数据，部分地克服了经验分析（归纳研究）中长时段数据可获得性的问题，也避免了案例研究和问卷调查研究中普遍存在的回溯性偏差和社会称许性偏差，因此能够更为准确地反映客观事实。在本书中，笔者基于通过理论演绎方式提出的理论框架，借助于Gavetti和Levinthal（2000）构建的仿真模型模拟了在目标市场中具有不同的初始条件和战略决策制定过程的市场进入者，继而在较长的时间序列上清楚地观察到这些市场进入者随着时间的演化路径和组织绩效变化，从而克服了横截面数据所带来的局限性。

而在实际开展的仿真研究过程中，本书构建的仿真模型也对NK模型进行了拓展，与生物基因的随机性进化方式不同，市场进入情境中企业的战略决策制定和能力发展体现了一种人类特有的理性的特征，因此，笔者在基于生物学范畴建立的NK模型中设置了一些新的参量，强调战略决策制定者可能会对环境中的某些特征信息产生一定的偏好，尤其能够识别具有较高效度的架构性决策，即NK模型中影响较多数量决策的上位决策。而通过这些设置，本书也在Gavetti和Levinthal（2000）的基础上更为具体细致地模拟了组织层面的程序性记忆、陈述性记忆和基于问题解决视角的战略决策制定过程。

本书在研究构思和研究方法等方面也不可避免地存在一些不足，也为未来的研究指引了方向。

首先，在实证研究部分，本书对与市场进入者先前经验有关的组织知识的测量采用了代理测量的方法，即由于缺乏成熟的量表，并未直接针对理论框架中企业战略决策制定过程所涉及的组织层面的陈述性知识和程序性知识进行测量，而是通过知识基础的宽度、深度和集中度来反映企业所积累的这两种类型的知识，这种代理式的测量方法也必然会对原始概念产生一定的描述性偏差。考虑到基于双重认知加工理论的上述两种知识类型对于理解和阐释组织创新和变革过程的重要性，进一步的研究可通过探索性案例或对历史数据的分析来尝试于更为深入地揭示和探讨其内涵和特征，并在此基础上开发关于企业所拥有的组织层面的陈述性知识和程序性知识的测量量表。

其次，本书最初提出的理论框架并未包含市场环境特征这一变量，使得最先开展的子研究一的仿真研究将企业所进入的市场环境设定为极端静态的适应度地形图，而此后的案例研究和问卷调查研究的结果均强调了市场环境在动态性、复杂性和宽松性等维度方面会影响市场进入者各种类型的战略决策模式的效果，因此，笔者设想可以在仿真实验中设定一些参数来刻画上述几项市场环境特征，继而观察新手型、熟手型、理论家型和专家型进入者在各种不同类型的地形图上的演进过程，以佐证或修正本书的研究发现。此外，以往一些战略决策制定过程的研究也将市场环境特征作为战略决策制定过程的前因因素之一，即面对不同的战略情境中企业的战略决策模式也会存在一定的差异，而本书仅仅考察了其在企业市场进入过程中所具有的调节效应，所以未来研究有必要在此基础上建立关于企业战略决策制定过程更为全面的理论模型。

最后，在案例研究中，本书发现所研究的两家企业万事利集团和泛城科技有限公司随着在各类市场中的运作和先前经验的积累，其战略决策模式会根据相关知识的获取或者战略主体的变更而逐渐发生变化，即从新手型战略决策模式分别沿着不同的演进过程由熟手型或理论家型战略决策模式最终向专家型战略决策模式转变；而在问卷调查研究中，本书也指出，即使在同一市场中，企业的战略决策模式也并非单一的，只是侧重于特定的类型而已，由此说明上述四种类型的战略决策模式之间并不存在明显的界限，而是可以通过组织学习的过程互相转化，与个体层面的专长技能的发展类似。因而这些研究结果为未来研究提供了启示，即可以借助于对个体层面的专长技能获得和专家培养的相关理论来探讨企业如何在处理各种决策任务的过程中进行刻意性地组织学习而能够使其战略决策制定过程向匹配于相应的战略情境的战略决策模式类型发展。

译名对照表

A	
Agarwal	阿加瓦尔
Aldrich	奥尔德里奇
Amason	亚马逊
Amit	阿密特
Anand	阿南德
Andersen	安徒生
Andrews	安德鲁斯
Argote	阿戈特
Argyres	阿吉里斯
Arthur	亚瑟
Ashmos	阿希莫斯
Atuahene-Gima	阿图赫尼－吉马
Audia	奥迪亚
B	
Bain	贝恩
Baker	贝克
Balakrishnan	维文
Bamford	班福德
Barnes	巴恩斯
Barnett	巴尼特
Barney	巴尼
Baron	巴伦
Barr	巴尔
Barry	巴里
Baum	鲍姆
Becker	贝克尔
Beckman	贝克曼
Benner	班纳
Berg	贝尔格
Berry	贝里
Bettis	贝蒂斯
Bhide	拜德
Bierly	比尔利
Bingham	宾厄姆
Binmore	宾默尔
Boeker	布勒克
Bogner	博格纳
Bolton	鲍顿
Boulding	博尔丁
Bourgeois	布儒瓦
Dosi	道西
Brandenburger	布兰登勃格
Brittain	布里顿

Bromiley	布罗姆利	**D**	
Brouthers	布朗哲斯	D'Este	埃斯特
Bruderl	布鲁德尔	Daft	达夫特
Bryman	布莱恩	Dane	戴恩
Burgelman	伯格曼	Das	戴斯
Busenitz	布森尼兹	Dean	迪恩
Butler	巴特勒	Delmar	德尔玛
C		Demsetz	德姆塞茨
Cardinal	卡丁娜	Dencker	丹科尔
Carroll	卡罗尔	Dess	德斯
Castrogiovanni	卡斯特罗乔瓦尼	Gilovich	吉洛维奇
Chacar	查卡	Dowell	道威尔
Chaiken	柴肯	Duncan	邓肯
Chandler	钱德勒	Durand	杜兰德
Chang	张	Dutton	达顿
Chatterjee	查特基	**E**	
Chatterji	查特吉	Edmondson	艾德蒙生
Chattopadhyay	查托帕迪亚	Eisenhardt	艾森哈特
Check-Teck	绩德	Elbanna	艾尔巴娜
Chesbrough	切萨布鲁夫	Elenkov	艾兰科夫
Child	柴尔德	Ernst	厄恩斯特
Cho	秋	Evans	埃文斯
Christensen	克里斯滕森	**F**	
Clark	克拉克	Farjoun	法琼
Cockburn	科伯恩	Feeser	费舍
Cohen	科恩	Feldman	费尔德曼
Collier	科利尔	Fern	费恩
Covin	科文	Ferrier	费里尔
Cyert	西尔特	Finkelstein	芬克尔斯坦

Finney	芬尼
Fiol	费罗
Fiske	菲斯克
Fleming	弗莱明
Forbes	福布斯
Ford	福特
Foss	福斯
Fredrickson	弗雷德里克森
Frentzel	弗伦策尔
Fuentelsaz	丰特尔萨斯
G	
Ganco	甘可
Garud	加鲁达
Garvin	加尔文
Gary	加里
Gavetti	加韦蒂
Georg	格奥尔格
George	乔治
Gerbing	戈宾
Ghemawat	格玛沃特
Giarratana	贾拉塔纳
Gigerenzer	吉恩泽
Gilbert	吉尔伯特
Gimeno	吉梅诺
Ginsberg	金斯伯格
Goel	戈尔
Golden	戈尔登
Golder	戈尔德
Goll	高尔
Gompers	冈珀斯
Goodwin	古德温
Gort	戈特
Grant	格兰特
H	
Hambrick	汉布里克
Hamel	哈默尔
Hannan	坂南
Hargadon	哈加登
Harrison	哈里森
Hart	哈特
Hayes	海兹
Helfat	海尔法
Henderson	亨德森
Hickson	希克森
Hiller	希勒
Hitt	希特
Hodgkinson	霍奇金森
Holbrook	霍尔布鲁克
Holcomb	霍尔库姆
Hopkins	霍普金斯
Hough	霍夫
Howell	豪威尔
Hsu	许，徐
Huff	哈夫
Hutzschenreuter	哈什鲁特
I	
Iaquinto	亚昆托
Ingram	英格拉姆

Isabella	伊莎贝拉
Itami	伊丹
Ito	伊藤
J	
Jackson	杰克逊
Jacoby	雅各布
Jenkin	詹金
Joshi	乔希
Judge	贾治
K	
Kaghan	卡根
Kahneman	卡尼曼
Kale	凯尔
Kamel	卡梅尔
Kaplan	卡普兰
Katila	卡提拉
Kauffman	考夫曼
Kerin	凯琳
Khatri	卡特里
Khessina	卡辛娜
Kim	金
Kimberly	金伯利
King	金
Klepper	克莱伯
Kopel	科佩尔
Kunc	孔克
L	
Lambkin	兰姆金
Lampel	兰佩尔
Lant	兰特
Lazear	拉泽尔
Lee	李
Leiponen	雷朋恩
Levinthal	利文索尔
Levitt	莱维特
Lieberman	利伯曼
Lilien	莉莉安
Lopez	洛佩兹
Louis	路易斯
Lurigio	路利基欧
M	
Mahajan	马哈詹
March	玛驰
Marginson	玛根桑
Markóczy	玛孔兹
Martins	马丁斯
McGahan	麦加恩
Merino	美利奴
Miller	米勒
Mintzberg	明茨伯格
Mitchell	米切尔
Mol	摩尔
Molloy	莫洛伊
Montgomery	蒙哥马利
Moorman	摩尔曼
Moorthy	摩斯
Mueller	穆勒
Murthi	莫希

N

Nadkarni	纳德卡尼
Nakata	中田英寿
Narayanan	纳拉亚南
Nehrt	尼赫特
Nelson	纳尔逊
Nerkar	纳卡
Newell	纽厄尔
Nickerson	尼克森
Nisbett	尼斯比特
Nonaka	野中郁次郎
Nordman	诺德曼
Nunnally	娜娜莉/纳纳利
Nutt	纳特

O

Osborne	奥斯本

P

Pant	潘特
Panzar	潘泽
Papadakis	帕帕达基斯
Patton	巴顿
Pearce	皮尔斯
Perlow	珀洛
Peteraf	彼得拉夫
Pettigrew	彼得格鲁
Pennings	彭宁斯
Penrose	彭罗斯
Piattelli-Palmarini	皮亚泰利帕尔马里尼
Pol	波尔
Porac	波拉克
Porter	波特
Powell	鲍威尔
Prabhu	普拉布
Prahalad	普拉哈拉德
Prencipe	普隆塞浦
Priem	普利姆

Q

Quinn	奎恩

R

Raisch	拉榭尔
Rajagopalan	拉杰戈帕兰
Reger	雷格
Rindova	林多瓦
Rivkin	里夫金
Robertson	罗伯逊
Robinson	鲁宾逊
Rogers	罗杰斯
Roland	罗兰
Ron	罗恩
Ruder	罗德
Rumelt	鲁梅尔特

S

Salancik	萨兰西克
Sampson	桑普森
Sanderson	桑德森
Sastry	萨思绥
Savage	萨维奇
Schnaars	斯科纳斯

Schendel	斯坎德尔
Schoenecker	舍恩纳克尔
Schumpeter	熊彼得
Schwenk	施文克
Shamsie	希恩兹
Shane	尚恩
Shankar	桑卡
Shanteau	尚托
Shapira	
Shapiro	夏皮罗
Sharfman	沙曼
Shepherd	谢帕德
Shrader	施雷德
Siggelkow	西格尔科
Silverman	西尔弗曼
Simon	西蒙
Simons	西蒙斯
Sinclair	辛克莱
Sine	辛
Smircich	斯默西奇
Smith	史密斯
Sorenson	索伦森
Sorros	索罗斯
Spencer	斯宾塞
Spender	斯彭德
Stanovich	斯坦诺维奇
Starbuck	星巴克
Staw	斯托
Sternberg	斯腾伯格
Stinchcombe	斯廷奇库姆
Stuart	斯图尔特
Suarez	苏亚雷斯
Sull	苏尔
Sutcliffe	萨克利夫
Szymanski	西曼斯基
T	
Teece	蒂斯
Tellis	特里斯
Tihanyi	特汉伊
Tordesillas	托德西利亚斯
Tripsas	奇普萨斯
Tsai	蔡
Tversky	特维尔斯基
U	
Urban	厄本
Utterback	厄特巴克
V	
VanderWerf	范德韦夫
Veliyath	威利亚斯
Venkatraman	文卡特拉曼
W	
Walsh	沃尔什
Ward	沃德
Washington	华盛顿
Weick	维克
Wernerfelt	沃纳菲尔特
Wiersema	威尔瑟玛
Wiley	威利

Wilson	威尔逊
Winter	温特
Withane	威舍尼
Woolhouse	乌尔豪斯
Woolridge	乌尔里奇
Y	
Yasai-Ardekani	亚赛－阿德卡尼
Yonelinas	尤尼莱纳斯
Z	
Zahra	萨拉

附　　录

附录1　仿真研究的实验程序界面

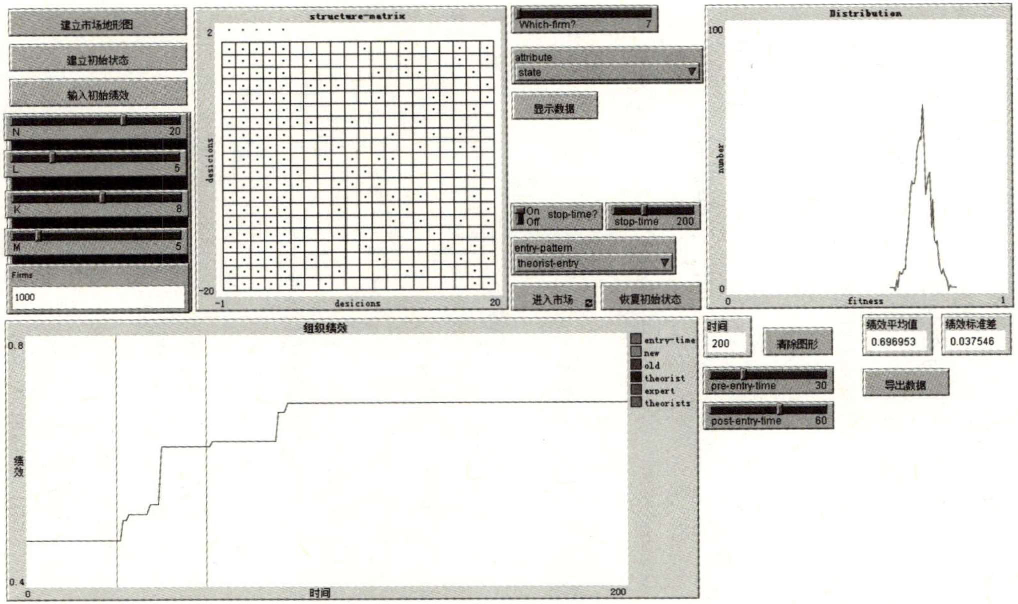

注：由于仿真实验涉及的计算机程序篇幅较大，因而不方便呈现在本书中，有兴趣的读者可以直接联系笔者获取和讨论。

附录2　企业在新市场中的战略决策模式的调查问卷

尊敬的女士/先生：您好！

非常感谢您的支持与参与！本调查问卷将不涉及公司名称及填写者的具体信息，所获数据也仅用于学术研究并予以严格保密，请您放心作答。问题的回答没有对错之分，而每个问题所反映的信息对我们均非常宝贵，敬请您根据贵公司的实际情况和本人的第一印象做出迅速而客观的判断！

【本问卷由4小页构成，大概会占用您5~10分钟的时间，请勿遗漏每一项】敬祝您身体健康、家庭美满、工作顺利！

第一部分：企业基本信息

1. 贵公司的股权性质：

□ 民营　□ 国有　□ 集体

□ 中外合资　□ 外商独资

2. 贵公司的成立年限：

□ 3年以下　□ 3~5年　□ 6~10年

□ 11~20年　□ 20年以上

3. 贵公司主营业务所属行业：

□ 高技术行业　□ 传统制造业　□ 批发零售业

□ 建筑/房产开发业　□ 金融业　□ 服务业

□ 文化、体育和娱乐业　□ 其他，请注明________

4. 贵公司当前员工人数：

□ 少于50人　□ 51~100人　□ 101~500人

□ 501~1000人　□ 1000~3000人　□ 3000人以上

5. 贵公司上年度的销售规模（单位：元人民币）：

□ 少于1000万元　□ 1000万~5000万元

□ 5000万元~1亿元　□ 1亿~5亿元

□ 5 亿元～10 亿元　　□ 10 亿元以上

6. 您在贵公司的职位：

□ 企业所有者　　□ 高层管理者　　□ 中层管理者

□ 基层管理者

7. 您在贵公司的工作年限：

□ 1 年以下　　□ 1～3 年　　□ 3～5 年

□ 5～10 年　　□ 10 年以上

第二部分：企业在新市场中的运作情况

【请回忆贵公司近三年内在某一新行业或新产品市场中的涉入和发展，根据下列陈述符合贵公司实际运作情况的程度，在相应的数字上打“√”】

1. 企业的知识基础

1 = 非常不符合	2 = 不符合	3 = 有些不符合	4 = 不能肯定	5 = 有些符合	6 = 符合	7 = 非常符合

A1 进入该市场时，公司成员具有不同的知识和专长	1	2	3	4	5	6	7
A2 进入该市场时，公司成员来自不同的专业背景	1	2	3	4	5	6	7
A3 进入该市场时，公司产品的开发涉及许多不同类型的知识	1	2	3	4	5	6	7
A4 进入该市场时，公司产品项目的运作由不同知识背景的团队成员协作进行	1	2	3	4	5	6	7
A5 进入该市场时，公司具有一些接受了多种训练且知识背景也很宽的员工	1	2	3	4	5	6	7
B1 进入该市场时，公司拥有许多高等学历的成员	1	2	3	4	5	6	7
B2 进入该市场时，公司大多数员工曾经在公司所属行业领域工作多年	1	2	3	4	5	6	7
B3 进入该市场时，公司大多数员工具有熟练的技能和技术资质	1	2	3	4	5	6	7

续表

1 = 非常不符合	2 = 不符合	3 = 有些不符合	4 = 不能肯定	5 = 有些符合	6 = 符合	7 = 非常符合

B4 进入该市场时，公司大多数员工拥有本行业的技术经验或管理经验	1	2	3	4	5	6	7
C1 进入该市场之前几年，公司的研发活动集中在少数几个技术领域	1	2	3	4	5	6	7
C2 进入该市场之前几年，公司在少数几个技术领域开发了高度相关的技术	1	2	3	4	5	6	7
C3 进入该市场之前几年，公司在自己的主要技术领域有很深的研究积累	1	2	3	4	5	6	7
C4 进入该市场之前几年，公司开发的产品在技术上具有高度相关性	1	2	3	4	5	6	7

2. 企业的决策识别过程

1 = 非常不符合	2 = 不符合	3 = 有些不符合	4 = 不能肯定	5 = 有些符合	6 = 符合	7 = 非常符合

D1 在制订各项行动方案之前，我们曾经对此市场进行了专门的市场调查	1	2	3	4	5	6	7
D2 我们广泛地搜集了此市场中已有客户的信息	1	2	3	4	5	6	7
D3 我们广泛地搜集了此市场中已有生产技术的信息	1	2	3	4	5	6	7
D4 我们广泛地搜集了此市场中已有产品或服务的信息	1	2	3	4	5	6	7
D5 我们频繁地追踪了此市场中各类竞争对手的行为	1	2	3	4	5	6	7
D6 我们广泛地搜集了此市场中各种供销渠道的信息	1	2	3	4	5	6	7

续表

1 = 非常不符合	2 = 不符合	3 = 有些不符合	4 = 不能肯定	5 = 有些符合	6 = 符合	7 = 非常符合	
D7 我们广泛地搜集了此市场中各种利益相关者的信息	1	2	3	4	5	6	7
D8 市场调查为此后的行动方案提供了大量的有用信息	1	2	3	4	5	6	7
E1 在制订各项行动方案之前，我们曾经组织内外部专家来分析该市场	1	2	3	4	5	6	7
E2 通过市场分析，我们尤其重视该市场中某些重要的客户需求	1	2	3	4	5	6	7
E3 我们重点强调了此市场中某些关键性的生产技术	1	2	3	4	5	6	7
E4 我们重点强调了此市场中某些重要的产品和服务特征	1	2	3	4	5	6	7
E5 我们对该市场中主要竞争对手成败的原因有独特的见解	1	2	3	4	5	6	7
E6 我们对该市场中各种供销渠道的优劣性有明确的认识	1	2	3	4	5	6	7
E7 通过市场分析，我们尤其重视此市场中某些利益相关者的作用	1	2	3	4	5	6	7
E8 通过市场分析，我们为此后的行动方案确立了一些指导方针	1	2	3	4	5	6	7

3. 企业的决策选择过程

1 = 非常不符合	2 = 不符合	3 = 有些不符合	4 = 不能肯定	5 = 有些符合	6 = 符合	7 = 非常符合	
F1 我们曾经将公司积累的一些资源直接运用于该市场中	1	2	3	4	5	6	7

续表

	1 = 非常不符合	2 = 不符合	3 = 有些不符合	4 = 不能肯定	5 = 有些符合	6 = 符合	7 = 非常符合
F2 在此市场中，我们根据公司以往的研发和生产基础选择了特定的技术	1	2	3	4	5	6	7
F3 在此市场中，我们参考公司以往的产品系列提供了特定的产品和服务	1	2	3	4	5	6	7
F4 在此市场中，我们参考公司以往的客户偏好选择了相应的行动方案	1	2	3	4	5	6	7
F5 在此市场中，我们参考公司以往的供销渠道选择了相应的行动方案	1	2	3	4	5	6	7
F6 在此市场中，我们根据公司以往的利益相关者选择了相应的行动方案	1	2	3	4	5	6	7
F7 在此市场中，我们根据公司已有的规章和流程选择了相应的行动方案	1	2	3	4	5	6	7
F8 在此市场中，我们沿用了先前的一些行动方案	1	2	3	4	5	6	7
G1 为了达成特定的目标，我们通常考虑了多种行动方案	1	2	3	4	5	6	7
G2 我们使用了多种标准来评估各项备选的行动方案	1	2	3	4	5	6	7
G3 在此市场中，我们开发和试验了一些不同的生产技术	1	2	3	4	5	6	7
G4 在此市场中，我们设计和筛选了一些新的产品或服务	1	2	3	4	5	6	7
G5 我们曾经试图响应该市场中一些不同客户的需求	1	2	3	4	5	6	7
G6 在此市场中，我们尝试了一些不同的供销渠道	1	2	3	4	5	6	7

续表

1 = 非常不符合	2 = 不符合	3 = 有些不符合	4 = 不能肯定	5 = 有些符合	6 = 符合	7 = 非常符合	
G7 在此市场中，我们试图与一些潜在的利益相关者建立联系	1	2	3	4	5	6	7
G8 在此市场中，我们曾经频繁地调整了各项行动方案	1	2	3	4	5	6	7

4. 新市场的环境特征

1 = 非常不符合	2 = 不符合	3 = 有些不符合	4 = 不能肯定	5 = 有些符合	6 = 符合	7 = 非常符合	
H1 在此市场中，生产技术变化较为迅速	1	2	3	4	5	6	7
H2 在此市场中，产品或服务更新换代的速度较快	1	2	3	4	5	6	7
H3 在此市场中，客户的需求和偏好较难预测	1	2	3	4	5	6	7
H4 在此市场中，竞争对手的行动较难预测	1	2	3	4	5	6	7
H5 在此市场中，公司必须不断改变营销策略以跟上市场和竞争者	1	2	3	4	5	6	7
I1 在此市场中，生产技术较为复杂	1	2	3	4	5	6	7
I2 在此市场中，企业面临购买偏好不同的各种客户群体	1	2	3	4	5	6	7
I3 在此市场中，供销渠道较为多样化	1	2	3	4	5	6	7
I4 在此市场中，利益相关者的种类和数量较多	1	2	3	4	5	6	7
J1 在此市场中，市场发展为许多新产品和服务提供了机会	1	2	3	4	5	6	7
J2 在此市场中，公司在产品价格、质量和服务等方面均面临较强的竞争	1	2	3	4	5	6	7
J3 公司在此市场中经营风险较大，错误一步付出的成本较高	1	2	3	4	5	6	7
J4 公司在此市场中的行动受到资源、技术和法律法规等方面的制约较大	1	2	3	4	5	6	7

5. 企业在新市场中的组织绩效

1 = 非常低	2 = 低	3 = 较低	4 = 中等	5 = 较高	6 = 高	7 = 非常高

K1 与主要竞争对手相比，公司在此市场中的投资回报率	1	2	3	4	5	6	7
K2 与主要竞争对手相比，公司在此市场中的销售利润率	1	2	3	4	5	6	7
K3 与主要竞争对手相比，公司在此市场中的销售增长率	1	2	3	4	5	6	7
K4 与主要竞争对手相比，公司在此市场中的整体绩效和成功性	1	2	3	4	5	6	7
K5 与主要竞争对手相比，公司在此市场中的竞争地位	1	2	3	4	5	6	7

最后，再次感谢您的认真填写！

参考文献

[1] Agarwal, R. Survival of Firms over the Product Life Cycle. Southern Economic Journal, 1997, 63 (3), 571 -584.

[2] Agarwal, R. , Echambadi, R. , Franco, A. M. & Sarkar, M. B. Knowledge transfer through inheritance: Spinout generation, development, and survival. Academy of Management Journal, 2004, 47 (4), 501 -522.

[3] Aldrich, H. Organizations Evolving. Thousand Oaks, CA: Sage, 1999.

[4] Aldrich, H. E. & Fiol, C. M. Fools Rush in? The Institutional Context of Industry Creation. The Academy of Management Review, 1994, 19 (4), 645 -670.

[5] Amason, A. C. Distinguishing the Effects of Functional and Dysfunctional Conflict on Strategic Decision Making: Resolving a Paradox for Top Management Teams. Academy of Management Journal, 1996, 39 (1), 123 -148.

[6] Amason, A. C. & Sapienza, H. J. The Effects of Top Management Team Size and interaction Norms on Cognitive and Affective Conflict. Journal of Management, 1997, 23 (4), 495 -516.

[7] Amit, R. & Schoemaker, P. J. H. Strategic assets and organizational rent. Strategic Management Journal, 1993, 14 (1), 33 -46.

[8] Anand, B. & Khanna, T. Do firms learn to create value? The case of alliances. Strategic Management Journal, 2000, 21 (3), 295 -315.

[9] Andersen, T. J. Integrating Decentralized Strategy Making and Strategic Planning Processes in Dynamic Environments. Journal of Management Studies, 2004, 41 (8), 1271 -1299.

[10] Anderson, P. & Tushman, M. L. Technological Discontinuities and Dominant Designs: A Cyclical Model of Technological Change. Administrative Science Quarterly, 1990, 35 (4), 604 -633.

[11] Andrews, K. R. The Concept of Corporate Strategy. Homewood, IL: Dow-Jones Irwin, 1971.

[12] Argote, L. & Greve, H. R. A Behavioral Theory of the Firm—40 Years and Counting: Introduction and Impact. Organization Science, 2007, 18 (3), 337 - 349.

[13] Argote, L. & Miron-Spektor, E. Organizational Learning: From Experience to Knowledge. Organization Science, 2011, orsc. 1100. 0621.

[14] Argyres, N. Capabilities, Technological Diversification and Divisionalization. Strategic Management Journal, 1996, 17 (5), 395 - 410.

[15] Arthur, W. B. Increasing returns and the new world of business. Harvard Business Review, 1996, 74 (4), 100 - 109.

[16] Ashmos, D. P., Duchon, D. & McDaniel, R. R., Jr. Participation in strategic decision making: The role of organizational predisposition and issue interpretation. Decision Sciences, 1998, 29 (1), 25 - 51.

[17] Ashmos, D. P. & McDaniel, R. R., Jr. Understanding the participation of critical task specialists in strategic decision making. Decision Sciences, 1996, 27 (1), 103.

[18] Atuahene-Gima, K. & Li, H. Strategic Decision Comprehensiveness and New Product Development Outcomes in New Technology Ventures. The Academy of Management Journal, 2004, 47 (4), 583 - 597.

[19] Audia, P. G., Locke, E. A. & Smith, K. G. The Paradox of Success: An Archival and a Laboratory Study of Strategic Persistence Following Radical Environmental Change. Academy of Management Journal, 2000, 43 (5), 837 - 853.

[20] Bain, J. S. Barriers to New Competition: Their Character and Consequences in Manufacturing Industries. Cambridge, MA: Harvard University Press, 1956.

[21] Baker Jr, F. E. Strategic planning in a U. S. Federal Agency. Long Range Planning, 1992, 25 (5), 73 - 79.

[22] Balakrishnan, R., Hansen, S. & Labro, E. Evaluating Heuristics Used When Designing Product Costing Systems. Management Science, 2011, 57 (3), 520 - 541.

[23] Bamford, C. E., Dean, T. J. & McDougall, P. P. An examination of the impact of initial founding conditions and decisions upon the performance of new bank start-ups. Journal of Business Venturing, 2000, 15 (3), 253 -277.

[24] Barnes, J. H., Jr. Cognitive Biases and Their Impact on Strategic Planning. Strategic Management Journal, 1984, 5 (2), 129 -137.

[25] Barnett, W. P. & Carroll, G. R. Modeling Internal Organizational Change. Annual Review of Sociology, 1995, 21 (ArticleType: research-article / Full publication date: 1995 / Copyright © 1995 Annual Reviews), 217 -236.

[26] Barnett, W. P. & Freeman, J. Too Much of a Good Thing? Product Proliferation and Organizational Failure. Organization Science, 2001, 12 (5), 539 -558.

[27] Barnett, W. P. & Hansen, M. T. The Red Queen in Organizational Evolution. Strategic Management Journal, 1996, 17 (ArticleType: research-article / Issue Title: Special Issue: Evolutionary Perspectives on Strategy / Full publication date: Summer, 1996 / Copyright © 1996 Wiley), 139 -157.

[28] Barney, J. Firm Resources and Sustained Competitive Advantage. Journal of Management, 1991, 17 (1), 99 -120.

[29] Barney, J., Wright, M. & Ketchen, D. J. The resource-based view of the firm: Ten years after 1991. Journal of Management, 2001, 27 (6), 625 -641.

[30] Baron, R. M. & Kenny, D. A. The moderator-mediator variable distinction in social psychological research: conceptual, strategic, and statistical considerations. Journal of personality and social psychology, 1986, 51 (6), 1173 -1182.

[31] Barr, P. S. Adapting to Unfamiliar Environmental Events: A Look at the Evolution of Interpretation and Its Role in Strategic Change. Organization Science, 1998, 9 (6), 644 -669.

[32] Barry, L. B. & Rajshree, A. The Role of Pre-Entry Experience, Entry Timing, and Product Technology Strategies in Explaining Firm Survival. Management Science, 2007, 53 (12), 1887 -1902.

[33] Baum, J. A. C., Li, S. X. & Usher, J. M. Making the Next Move: How Experiential and Vicarious Learning Shape the Locations of Chains' Acquisitions. Administrative Science Quarterly, 2000, 45 (4), 766 -801.

[34] Baum, J. R. & Wally, S. Strategic Decision Speed and Firm Perform-

ance. Strategic Management Journal, 2003, 24 (11), 1107 – 1129.

[35] Becker, M. C. & Knudsen, T. The role of routines in reducing pervasive uncertainty. Journal of Business Research, 2005, 58 (6), 746 – 757.

[36] Beckman, C. M. & Burton, M. D. Founding the Future: Path Dependence in the Evolution of Top Management Teams from Founding to IPO. Organization Science, 2008, 19 (1), 3 – 24.

[37] Bhide, A. The Origin and Evolution of New Businesses. New York: Oxford University Press, 2000.

[38] Benner, M. J. & Tripsas, M. The influence of prior industry affiliation on framing in nascent industries: the evolution of digital cameras. Strategic Management Journal, 2012, 33 (3), 277 – 302.

[39] Berg, B. L. Qualitative research methods for the social scienee. Thousand Oaks, CA: Sage, 2005.

[40] Berry, M. Strategic planning in small high tech companies. Long Range Planning, 1998, 31 (3), 455 – 466.

[41] Bettis, R. A. & Prahalad, C. K. The Dominant Logic: Retrospective and Extension. Strategic Management Journal, 1995, 16 (1), 5 – 14.

[42] Bhide, A. How entrepreneurs craft strategies that work. Harvard Business Review, 1994, 72 (2), 150 – 161.

[43] Bierly, P. & Chakrabarti, A. Generic Knowledge Strategies in theU. S. Pharmaceutical Industry. Strategic Management Journal, 1996, 17 (ArticleType: research-article / Issue Title: Special Issue: Knowledge and the Firm / Full publication date: Winter, 1996 / Copyright © 1996 Wiley), 123 – 135.

[44] Bingham, C. B. & Eisenhardt, K. M. Rational heuristics: the "simple rules" that strategists learn from process experience. Strategic Management Journal, 2011, 32 (13), 1437 – 1464.

[45] Binmore, K. Rational Decisions. Princeton, NJ: Princeton University Press, 2009.

[46] Boeker, W. Strategic Change: The Effects of Founding and History. TheAcademy of Management Journal, 1989, 32 (3), 489 – 515.

[47] Bogner, W. C. & Barr, P. S. Making Sense in Hypercompetitive Environ-

ments: A Cognitive Explanation for the Persistence of High Velocity Competition. Organization Science, 2000, 11 (2), 212 – 226.

[48] Bolton, M. K. Imitation versus innovation: Lessons to be learned from the Japanese. Organizational Dynamics, 1993, 21 (3), 30 – 45.

[49] Boulding, W. & Christen, M. Sustainable Pioneering Advantage? Profit Implications of Market Entry Order. Marketing Science, 2003, 22 (3), 371 – 392.

[50] Bourgeois, L. J., III & Eisenhardt, K. M. Strategic Decision Processes in High Velocity Environments: Four Cases in the Microcomputer Industry. Management Science, 1988, 34 (7), 816 – 835.

[51] Bower G. H. & Hilgard E. R. Theories of learning. Englewood Cliffs, NJ: Prentice-Hall, 1981.

[52] Brandenburger, A. & Stuart, H. W. Value-based business strategy. Journal of Economics & Management Strategy, 1996, 5 (1), 5 – 24.

[53] Brittain, J. & Freeman, J. H. Organizational proliferation and density dependent selection. In Kimberly, J. & Miles, M. (Eds.). Organizational life cycles. SanFrancisco: Jossey-Bass, 1980.

[54] Bromiley, P. The behavioral foundations of strategic management. Oxford, UK: Blackwell, 2005.

[55] Brouthers, K. D., Brouthers, L. E. & Werner, S. Influences on Strategic Decision-making in the Dutch Financial Services Industry. Journal of Management, 2000, 26 (5), 863 – 883.

[56] Bruderl, J., Preisendorfer, P. & Ziegler, R. Survival Chances of Newly Founded Business Organizations. American Sociological Review, 1992, 57 (2), 227 – 242.

[57] Bruderl, J. & Schussler, R. Organizational Mortality: The Liabilities of Newness and Adolescence. Administrative Science Quarterly, 1990, 35 (3), 530 – 547.

[58] Bryman, A. Animating the Pioneer versus Late Entrant Debate: An Historic Case Study. Journal of Management Studies, 1997, 34 (3), 415 – 438.

[59] Burgelman, R. A. Intraorganizational Ecology of Strategy Making and Organizational Adaptation: Theory and Field Research. Organization Science, 1991, 2

(3), 239 - 262.

[60] Burgelman, R. A. Fading Memories: A Process Theory of Strategic Business Exit in Dynamic Environments. Administrative Science Quarterly, 1994, 39 (1), 24 - 56.

[61] Busenitz, L. W. & Barney, J. B. Differences between entrepreneurs and managers in large organizations: Biases and heuristics in strategic decision-making. Journal of Business Venturing, 1997, 12 (1), 9 - 30.

[62] Butler, A. B. & Scherer, L. L. The Effects of Elicitation Aids, Knowledge, and Problem Content on Option Quantity and Quality. Organizational Behavior and Human Decision Processes, 1997, 72 (2), 184 - 202.

[63] Cardinal, L. B., Sitkin, S. B. & Long, C. P. Balancing and Rebalancing in the Creation and Evolution of Organizational Control. Organization Science, 2004, 15 (4), 411 - 431.

[64] Carroll, G. R., Bigelow, L. S., Seidel, M. D. L. & Tsai, L. B. The fates of De Novo and De Alio producers in the American Automobile Industry 1885 - 1981. Strategic Management Journal, 1996, 17 (S1), 117 - 137.

[65] Castrogiovanni, G. J. Environmental Munihcence; A Theoretical Assessment. Academy of Management Review, 1991, 16 (3), 542 - 565.

[66] Chacar, A. S. & Lieberman, M. B. Organizing for technological innovation in theU. S. pharmaceutical industry. Advances in Strategic Management, 2003, 20, 299 - 322.

[67] Chaiken, S. & Trope, Y. (Eds). Dual-process theories in social psychology. New York: Guilford, 1999.

[68] Chandler, A. Strategy and Structure. Cambridge, MA: MIT Press, 1962.

[69] Chandler, G. N. & Jansen, E. The founder's self-assessed competence and venture performance. Journal of Business Venturing, 1992, 7 (3), 223 - 236.

[70] Chang, S. J. An Evolutionary Perspective on Diversification and Corporate Restructuring: Entry, Exit, and Economic Performance During 1981 - 89. Strategic Management Journal, 1996, 17 (8), 587 - 611.

[71] Chatterjee, S. & Wernerfelt, B. The Link between Resources and Type of Diversification: Theory and Evidence. Strategic Management Journal, 1991, 12

(1), 33 -48.

[72] Chatterji, A. K. Spawned with a silver spoon? Entrepreneurial performance and innovation in the medical device industry. Strategic Management Journal, 2009, 30 (2), 185 -206.

[73] Chattopadhyay, P. , Glick, W. H. & Huber, G. P. Organizational Actions in Response to Threats and Opportunities. Academy of Management Journal, 2001, 44 (5), 937 -955.

[74] Check-Teck, F. , Grinyer, P. H. & McKiernan, P. Strategic planning in the ASEAN region. Long Range Planning, 1992, 25 (5), 80 -90.

[75] Chen, P. -L. , Williams, C. & Agarwal, R. Growing pains: Preentry experience and the challenge of transition to incumbency. Strategic Management Journal, 2012, 33 (3), 252 -276.

[76] Chesbrough, H. W. Environmental influences upon firm entry into new sub-markets: Evidence from the worldwide hard disk drive industry conditionally. Research Policy, 2003, 32 (4), 659 -678.

[77] Chi, M. T. H. , Feltovich, P. J. & Glaser, R. Categorization and Representation of Physics Problems by Experts and Novices *. Cognitive Science, 1981, 5 (2), 121 -152.

[78] Child, J. Organizational Structure, Environment and Performance: The Role of Strategic Choice. Sociology, 1972, 6 (1), 1 -22.

[79] Cho, D. -S. , Kim, D. -J. & Rhee, D. K. Latecomer Strategies: Evidence from the Semiconductor Industry in Japan and Korea. Organization Science, 1998, 9 (4), 489 -505.

[80] Christensen, C. M. The Innovator's Dilemma. Boston, MA: Harvard Business School Press, 1997.

[81] Christensen, C. M. & Bower, J. L. Customer power, strategic investment, and the failure of leading firms. Strategic Management Journal, 1996, 17 (3), 197 -218.

[82] Christensen, C. M. The Rigid Disk Drive Industry: A History of Commercial and Technological Turbulence. The Business History Review, 1993, 67 (4), 531 -588.

[83] Clark, K. B. & Fujimoto T. Product Development in the World Automobile Industry. Boston, MA: Harvard Business School Press, 1991.

[84] Cockburn, I. M., Henderson, R. M. & Stern, S. Untangling the origins of competitive advantage. Strategic Management Journal, 2000, 21 (10 - 11), 1123 - 1145.

[85] Cohen, M. D. Reading Dewey: Reflections on the Study of Routine. Organization Studies, 2007, 28 (5), 773 - 786.

[86] Cohen, M. D. & Bacdayan, P. Organizational Routines Are Stored As Procedural Memory: Evidence from a Laboratory Study. Organization Science, 1994, 5 (4), 554 - 568.

[87] Cohen, J., Cohen, P., et al. Applied regression/correlation analysis for behavioral science. Mahwah, New Jersey: Lawrence Erlbaum Associates Publishers, 2003.

[88] Cohen, W. M. & Levinthal, D. A. Absorptive Capacity: A New Perspective on Learning and Innovation. Administrative Science Quarterly, 1990, 35 (1), 128 - 152.

[89] Collier, N., Fishwick, F. & Floyd, S. W. Managerial Involvement and Perceptions of Strategy Process. Long Range Planning, 2004, 37 (1), 67 - 83.

[90] Covin, J. G. & Slevin, D. P. Strategic Management of Small Firms in Hostile and Benign Environments. Strategic Management Journal, 1989, 10 (1), 75 - 87.

[91] Covin, J. G., Slevin, D. P. & Schultz, R. L. Implementing strategic missions: effective strategic, structural and tactical choices. Journal of Management Studies, 1994, 31 (4), 481 - 505.

[92] Cyert, R. M. & March, J. G. A Behavioral Theory of the Firm. Englewood Cliffs, NJ: Prentice-Hall, 1963.

[93] D' Este, P. How do firms' knowledge bases affect intra-industry heterogeneity?: An analysis of the Spanish pharmaceutical industry. Research Policy, 2005, 34 (1), 33 - 45.

[94] Daft, R. Organizational Theory and Design. St. Paul, MN: West Publishing, 1989.

[95] Daft, R. L. & Weick, K. E. Toward a Model of Organizations as Interpretation Systems. Academy of Management Review, 1984, 9 (2), 284 -295.

[96] Dane, E. & Pratt, M. G. Exploring intuition and its role in managerial decision making. Academy of Management Review, 2007, 32 (1), 33 -54.

[97] Das, T. K. & Teng, B. - S. Cognitive Biases and Strategic Decision Processes: An Integrative Perspective. Journal of Management Studies, 1999, 36 (6), 757 -778.

[98] Dean, J. W. & Sharfman, M. P. Procedural rationality in the strategic decision-making process. Journal of Management Studies, 1993, 30 (4), 587 -610.

[99] Dean, J. W., Jr. & Sharfman, M. P. Does Decision Process Matter? A Study of Strategic Decision-Making Effectiveness. The Academy of Management Journal, 1996, 39 (2), 368 -396.

[100] Delmar, F. & Shane, S. Does experience matter? The effect of founding team experience on the survival and sales of newly founded ventures. Strategic Organization, 2006, 4 (3), 215 -247.

[101] Demsetz, H. Barriers to Entry. The American Economic Review, 1982, 72 (1), 47 -57.

[102] Dencker, J. C., Gruber, M. & Shah, S. K. Pre-Entry Knowledge, Learning, and the Survival of New Firms. Organization Science, 2009, 20 (3), 516 -537.

[103] Dess, G. G. & Beard, D. W. Dimensions of Organizational Task Environments. Administrative Science Quarterly, 1984, 29 (1), 52 -73.

[104] Dooley, R. S. & Fryxell, G. E. Attaining Decision Quality and Commitment From Dissent: The Moderating Effects of Loyalty and Competence in Strategic Decision-Making Teams. Academy of Management Journal, 1999, 42 (4), 389 -402.

[105] Dooley, R. S., Fryxell, G. E. & Judge, W. Q. Belaboring the Not-So-Obvious: Consensus, Commitment, and Strategy Implementation Speed and Success. Journal of Management, 2000, 26 (6), 1237 -1257.

[106] Dosi, G. Technological paradigms and technological trajectories: A suggested interpretation of the determinants and directions of technical change. Research

Policy, 1982, 11 (3), 147 - 162.

[107] Dowell, G. Product line strategies of new entrants in an established industry: Evidence from the US bicycle industry. Strategic Management Journal, 2006, 27 (10), 959 - 979.

[108] Dowell, G. & Swaminathan, A. Entry timing, exploration, and firm survival in the early US bicycle industry. Strategic Management Journal, 2006, 27 (12), 1159 - 1182.

[109] Duncan, R. B. Characteristics of Organizational Environments and Perceived Environmental Uncertainty. Administrative Science Quarterly, 1972, 17 (3), 313 - 327.

[110] Durand, R. & Coeurderoy, R. Age, order of entry, strategic orientation, and organizational performance. Journal of Business Venturing, 2001, 16 (5), 471 - 494.

[111] Dutton, J. E. Interpretations on automatic: A different view of strategic issue diagnosis. Journal of Management Studies, 1993, 30 (3), 339 - 357.

[112] Dutton, J. E., Fahey, L. & Narayanan, V. K. Toward Understanding Strategic Issue Diagnosis. Strategic Management Journal, 1983, 4 (4), 307 - 323.

[113] Edmondson, A. C. & Mcmanus, S. E. Methodological fit in management field research. Academy of Management Review, 2007, 32 (4), 1246 - 1264.

[114] Edmondson, A. C., Winslow, A. B., Bohmer, R. M. J. & Pisano, G. P. Learning How and Learning What: Effects of Tacit and Codified Knowledge on Performance Improvement Following Technology Adoption. Decision Sciences, 2003, 34 (2), 197 - 224.

[115] Eisenhardt, K. & Martin, J. Dynamic Capabilities: What Are They? Strategic Management Journal, 2000, 21 (10/11), 1105 - 1121.

[116] Eisenhardt, K. M. Making Fast Strategic Decisions in High-Velocity Environments. The Academy of Management Journal, 1989a, 32 (3), 543 - 576.

[117] Eisenhardt, K. M. Building Theories from Case Study Research. The Academy of Management Review, 1989b, 14 (4), 532 - 550.

[118] Eisenhardt, K. M. & Schoonhoven, C. B. Organizational Growth: Linking Founding Team, Strategy, Environment, and Growth Among U. S. Semiconductor

Ventures, 1978 - 1988. Administrative Science Quarterly, 1990, 35 (3), 504 - 529.

[119] Eisenhardt, K. M. & Tabrizi, B. N. Accelerating Adaptive Processes: Product Innovation in the Global Computer Industry. Administrative Science Quarterly, 1995, 40 (1), 84 - 110.

[120] Eisenhardt, K. M. & Zbaracki, M. J. Strategic decision making. Strategic Management Journal, 1992, 13 (S2), 17 - 37.

[121] Elbanna, S. Strategic decision-making: Process perspectives. International Journal of Management Reviews, 2006, 8 (1), 1 - 20.

[122] Elbanna, S. & Child, J. Influences on strategic decision effectiveness: Development and test of an integrative model. Strategic Management Journal, 2007, 28 (4), 431 - 453.

[123] Elenkov, D. S. Strategic Uncertainty and Environmental Scanning: The Case for Institutional Influences on Scanning Behavior. Strategic Management Journal, 1997, 18 (4), 287 - 302.

[124] Ernst, H. Patent applications and subsequent changes of performance: evidence from time-series cross-section analyses on the firm level. Research Policy, 2001, 30 (1), 143 - 157.

[125] Evans, D. S. Leighton, L. S. Some empirical aspects of entrepreneurship. American Economic Review, 1989, 79, 519 - 535.

[126] Evans, J. S. B. T. Dual-Processing Accounts of Reasoning, Judgment, and Social Cognition. Annual Review of Psychology, 2008, 59 (1), 255 - 278.

[127] Farjoun, M. & Lai, L. Similarity Judgments in Strategy Formulation: Role, Process and Implications. Strategic Management Journal, 1997, 18 (4), 255 - 273.

[128] Feeser, H. R. & Willard, G. E. Founding Strategy and Performance: A Comparison of High and Low Growth High Tech Firms. Strategic Management Journal, 1990, 11 (2), 87 - 98.

[129] Feldman, M. S. Order without design. Stanford, CA: Stanford Univeresity Press, 1989.

[130] Feldman, M. S. & Pentland, B. T. Reconceptualizing Organizational

Routines as a Source of Flexibility and Change. Administrative Science Quarterly, 2003, 48 (1), 94 - 118.

[131] Feldman, M. S. & Rafaeli, A. Organizational Routines as Sources of Connections and Understandings. Journal of Management Studies, 2002, 39 (3), 309 - 331.

[132] Fern, M. J., Cardinal, L. B. & O'Neill, H. M. The genesis of strategy in new ventures: escaping the constraints of founder and team knowledge. Strategic Management Journal, 2012, 33 (4), 427 - 447.

[133] Ferrier, W. J. Navigating the Competitive Landscape: The Drivers and Consequences of Competitive Aggressiveness. Academy of Management Journal, 2001, 44 (4), 858 - 877.

[134] Finkelstein, S. & Hambrick, D. C. Top-Management-Team Tenure and Organizational Outcomes: The Moderating Role of Managerial Discretion. Administrative Science Quarterly, 1990, 35 (3), 484 - 503.

[135] Finney, R. Z., Lueg, J. E. & Campbell, N. D. Market pioneers, late movers, and the resource-based view (RBV): A conceptual model. Journal of Business Research, 2008, 61 (9), 925 - 932.

[136] Fiol, C. M. & Huff, A. S. Maps for managers: where are we? where do we go from here? Journal of Management Studies, 1992, 29 (3), 267 - 285.

[137] Fiske, S. T. & Taylor, S. E. Social Cognition. New York: McGraw-Hill, 1991.

[138] Fleming, L. & Sorenson, O. Technology as a complex adaptive system: evidence from patent data. Research Policy, 2001, 30 (7), 1019 - 1039.

[139] Forbes, D. P. Managerial Determinants of Decision Speed in New Ventures. Strategic Management Journal, 2005, 26 (4), 355 - 366.

[140] Forbes, D. P. & Milliken, F. J. Cognition and Corporate Governance: Understanding Boards of Directors as Strategic Decision-Making Groups. Academy of Management Review, 1999, 24 (3), 489 - 505.

[141] Ford, C. M. & Gioia, D. A. Factors Influencing Creativity in the Domain of Managerial Decision Making. Journal of Management, 2000, 26 (4), 705 - 732.

[142] Ford, J. D. & Baucus, D. A. Organizational Adaptation to Performance

Downturns: An Interpretation-Based Perspective. Academy of Management Review, 1987, 12 (2), 366 -380.

[143] Foss, N. J. & Langlois, R. N. Capabilities and governance: The rebirth of production in the theory of economic organization. Druid working paper 97 - 2, Aalborg University, 1997.

[144] Fredrickson, J. W. The Comprehensiveness of Strategic Decision Processes: Extension, Observations, Future Directions. Academy of Management Journal, 1984, 27 (3), 445 -466.

[145] Fredrickson, J. W. Effects of Decision Motive and Organizational Performance Level on Strategic Decision Processes. Academy of Management Journal, 1985, 28 (4), 821 -843.

[146] Fredrickson, J. W. An Exploratory Approach to Measuring Perceptions of Strategic Decision Process Constructs. Strategic Management Journal, 1986, 7 (5), 473 -483.

[147] Fredrickson, J. W. & Iaquinto, A. L. Inertia And Creeping Rationality In Strategic Decision Processes. Academy of Management Journal, 1989, 32 (3), 516 -542.

[148] Fredrickson, J. W. & Mitchell, T. R. Strategic Decision Processes: Comprehensiveness and Performance in an Industry with an Unstable Environment. Academy of Management Journal, 1984, 27 (2), 399 -423.

[149] Frentzel Ii, W. Y. , Bryson, J. M. & Crosby, B. C. Strategic Planning in the Military: The US Naval Security Group changes its strategy, 1992 - 1998. Long Range Planning, 2000, 33 (3), 402 -429.

[150] Fuentelsaz, L. , Gomez, J. & Polo, Y. Followers' entry timing: evidence from the Spanish banking sector after deregulation. Strategic Management Journal, 2002, 23 (3), 245 -264.

[151] Ganco, M. & Agarwal, R. Performance Differentials between Diversifying Entrants and Entrepreneurial Start-Ups: A Complexity Approach. Academy of Management Review, 2009, 34 (2), 228 -252.

[152] Garud, R. & Rappa, M. A. A Socio-Cognitive Model of Technology Evolution: The Case of Cochlear Implants. Organization Science, 1994, 5 (3),

344 – 362.

[153] Garvin, D. A. Spin-offs and the new firm formation process. California Management Review, 1983, 25 (2), 3 – 20.

[154] Gary, M. S. & Wood, R. E. Mental models, decision rules, and performance heterogeneity. Strategic Management Journal, 2011, 32 (6), 569 – 594.

[155] Gary, M. S., Wood, R. E. & Pillinger, T. Enhancing mental models, analogical transfer, and performance in strategic decision making. Strategic Management Journal, 2012, 33 (11), 1229 – 1246.

[156] Gavetti, G. PERSPECTIVE—Toward a Behavioral Theory of Strategy. Organization Science, 2011, 22 (5), 1359 – 1367.

[157] Gavetti, G. & Levinthal, D. Looking forward and looking backward: Cognitive and experiential search. Administrative Science Quarterly, 2000, 45 (1), 113 – 137.

[158] Gavetti, G., Levinthal, D. & Ocasio, W. Neo-carnegie: The carnegie school's past, present, and reconstructing for the future. Organization Science, 2007, 18 (3), 523 – 536.

[159] Gavetti, G., Levinthal, D. A. & Rivkin, J. W. Strategy making in novel and complex worlds: The power of analogy. Strategic Management Journal, 2005, 26 (8), 691 – 712.

[160] Gavetti, G. & Rivkin, J. W. On the origin of strategy: Action and cognition over time. Organization Science, 2007, 18 (3), 420 – 439.

[161] Georg von, K. & Roos, J. A Tale of the Unfinished. Strategic Management Journal, 1996, 17 (9), 729 – 737.

[162] George, E., Chattopadhyay, P., Sitkin, S. B. & Barden, J. Cognitive Underpinnings of Institutional Persistence and Change: A Framing Perspective. The Academy of Management Review, 2006, 31 (2), 347 – 365.

[163] Gerbing, D. W., Hamilton, J. G. & Freeman, E. B. A Large-scale Second-order Structural Equation Model of the Influence of Management Participation on Organizational Planning Benefits. Journal of Management, 1994, 20 (4), 859 – 885.

[164] Ghemawat, P. Commitment: The Dynamics of Strategy. New York: Free

Press, 1991.

[165] Giarratana, M. S. Missing the starting gun: de alio entry order in new markets, inertia and real option capabilities. European Management Review, 2008, 5 (2), 115 - 124.

[166] Gigerenzer, G. Adaptive thinking: Rationality in the real world. New York: Oxford University Press, 2000.

[167] Gigerenzer, G. & Gaissmaier, W. Heuristic Decision Making. Annual Review of Psychology, 2011, 62 (1), 451 - 482.

[168] Gigerenzer, G. & Goldstein, D. G. Reasoning the fast and frugal way: Models of bounded rationality. Psychological Review, 1996, 103 (4), 650 - 669.

[169] Gigerenzer, G., Todd, P. M., & the ABC Group. Simple heuristics that make us smart. New York: Oxford University Press, 1999.

[170] Gilbert, D. T. Thinking lightly about others: Automatic components of the social inference process. In Uleman J. & Bargh J. A. (Eds). Unintended thought. Englewood Cliffs, NJ: Prentice-Hall, 1989.

[171] Gilovich, T., Griffith, D. & Kahneman, D. (Eds). Heuristics and biases: The psychology of intuitive judgment. Cambridge: Cambridge University Press, 2002.

[172] Gimeno, J., Folta, T. B., Cooper, A. C. & Woo, C. Y. Survival of the Fittest? Entrepreneurial Human Capital and the Persistence of Underperforming Firms. Administrative Science Quarterly, 1997, 42 (4), 750 - 783.

[173] Ginsberg, A. Measuring and Modelling Changes in Strategy: Theoretical Foundations and Empirical Directions. Strategic Management Journal, 1988, 9 (6), 559 - 575.

[174] Goel, R. K. Innovation, market structure, and welfare: a Stackelberg model. Quarterly Review of Economics and Business, 1990, 30 (1), 40 - 54.

[175] Golden, B. R. & Zajac, E. J. When Will Boards Influence Strategy? Inclination x Power = Strategic Change. Strategic Management Journal, 2001, 22 (12), 1087 - 1111.

[176] Golder, P. N. & Tellis, G. J. Pioneer Advantage: Marketing Logic or Marketing Legend? Journal of Marketing Research, 1993, 30 (2), 158 - 170.

[177] Goll, I. & Rasheed, A. M. A. Rational decision-making and firm performance: the moderating role of the environment. Strategic Management Journal, 1997, 18 (7), 583-591.

[178] Gompers, P., Lerner, J. & Scharfstein, D. Entrepreneurial Spawning: Public Corporations and the Genesis of New Ventures, 1986 to 1999. The Journal of Finance, 2005, 60 (2), 577-614.

[179] Goodwin, V. L. & Ziegler, L. A Test of Relationships in a Model of Organizational Cognitive Complexity. Journal of Organizational Behavior, 1998, 19 (4), 371-386.

[180] Gort, M. & Klepper, S. Time Paths in the Diffusion of Product Innovations. The Economic Journal, 1982, 92 (367), 630-653.

[181] Grant, R. Toward a Knowledge-Based Theory of the Firm. Strategic Management Journal, 1996, 17, 109-122.

[182] Grant, R. M. Strategic Planning in a Turbulent Environment: Evidence from the Oil Majors. Strategic Management Journal, 2003, 24 (6), 491-517.

[183] Hambrick, D. C. & Mason, P. A. Upper Echelons: The Organization as a Reflection of Its Top Managers. Academy of Management Review, 1984, 9 (2), 193-206.

[184] Hamel, G. & Prahalad, C. K. Competing for the future: Breakthrough strategies for seizing control of your industry and creating the markets of tomorrow. Boston, MA: Harvard Business School Press, 1994.

[185] Hannan, M. T., Carroll, G. R., Dobrev, S. D. & Joon, H. Organizational Mortality in European and American Automobile Industries. Part I: Revisiting the Effects of Age and Size. European Sociological Review, 1998, 14 (3), 279-302.

[186] Hannan, M. T. & Freeman, J. The Population Ecology of Organizations. American Journal of Sociology, 1977, 82 (5), 929-964.

[187] Hannan, M. T. & Freeman, J. Structural Inertia and Organizational Change. American Sociological Review, 1984, 49 (2), 149-164.

[188] Hannan, M. T. & Freeman, J. Where Do Organizational Forms Come from? Sociological Forum, 1986, 1 (1), 50-72.

[189] Hannan, M. T. & Freeman, J. The Ecology of Organizational Mortality:

American Labor Unions, 1836 - 1985. American Journal of Sociology, 1988, 94 (1), 25 -52.

[190] Hargadon, A. & Sutton, R. I. Technology Brokering and Innovation in a Product Development Firm. Administrative Science Quarterly, 1997, 42 (4), 716 - 749.

[191] Harrison, J., Lin, Z., Carroll, G. & Carley, K. Simulation Modeling in Organizational and Management Research. The Academy of Management Review ARCHIVE, 2007, 32 (4), 1229 -1245.

[192] Hart, S. L. An Integrative Framework for Strategy-Making Processes. Academy of Management Review, 1992, 17 (2), 327 -351.

[193] Hayes, J. & Allinson, C. W. Cognitive Style and its Relevance for Management Practice. British Journal of Management, 1994, 5 (1), 53.

[194] Helfat, C. E. & Lieberman, M. B. The birth of capabilities: market entry and the importance of pre-history. Industrial and Corporate Change, 2002, 11 (4), 725 -760.

[195] Helfat, C. E. & Raubitschek, R. S. Product Sequencing: Co-Evolution of Knowledge, Capabilities and Products. Strategic Management Journal, 2000, 21 (10/11), 961 -979.

[196] Helfat, C. E. & Raubitschek, R. S. Product Sequencing: Co-Evolution of Knowledge, Capabilities and Products. Strategic Management Journal, 2000, 21 (10/11), 961 -979.

[197] Henderson, R. & Cockburn, I. Measuring Competence? Exploring Firm Effects in Pharmaceutical Research. Strategic Management Journal, 1994, 15, 63 -84.

[198] Henderson, R. M. & Clark, K. B. Architectural Innovation: The Reconfiguration of Existing Product Technologies and the Failure of Established Firms. Administrative Science Quarterly, 1990, 35 (1), 9 -30.

[199] Hickson, D., Butler, R., Cray, D., Mallory, G. & Wilson, D. Top decisions: Strategic decision making in organizations. San Francisco, CA: Jossey-Bass, 1986.

[200] Hiller, N. J. & Hambrick, D. C. Conceptualizing Executive Hubris: The

Role of (Hyper –) Core Self-Evaluations in Strategic Decision-Making. Strategic Management Journal, 2005, 26 (4), 297 – 319.

[201] Hitt, M. A. , Dacin, M. T. , Tyler, B. B. & Park, D. Understanding the Differences in Korean andU. S. Executives' Strategic Orientations. Strategic Management Journal, 1997, 18 (2), 159 – 167.

[202] Hitt, M. A. , Keats, B. W. & DeMarie, S. M. Navigating in the new competitive landscape: Building strategic flexibility and competitive advantage in the 21st century. The Academy of Management Executive, 1998, 12 (4), 22 – 42.

[203] Hodgkinson, G. P. , Bown, N. J. , Maule, A. J. , Glaister, K. W. & Pearman, A. D. Breaking the frame: an analysis of strategic cognition and decision making under uncertainty. Strategic Management Journal, 1999, 20 (10), 977 – 985.

[204] Hodgkinson, G. P. & Healey, M. P. Cognition in Organizations. Annual Review of Psychology, 2008, 59 (1), 387 – 417.

[205] Hodgkinson, G. P. & Johnson, G. Exploring the mental models of competitive strategists: The case for a processual approach. Journal of Management Studies, 1994, 31 (4), 525 – 552.

[206] Hodgkinson, G. P. & Thomas, A. B. Editorial introduction to the special issue: Thinking in organizations. Journal of Management Studies, 1997, 34 (6), 845 – 850.

[207] Holbrook, D. , Cohen, W. M. , Hounshell, D. A. & Klepper, S. The nature, sources, and consequences of firm differences in the early history of the semiconductor industry. Strategic Management Journal, 2000, 21 (10 – 11), 1017 – 1041.

[208] Holcomb, T. R. , Ireland, R. D. , Holmes Jr, R. M. & Hitt, M. A. Architecture of Entrepreneurial Learning: Exploring the Link Among Heuristics, Knowledge, and Action. Entrepreneurship Theory and Practice, 2009, 33 (1), 167 – 192.

[209] Hopkins, W. E. & Hopkins, S. A. Strategic Planning-Financial Performance Relationships in Banks: A Causal Examination. Strategic Management Journal, 1997, 18 (8), 635 – 652.

[210] Hough, J. R. & White, M. A. Environmental dynamism and strategic decision-making rationality: an examination at the decision level. Strategic Management Journal, 2003, 24 (5), 481 -489.

[211] Howell, W. C. Representation of frequency in memory. Psychological Bulletin, 1973, 80 (1), 44 -53.

[212] Hsu, D. H. What Do Entrepreneurs Pay for Venture Capital Affiliation? The Journal of Finance, 2004, 59 (4), 1805 -1844.

[213] Huff, A. S. Industry Influences on Strategy Reformulation. Strategic Management Journal, 1982, 3 (2), 119 -131.

[214] Huff, A. S. Managerial and organizational cognition: Islands of coherence. In K. G. Smith & M. A. Hitt (Eds.). Great minds in management: The process of theory development. Oxford, UK: Oxford University Press, 2006.

[215] Huff, A. S. & Jenkins, M. Mapping Strategic Knowledge. Thousand Oaks, London, CA: Sage, 2002.

[216] Hutzschenreuter, T. & Kleindienst, I. Strategy-Process Research: What Have We Learned and What Is Still to Be Explored. Journal of Management, 2006, 32 (5), 673 -720.

[217] Iaquinto, A. L. & Fredrickson, J. W. Top Management Team Agreement about the Strategic Decision Process: A Test of Some of Its Determinants and Consequences. Strategic Management Journal, 1997, 18 (1), 63 -75.

[218] Ingram, P. & Baum, J. A. C. Opportunity and Constraint: Organizations' Learning from the Operating and Competitive Experience of Industries. Strategic Management Journal, 1997, 18, 75 -98.

[219] Isabella, L. A. & Waddock, S. A. Top Management Team Certainty: Environmental Assessments, Teamwork, and Performance Implications. Journal of Management, 1994, 20 (4), 835 -858.

[220] Itami, H. & Numagami, T. Dynamic Interaction between Strategy and Technology. Strategic Management Journal, 1992, 13, 119 -135.

[221] Ito, K. Japanese Spinoffs: Unexplored Survival Strategies. Strategic Management Journal, 1995, 16 (6), 431 -446.

[222] Jackson, S. E. & Dutton, J. E. Discerning Threats and Opportuni-

ties. Administrative Science Quarterly, 1988, 33 (3), 370 - 387.

[223] Jacoby, L. L. A process dissociation framework: Separating automatic from intentional uses of memory. Journal of Memory and Language, 1991, 30 (5), 513 - 541.

[224] Jenkins, M. & Johnson, G. Entrepreneurial intentions and outcomes: A comparative causal mapping study. Journal of Management Studies, 1997, 34 (6), 895 - 920.

[225] Joshi, Y. V., Reibstein, D. J. & Zhang, Z. J. Optimal Entry Timing in Markets with Social Influence. Management Science, 2009, 55 (6), 926 - 939.

[226] Judge, W. Q. & Miller, A. Antecedents and Outcomes of Decision Speed in Different Environmental Context. Academy of Management Journal, 1991, 34 (2), 449 - 463.

[227] Kaghan, W. N., Strauss, A. L., Barley, S. R., Brannen, M. Y. & Thomas, R. J. The Practice and Uses of Field Research in the 21st Century Organization. Journal of Management Inquiry, 1999, 8 (1), 67 - 81.

[228] Kaghan, W. N., Strauss, A. L., Barley, S. R., Brannen, M. Y. & Thomas, R. J. The Practice and Uses of Field Research in the 21st Century Organization. Journal of Management Inquiry, 1999, 8 (1), 67 - 81.

[229] Kahneman, D. A perspective on judgment and choice-Mapping bounded rationality. American Psychologist, 2003, 58 (9), 697 - 720.

[230] Kahneman, D. & Frederick, S. Representativeness revisited: Attribute substitution in intuitive judgment. In T. Gilovich, D. Griffin, & Kahneman D. (Eds). Heuristics and biases. New York: Cambridge University Press, 2002.

[231] Kale, P. & Singh, H. Building Firm Capabilities through Learning: The Role of theAlliance Learning Process in Alliance Capability and Firm-Level Alliance Success. Strategic Management Journal, 2007, 28 (10), 981 - 1000.

[232] Kamel, M. & Michael, J. Does it pay to be a first mover in ecommerce? The case of Amazon. com. Management Decision, 2000, 38 (7), 445 - 452.

[233] Kaplan, S. Research in Cognition and Strategy: Reflections on Two Decades of Progress and a Look to the Future. Journal of Management Studies, 2011, 48 (3), 665 - 695.

[234] Katila, R. & Ahuja, G. Something Old, Something New: A Longitudinal Study of Search Behavior and New Product Introduction. The Academy of Management Journal, 2002, 45 (6), 1183 - 1194.

[235] Kauffman, S., Lobo, J. & Macready, W. G. Optimal search on a technology landscape. Journal of Economic Behavior & Organization, 2000, 43 (2), 141 - 166.

[236] Kauffman, S. A. & Weinberger, E. D. The NK model of rugged fitness landscapes and its application to maturation of the immune response. Journal of Theoretical Biology, 1989, 141 (2), 211 - 245.

[237] Kerin, R. A., Kalyanaram, G. & Howard, D. J. Product Hierarchy and Brand Strategy Influences on the Order of Entry Effect for Consumer Packaged Goods. Journal of Product Innovation Management, 1996, 13 (1), 21 - 34.

[238] Kerin, R. A., Varadarajan, P. R. & Peterson, R. A. First-Mover Advantage: A Synthesis, Conceptual Framework, and Research Propositions. The Journal of Marketing, 1992, 56 (4), 33 - 52.

[239] Khatri, N. & Ng, H. A. The Role of Intuition in Strategic Decision Making. Human Relations, 2000, 53 (1), 57 - 86.

[240] Khessina, O. M. Effects of entry mode and incumbency status on the rates of firm product innovation in the worldwide optical disk drive industry, 1983 - 1999. Working paper, University of California, Berkeley, 2002.

[241] Khessina, O. M. & Carroll, G. R. Product demography of de novo and de alio firms in the optical disk drive industry, 1983 - 1999. Organization Science, 2008, 19 (1), 25 - 38.

[242] Kim, W. C. & Mauborgne, R. Procedural Justice, Strategic Decision Making, and the Knowledge Economy. Strategic Management Journal, 1998, 19 (4), 323 - 338.

[243] Kimberly, J. R. Issues in the Creation of Organizations: Initiation, Innovation, and Institutionalization. Academy of Management Journal, 1979, 22 (3), 437 - 457.

[244] Kimberly, J. R. & Bouchikhi, H. The Dynamics of Organizational Development and Change: How the Past Shapes the Present and Constrains the Fu-

ture. Organization Science, 1995, 6 (1), 9 - 18.

[245] King, A. A. & Tucci, C. L. Incumbent Entry into New Market Niches: The Role of Experience and Managerial Choice in the Creation of Dynamic Capabilities. Management Science, 2002, 48 (2), 171 - 186.

[246] Klepper, S. Employee Startups in High-Tech Industries. Industrial and Corporate Change, 2001, 10 (3), 639 - 674.

[247] Klepper, S. Firm Survival and the Evolution of Oligopoly. The RAND Journal of Economics, 2002a, 33 (1), 37 - 61.

[248] Klepper, S. The capabilities of new firms and the evolution of the US automobile industry. Ind Corp Change, 2002b, 11 (4), 645 - 666.

[249] Klepper, S. & Graddy, E. The Evolution of New Industries and the Determinants of Market Structure. The RAND Journal of Economics, 1990, 21 (1), 27 - 44.

[250] Klepper, S. & Simons, K. L. Dominance by Birthright: Entry of Prior Radio Producers and Competitive Ramifications in the U. S. Television Receiver Industry. Strategic Management Journal, 2000, 21 (10/11), 997 - 1016.

[251] Klepper, S. & Sleeper, S. Entry by spinoffs. Management Science, 2005, 51 (8), 1291 - 1306.

[252] Kopel, M. & Loffler, C. Commitment, first-mover-, and second-mover advantage. Journal of Economics, 2008, 94 (2), 143 - 166.

[253] Kunc, M. H. & Morecroft, J. D. W. Managerial decision making and firm performance under a resource-based paradigm. Strategic Management Journal, 2010, 31 (11), 1164 - 1182.

[254] Lambkin, M. Order of entry and performance in new markets. Strategic Management Journal, 1988, 9 (S1), 127 - 140.

[255] Lampel, J. & Shamsie, J. Probing the Unobtrusive Link: Dominant Logic and the Design of Joint Ventures at General Electric. Strategic Management Journal, 2000, 21 (5), 593 - 602.

[256] Lant, T. K. , Milliken, F. J. & Batra, B. The Role of Managerial Learning and Interpretation in Strategic Persistence and Reorientation: An Empirical Exploration. Strategic Management Journal, 1992, 13 (8), 585 - 608.

[257] Lazear, E. P. Balanced Skills and Entrepreneurship. The American Economic Review, 2004, 94 (2), 208 -211.

[258] Lee, H. & Shin, H. -D. Which subfield to enter first?: The role of a firm's pre-entry experiences. Journal of Business Research, 2010, 63 (12), 1310 - 1316.

[259] Leiponen, A. & Helfat, C. E. Innovation objectives, knowledge sources, and the benefits of breadth. Strategic Management Journal, 2010, 31 (2), 224 -236.

[260] Levinthal, D. & March, J. The Myopia of Learning. Strategic Management Journal, 1993, 14, 95 -112.

[261] Levinthal, D. A. Adaptation on Rugged Landscapes. Management Science, 1997, 43 (7), 934 -950.

[262] Levitt, B. & March, J. G. Organizational Learning. Annual Review of Sociology, 1988, 14 (1988), 319 -340.

[263] Lieberman, M. B. & Montgomery, D. B. First-mover advantages. Strategic Management Journal, 1988, 9 (S1), 41 -58.

[264] Lieberman, M. B. & Montgomery, D. B. First-mover (dis) advantages: retrospective and link with the resource-based view. Strategic Management Journal, 1998, 19 (12), 1111 -1125.

[265] Lilien, G. L. & Yoon, E. The Timing of Competitive Market Entry: An Exploratory Study of New Industrial Products. Management Science, 1990, 36 (5), 568 -585.

[266] Lopez, L. E. & Roberts, E. B. First-mover advantages in regimes of weak appropriability: the case of financial services innovations. Journal of Business Research, 2002, 55 (12), 997 -1005.

[267] Louis, M. R. & Sutton, R. I. Switching Cognitive Gears: From Habits of Mind to Active Thinking. Human Relations, 1991, 44 (1), 55 -76.

[268] Lurigio, A. J. & Carroll, J. S. Probation officers'schemata of off enders: content, development, and impact on treatment decisions. Journal of Personality and Social Psychology, 1985, 48, 1112 -1126.

[269] Mahajan, V. & Muller, E. Timing, diffusion, and substitution of succes-

sive generations of technological innovations: The IBM mainframe case. Technological Forecasting and Social Change, 1996, 51 (2), 109 - 132.

[270] March, J. G. Rationality, foolishness, and adaptive intelligence. Strategic Management Journal, 2006, 27 (3), 201 - 214.

[271] March, J. G., Schultz, M. & Zhou, X. The Dynamics of Rules. Stanford, CA: Stanford University Press, 2000.

[272] March, J. G. & Shapira, Z. Managerial Perspectives on Risk and Risk Taking. Management Science, 1987, 33 (11), 1404 - 1418.

[273] March, J. G. & Simon, H. A. Organizations. New York: Wiley, 1958.

[274] Marginson, D. E. W. Management Control Systems and Their Effects on Strategy Formation at Middle-Management Levels: Evidence from aU. K. Organization. Strategic Management Journal, 2002, 23 (11), 1019 - 1031.

[275] Markóczy, L. Measuring Beliefs: Accept no Substitutes. Academy of Management Journal, 1997, 40 (5), 1228 - 1242.

[276] Martins, L. L. & Kambil, A. Looking Back and Thinking Ahead: Effects of Prior Success on Managers' Interpretations of New Information Technologies. The Academy of Management Journal, 1999, 42 (6), 652 - 661.

[277] McGahan, A. M. & Porter, M. E. How much does industry matter, really? Strategic Management Journal, 1997, 18, 15 - 30.

[278] Merino, F. & Rodríguez, D. R. A Consistent Analysis of Diversification Decisions with Non-Observable Firm Effects. Strategic Management Journal, 1997, 18 (9), 733 - 743.

[279] Miller, C. C., Burke, L. M. & Glick, W. H. Cognitive diversity among upper-echelon executives: implications for strategic decision processes. Strategic Management Journal, 1998, 19 (1), 39 - 58.

[280] Miller, C. C. & Cardinal, L. B. Strategic Planning and Firm Performance: A Synthesis of More Than Two Decades of Research. Academy of Management Journal, 1994, 37 (6), 1649 - 1665.

[281] Miller, C. C., Cardinal, L. B. & Glick, W. H. Retrospective Reports In Organizational Research: A Reexamination of Recent Evidence. Academy of Management Journal, 1997, 40 (1), 189 - 204.

[282] Miller, C. C. & Ireland, R. D. Intuition in strategic decision making: Friend or foe in the fast-paced 21st century? The Academy of Management Executive, 2005, 19 (1), 19 -30.

[283] Miller, D. Strategy Making and Structure: Analysis and Implications for Performance. TheAcademy of Management Journal, 1987, 30 (1), 7 -32.

[284] Miller, D. Relating Porter's Business Strategies to Environment and Structure: Analysis and Performance Implications. Academy of Management Journal, 1988, 31 (2), 280 -308.

[285] Miller, D. Stale in the Saddle: CEO Tenure and the Match between Organization and Environment. Management Science, 1991, 37 (1), 34 -52.

[286] Miller, D. & Friesen, P. H. Strategy-making and environment: The third link. Strategic Management Journal, 1983, 4 (3), 221 -235.

[287] Mintzberg, H. Crafting strategy. Harvard Business Review, 1987, 65 (4), 66 -75.

[288] Mintzberg, H. Strategy-Making in Three Modes. California Management Review, 1973, 16 (2), 44 -53.

[289] Mintzberg, H., Raisinghani, D. & Théorêt, A. The Structure of "Unstructured" Decision Processes. Administrative Science Quarterly, 1976, 21 (2), 246 -275.

[290] Mintzberg, H. & Waters, J. A. Of Strategies, Deliberate and Emergent. Strategic Management Journal, 1985, 6 (3), 257 -272.

[291] Mitchell, W. Whether and When? Probability and Timing of Incumbents' Entry into Emerging Industrial Subfields. Administrative Science Quarterly, 1989, 34 (2), 208 -230.

[292] Mitchell, W. Dual Clocks: Entry Order Influences on Incumbent and Newcomer Market Share and Survival When Specialized Assets Retain Their Value. Strategic Management Journal, 1991, 12 (2), 85 -100.

[293] Mol, M. J. & Birkinshaw, J. The sources of management innovation: When firms introduce new management practices. Journal of Business Research, 2009, 62 (12), 1269 -1280.

[294] Mol, M. J. & Birkinshaw, J. The sources of management innovation:

When firms introduce new management practices. Journal of Business Research, 2009, 62 (12), 1269 - 1280.

[295] Molloy, S. & Schwenk, C. R. The effects of information technology on strategic decision making. Journal of Management Studies, 1995, 32 (3), 283 - 311.

[296] Montgomery, C. A. & Hariharan, S. Diversified expansion by large established firms. Journal of Economic Behavior & Organization, 1991, 15 (1), 71 - 89.

[297] Moorman, C. & Miner, A. S. Organizational Improvisation and Organizational Memory. The Academy of Management Review, 1998, 23 (4), 698 - 723.

[298] Moorthy, S. & Polley, D. E. Technological knowledge breadth and depth: performance impacts. Journal of Knowledge Management, 2010, 14 (3), 359 - 377.

[299] Mueller, D. C. First-mover advantages and path dependence. International Journal of Industrial Organization, 1997, 15 (6), 827 - 850.

[300] Murthi, B. P. S., Srinivasan, K. & Kalyanaram, G. Controlling for Observed and Unobserved Managerial Skills in Determining First-Mover Market Share Advantages. Journal of Marketing Research, 1996, 33 (3), 329 - 336.

[301] Nadkarni, S. & Barr, P. S. Environmental context, managerial cognition, and strategic action: an integrated view. Strategic Management Journal, 2008, 29 (13), 1395 - 1427.

[302] Nadkarni, S. & Narayanan, V. K. The Evolution of Collective Strategy Frames in High-and Low-Velocity Industries. Organization Science, 2007, 18 (4), 688 - 710.

[303] Nadkarni, S. & Narayanan, V. K. Strategic schemas, strategic flexibility, and firm performance: the moderating role of industry clockspeed. Strategic Management Journal, 2007, 28 (3), 243 - 270.

[304] Nakata, C. & Sivakumar, K. Emerging market conditions and their impact on first mover advantages: An integrative review. International Marketing Review, 1997, 14 (6), 461 - 485.

[305] Narayanan, V. K., Zane, L. J. & Kemmerer, B. The Cognitive Perspec-

tive in Strategy: An Integrative Review. Journal of Management, 2011, 37 (1), 305 -351.

[306] Nehrt, C. Maintainability of First Mover Advantages When Environmental Regulations Differ between Countries. The Academy of Management Review, 1998, 23 (1), 77 -97.

[307] Nelson, R. R. & Winter, S. G. An Evolutionary Theory of Economic Change. Cambridge, MA: Harvard University Press, 1982.

[308] Nerkar, A. & Roberts, P. W. Technological and product-market experience and the success of new product introductions in the pharmaceutical industry. Strategic Management Journal, 2004, 25 (8 -9), 779 -799.

[309] Newell, A. , Shaw, J. C. & Simon, H. A. Elements of a theory of human problem solving. Psychological Review, 1958, 65 (3), 151 -166.

[310] Newell, A. & Simon, H. A. Human problem solving. Englewood Cliffs, NJ: Prentice-Hall, 1972.

[311] Nickerson, J. A. & Zenger, T. R. A Knowledge-Based Theory of the Firm—The Problem-Solving Perspective. Organization Science, 2004, 15 (6), 617 -632.

[312] Nisbett, R. & Ross, L. Human inference: Strategies and shortcomings of social judgment. Englewood Cliffs, NJ: Prentice-Hall, 1980.

[313] Nonaka, I. A Dynamic Theory of Organizational Knowledge Creation. Organization Science, 1994, 5 (1), 14 -37.

[314] Nonaka, I. & von Krogh, G. Perspective—Tacit Knowledge and Knowledge Conversion: Controversy and Advancement in Organizational Knowledge Creation Theory. Organization Science, 2009, 20 (3), 635 -652.

[315] Nordman, E. R. & Melén, S. The impact of different kinds of knowledge for the internationalization process of Born Globals in the biotech business. Journal of World Business, 2008, 43 (2), 171 -185.

[316] Nonaka, I. & Takeuchi, H. The Knowledge-Creating Company: How Japanese Companies Create the Dynamics of Innovation. Oxford, UK: Oxford University Press, 1995.

[317] Nunnally, J. C. Psychometric Theory. New York: McGraw Hill Book

Company, 1994.

[318] Nutt, P. C. The Formulation Processes and Tactics Used in Organizational Decision Making. Organization Science, 1993, 4 (2), 226 -251.

[319] Nutt, P. C. How Decision Makers Evaluate Alternatives and the Influence of Complexity. Management Science, 1998, 44 (8), 1148 -1166.

[320] Nutt, P. C. Expanding the Search for Alternatives during Strategic Decision-Making. The Academy of Management Executive (1993 - 2005), 2004, 18 (4), 13 -28.

[321] Osborne, J. D., Charles, I. S. & Arkalgud, R. Strategic groups and competitive enactment: a study of dynamic relationships between mental models and performance. Strategic Management Journal, 2001, 22 (5), 435 -454.

[322] Pant, P. N. & Lachman, R. A. N. Value incongruity and strategic choice. Journal of Management Studies, 1998, 35 (2), 195 -212.

[323] Pant, P. N. & Lachman, R. A. N. Value incongruity and strategic choice. Journal of Management Studies, 1998, 35 (2), 195 -212.

[324] Panzar, J. C. & Willig, R. D. Economies of Scope. The American Economic Review, 1981, 71 (2), 268 -272.

[325] Papadakis, V. & Barwise, P. (1998). Research on Strategic Decisions: Where Do We Go from Here? Strategic Decisions. V. Papadakis and P. Barwise, Springer US: 289 -302.

[326] Papadakis, V. M., Lioukas, S. & Chambers, D. Strategic decision-making processes: the role of management and context. Strategic Management Journal, 1998, 19 (2), 115 -147.

[327] Pearce, J. A., Freeman, E. B. & Robinson, R. B. The Tenuous Link Between Formal Strategic Planning and Financial Performance. Academy of Management Review, 1987, 12 (4), 658 -675.

[328] Perlow, L. A., Okhuysen, G. A. & Repenning, N. P. The Speed Trap: Exploring the Relationship Between Decision Making and Temporal Context. Academy of Management Journal, 2002, 45 (5), 931 -955.

[329] Peteraf, M. The Cornerstones of Competitive Advantage: A Resource-Based View. Strategic Management Journal, 1993, 14, 179 -191.

[330] Pettigrew, A. M. On Studying Managerial Elites. Strategic Management Journal, 1992, 13, 163 – 182.

[331] Pettigrew, A. M. What is a processual analysis? Scandinavian Journal of Management, 1997, 13 (4), 337 – 348.

[332] Patton, M. Q. Qualitative research and evaluation method. Thousand Oaks, CA: Sage, 2002.

[333] Pennings, J. M. Organizational strategy and change. San Francisco: Jossey-Bass, 1985.

[334] Penrose, E. T. The Theory of the Growth of the Firm. New York: Oxford University Press, 1995.

[335] Piattelli-Palmarini, M. Ever since language and learning: afterthoughts on the Piaget-Chomsky debate. Cognition, 1994, 50 (1 – 3), 315 – 346.

[336] Pol, H. & Deepak, K. D. CEO Experiences: Effects on the Choice of FDI Entry Mode. Journal of Management Studies, 2006, 43 (4), 755 – 778.

[337] Porac, J. F., Thomas, H. & Baden-Fuller, C. Competitive groups as cognitive communities: the case of scottish knitwear manufacturers. Journal of Management Studies, 1989, 26 (4), 397 – 416.

[338] Porac, J. F. & Thomas, H. Managing cognition and strategy: Issues, trends and future directions. In Pettigrew, A. M., Thomas, H. & Whittington R. (Eds.). Handbook of strategy and management. London: Sage, 2002.

[339] Porter, M. E. Competitive Strategy. New York: The Free Press, 1980.

[340] Porter, M. E. Competitive advantage: Creating and sustaining superior performance. New York: The Free Press, 1985.

[341] Powell, T. C., Lovallo, D. & Fox, C. R. Behavioral strategy. Strategic Management Journal, 2011, 32 (13), 1369 – 1386.

[342] Prabhu, J. C., Chandy, R. K. & Ellis, M. E. The Impact of Acquisitions on Innovation: Poison Pill, Placebo, or Tonic? Journal of Marketing, 2005, 69 (1), 114 – 130.

[343] Prahalad, C. K. & Bettis, R. A. The Dominant Logic: A New Linkage between Diversity and Performance. Strategic Management Journal, 1986, 7 (6), 485 – 501.

[344] Prencipe, A. Breadth and depth of technological capabilities in CoPS: the case of the aircraft engine control system. Research Policy, 2000, 29 (7-8), 895-911.

[345] Priem, R. L., Rasheed, A. M. A. & Kotulic, A. G. Rationality in strategic decision processes, environmental dynamism and firm performance. Journal of Management, 1995, 21 (5), 913-929.

[346] Quinn, J. B. Strategic change: logical incrementalism. Sloan Management Review, 1978, 20 (1): 7-23.

[347] Quinn, J. B. Strategies for change: Logical incrementalism. Homewood, IL: Irwin, 1980.

[348] Raisch, S., Birkinshaw, J., Probst, G. & Tushman, M. L. Organizational Ambidexterity: Balancing Exploitation and Exploration for Sustained Performance. Organization Science, 2009, 20 (4), 685-695.

[349] Rajagopalan, N., Rasheed, A. M. A. & Datta, D. K. Strategic decision processes: Critical review and future directions. Journal of Management, 1993, 19 (2), 349-384.

[350] Rajagopalan, N. & Spreitzer, G. M. Toward a theory of strategic change: a multi-lens perspective and integrative framework. Academy of Management Review, 1997, 22 (1), 48-79.

[351] Rao, H. The Social Construction of Reputation: Certification Contests, Legitimation, and the Survival of Organizations in the American Automobile Industry: 1895 - 1912. Strategic Management Journal, 1994, 15 (S1), 29-44.

[352] Reger, R. K. & Huff, A. S. Strategic Groups: A Cognitive Perspective. Strategic Management Journal, 1993, 14 (2), 103-123.

[353] Rindova, V. P. What Corporate Boards have to do with Strategy: A Cognitive Perspective. Journal of Management Studies, 1999, 36 (7), 953-975.

[354] Rindova, V. P. & Petkova, A. P. When Is a New Thing a Good Thing? Technological Change, Product Form Design, and Perceptions of Value for Product Innovations. Organization Science, 2007, 18 (2), 217-232.

[355] Rivkin, J. W. & Siggelkow, N. Balancing search and stability: Interdependencies among elements of organizational design. Management Science, 2003, 49

(3), 290 -311.

[356] Robertson, I. T. Human information-processing strategies and style. Behaviour & Information Technology, 1985, 4 (1), 19 -29.

[357] Robertson, S. Ian 著，张奇译．问题解决心理学．北京：中国轻工业出版社，2004.

[358] Robinson, J. The Economics of Imperfect Competition. London: Macmilla, 1933.

[359] Robinson, W. T. & Chiang, J. Product development strategies for established market pioneers, early followers, and late entrants. Strategic Management Journal, 2002, 23 (9), 855 -866.

[360] Robinson, W. T. & Fornell, C. Sources of Market Pioneer Advantages in Consumer Goods Industries. Journal of Marketing Research, 1985, 22 (3), 305 -317.

[361] Robinson, W. T., Fornell, C. & Sullivan, M. Are market pioneers intrinsically stronger than later entrants? Strategic Management Journal, 1992, 13 (8), 609 -624.

[362] Robinson, W. T. & Min, S. Is the First to Market the First to Fail? Empirical Evidence for Industrial Goods Businesses. Journal of Marketing Research, 2002, 39 (1), 120 -128.

[363] Rogers, P. R., Miller, A. & Judge, W. Q. Using Information-Processing Theory to Understand Planning/Performance Relationships in the Context of Strategy. Strategic Management Journal, 1999, 20 (6), 567 -577.

[364] Roland, C., Johnson, G. & Sarnin, P. CEOs' Cognitive Maps and the Scope of the Organization. Strategic Management Journal, 1994, 15 (6), 437 -457.

[365] Ron, A. & Helfat, C. E. Corporate Effects and Dynamic Managerial Capabilities. Strategic Management Journal, 2003, 24 (10), 1011 -1025.

[366] Ruder, M. & Bless, H. Mood and the reliance on the ease of retrieval heuristic. Journal of personality and social psychology, 2003, 85 (1), 20 -32.

[367] Rumelt, R. P. How much does industry matter? Strategic Management Journal, 1991, 12 (3), 167 -185.

[368] Salancik, G. R. & Pfeffer, J. Who gets power — and how they hold on to it: A strategic-contingency model of power. Organizational Dynamics, 1977, 5 (3), 3 -21.

[369] Sampson, R. C. Experience Effects and Collaborative Returns in R&D Alliances. Strategic Management Journal, 2005, 26 (11), 1009 -1031.

[370] Sanderson, S. W. Uzumeri, M. The Innovation Imperative: Strategies for Managing Product Models and Families. Richard D. Irwin: Chicago, IL, 1997.

[371] Sastry, M. A. Problems and Paradoxes in a Model of Punctuated Organizational Change. Administrative Science Quarterly, 1997, 42 (2), 237 -275.

[372] Savage, L. J. The Foundations of Statistics. New York: Dover, 1954.

[373] Schnaars, S. P. Managing imitation strategies: How late entrants seize marketing from pioneers. New York: The Free Press, 1994.

[374] Schendel, D. Introduction to the Summer 1992 Special Issue on "Strategy Process Research". Strategic Management Journal, 1992, 13, 1 -4.

[375] Schoenecker, T. S. & Cooper, A. C. The role of firm resources and organizational attributes in determining entry timing: a cross-industry study. Strategic Management Journal, 1998, 19 (12), 1127 -1143.

[376] Schumpeter, J. A. The theory of economic development. Cambridge, MA: Harvard University Press, 1934.

[377] Schwenk, C. R. Cognitive simplification processes in strategic decision-making. Strategic Management Journal, 1984, 5 (2), 111 -128.

[378] Schwenk, C. R. Management illusions and biases: Their impact on strategic decisions. Long Range Planning, 1985, 18 (5), 74 -80.

[379] Shamsie, J., Phelps, C. & Kuperman, J. Better Late than Never: A Study of Late Entrants in Household Electrical Equipment. Strategic Management Journal, 2004, 25 (1), 69 -84.

[380] Shane, S. Prior Knowledge and the Discovery of Entrepreneurial Opportunities. Organization Science, 2000, 11 (4), 448 -469.

[381] Shane, S. & Toby, S. Organizational Endowments and the Performance of University Start-Ups. Management Science, 2002, 48 (1), 154 -170.

[382] Shankar, V., Carpenter, G. S. & Krishnamurthi, L. Late Mover Advan-

tage: How Innovative Late Entrants Outsell Pioneers. Journal of Marketing Research, 1998, 35 (1), 54 –70.

[383] Shanteau, J. How much information does an expert use? Is it relevant? Acta Psychologica, 1992, 81 (1), 75 –86.

[384] Shapira, Z. Risk Taking: A Managerial Perspective. New York: Russell Sage Foundation, 1995.

[385] Shapiro, C. & Varian H. R. Information Rules. Boston, MA: Harvard Business School Press, 1998.

[386] Sharfman, M. P. & Dean, J. W. Conceptualizing and Measuring the Organizational Environment: A Multidimensional Approach. Journal of Management, 1991, 17 (4), 681 –700.

[387] Shepherd, D. The new direct marketing. Glencoe, MO: McGraw-Hill Publishing, 1999.

[388] Shrader, C. B., Taylor, L. & Dalton, D. R. Strategic Planning and Organizational Performance: A Critical Appraisal. Journal of Management, 1984, 10 (2), 149 –171.

[389] Siggelkow, N. Evolution toward Fit. Administrative Science Quarterly, 2002, 47 (1), 125 –159.

[390] Silverman, B. S. Technological Resources and the Direction of Corporate Diversification: Toward an Integration of the Resource-Based View and Transaction Cost Economics. Management Science, 1999, 45 (8), 1109 –1124.

[391] Simon, H. A. A Behavioral Model of Rational Choice. The Quarterly Journal of Economics, 1955, 69 (1), 99 –118.

[392] Simon, H. A. Invariants of Human Behavior. Annual Review of Psychology, 1990, 41 (1), 1 –20.

[393] Simon, H. A. Bounded Rationality and Organizational Learning. Organization Science, 1991, 2 (1), 125 –134.

[394] Simon, H. A. What Is an "Explanation" of Behavior? Psychological Science, 1992, 3 (3), 150 –161.

[395] Simon, H. A., Dantzig, G. B., Hogarth, R., Plott, C. R., Raiffa, H., Schelling, T. C., Shepsle, K. A., Thaler, R., Tversky, A. & Winter,

S. Decision Making and Problem Solving. Interfaces, 1987, 17 (5), 11 -31.

[396] Simon, H. A. & Newell, A. Human problem solving: The state of the theory in 1970. American Psychologist, 1971, 26 (2), 145 -159.

[397] Simons, T. & Roberts, P. W. Local and non-local pre-founding experience and new organizational form penetration: The case of the Israeli wine industry. Administrative Science Quarterly, 2008, 53 (2), 235 -265.

[398] Sinclair, M. & Ashkanasy, N. M. Intuition: Myth or a Decision-making Tool? Management Learning, 2005, 36 (3), 353 -370.

[399] Sine, W. D., Haveman, H. A. & Tolbert, P. S. Risky Business? Entrepreneurship in the New Independent-Power Sector. Administrative Science Quarterly, 2005, 50 (2), 200 -232.

[400] Sine, W. D., Mitsuhashi, H. & Kirsch, D. A. Revisiting Burns And Stalker: Formal Structure And New Venture Performance In Emerging Economic Sectors. Academy of Management Journal, 2006, 49 (1), 121 -132.

[401] Smircich, L. & Stubbart, C. Strategic Management in an Enacted World. Academy of Management Review, 1985, 10 (4), 724 -736.

[402] Smith, K. G., Collins, C. J. & Clark, K. D. Existing Knowledge, Knowledge Creation Capability, and the Rate of New Product Introduction in High-Technology Firms. The Academy of Management Journal, 2005, 48 (2), 346 -357.

[403] Song, M., Calantone, R. J. & Benedetto, C. A. D. Competitive Forces and Strategic Choice Decisions: An Experimental Investigation in the United States and Japan. Strategic Management Journal, 2002, 23 (10), 969 -978.

[404] Sorenson, O. Letting the market work for you: an evolutionary perspective on product strategy. Strategic Management Journal, 2000, 21 (5), 577 -592.

[405] Sorros, G. The Crash of 2008 and What It Means: The New Paradigm for Financial Markets. New York: Public Affairs, 2009.

[406] Spencer, B. J. & Brander, J. A. International R & D Rivalry and Industrial Strategy. The Review of Economic Studies, 1983, 50 (4), 707 -722.

[407] Spender, J. C. Making Knowledge the Basis of a Dynamic Theory of the Firm. Strategic Management Journal, 1996, 17, 45 -62.

[408] Stanovich, K. E. & West, R. F. Individual differences in reasoning: Im-

plications for the rationality debate? Behavioral and Brain Sciences, 2000, 23 (5), 645 - 665.

[409] Starbuck, W. H. Learning by knowledge-intensive firms. Journal of Management Studies, 1992, 29 (6), 713 - 740.

[410] Starbuck, W. H. & Milliken, F. J. Challenger: Fine-tuning the odds until something breaks. Journal of Management Studies, 1988, 25 (4), 319 - 340.

[411] Staw, B. M. Dressing Up Like an Organization: When Psychological Theories Can Explain Organizational Action. Journal of Management, 1991, 17 (4), 805 - 819.

[412] Sternberg, Robert J. 著，杨炳钧，陈燕，邹枝玲译．认知心理学．北京：中国轻工业出版社，2006.

[413] Stinchcombe, A. Social structure and organizations. In March J. G. (Ed.). Handbook of organizations. Chicago: Rand McNally, 1965.

[414] Stuart, R. W. & Abetti, P. A. Impact of entrepreneurial and management experience on early performance. Journal of Business Venturing, 1990, 5 (3), 151 - 162.

[415] Suarez, F. F. & Lanzolla, G. The role of environmental dynamics in building a first mover advantage theory. Academy of Management Review, 2007, 32 (2), 377 - 392.

[416] Sull, D. N. The Dynamics of Standing Still: Firestone Tire & Rubber and the Radial Revolution. Business History Review, 1999, 73 (03), 430 - 464.

[417] Sutcliffe, K. M. What Executives Notice: Accurate Perceptions in Top Management Teams. The Academy of Management Journal, 1994, 37 (5), 1360 - 1378.

[418] Sutcliffe, K. M. Organizational environments and organizational information processing. In Jablin, F. M. & Putnam, L. L. (Eds.). The New Handbook of Organizational Communication. Thousand Oaks, CA: Sage, 2000.

[419] Szymanski, D. M., Troy, L. C. & Bharadwaj, S. G. Order of Entry and Business Performance: An Empirical Synthesis and Reexamination. The Journal of Marketing, 1995, 59 (4), 17 - 33.

[420] Tan, J. J. & Litschert, R. J. Environment-Strategy Relationship and Its

Performance Implications: An Empirical Study of the Chinese Electronics Industry. Strategic Management Journal, 1994, 15 (1), 1 -20.

[421] Teece, D. & Pisano, G. The Dynamic Capabilities of Firms: an Introduction. Industrial and Corporate Change, 1994, 3 (3), 537 -556.

[422] Teece, D. J. Profiting from technological innovation: Implications for integration, collaboration, licensing and public policy. Research Policy, 1986, 15 (6), 285 -305.

[423] Teece, D. J., Pisano, G. & Shuen, A. Dynamic capabilities and strategic management. Strategic Management Journal, 1997, 18 (7), 509 -533.

[424] Tellis, G. J. & Golder, P. N. First to market, first to fail? Real causes of enduring market leadership. MIT Sloan Management Review, 1996, 37 (2), 65 -75.

[425] Tihanyi, L., Ellstrand, A. E., Daily, C. M. & Dalton, D. R. Composition of the Top Management Team and Firm International Diversification. Journal of Management, 2000, 26 (6), 1157 -1177.

[426] Tordesillas, R. S. & Chaiken, S. Thinking too Much or too Little? The Effects of Introspection on the Decision-Making Process. Personality and Social Psychology Bulletin, 1999, 25 (5), 625 -631.

[427] Tripsas, M. Unraveling the Process of Creative Destruction: Complementary Assets and Incumbent Survival in the Typesetter Industry. Strategic Management Journal, 1997, 18, 119 -142.

[428] Tripsas, M. & Gavetti, G. Capabilities, Cognition, and Inertia: Evidence from Digital Imaging. Strategic Management Journal, 2000, 21 (10/11), 1147 -1161.

[429] Tsai, W. Knowledge Transfer in Intraorganizational Networks: Effects of Network Position and Absorptive Capacity on Business Unit Innovation and Performance. Academy of Management Journal, 2001, 44 (5), 996 -1004.

[430] Tversky, A. & Kahneman, D. Judgment under Uncertainty: Heuristics and Biases. Science, 1974, 185 (4157), 1124 -1131.

[431] Tversky, A. & Kahneman, D. Judgment under Uncertainty: Heuristics and Biases. Science, 1974, 185 (4157), 1124 -1131.

[432] Urban, G. L. , Carter, T. , Gaskin, S. & Mucha, Z. Market Share Rewards to Pioneering Brands: An Empirical Analysis and Strategic Implications. Management Science, 1986, 32 (6), 645 -659.

[433] Utterback, J. M. Mastering the Dynamics of Innovation. Boston: HBS Press, 1994.

[434] Utterback, J. M. & Abernathy, W. J. A dynamic model of process and product innovation. Omega, 1975, 3 (6), 639 -656.

[435] Utterback, J. M. & Suárez, F. F. Innovation, competition, and industry structure. Research Policy, 1993, 22 (1), 1 -21.

[436] VanderWerf, P. A. & Mahon, J. F. Meta-Analysis of the Impact of Research Methods on Findings of First-Mover Advantage. Management Science, 1997, 43 (11), 1510 -1519.

[437] Veliyath, R. Strategic planning: Balancing short-run performance and longer term prospects. Long Range Planning, 1992, 25 (3), 86 -97.

[438] Veliyath, R. & Shortell, S. M. Strategic orientation, strategic planning system characteristics and performance. Journal of Management Studies, 1993, 30 (3), 359 -381.

[439] Venkatraman, N. & Grant, J. H. Construct Measurement in Organizational Strategy Research: A Critique and Proposal. Academy of Management Review, 1986, 11 (1), 71 -87.

[440] Walsh, J. P. Managerial and Organizational Cognition: Notes from a Trip Down Memory Lane. Organization Science, 1995, 6 (3), 280 -321.

[441] Wan, W. P. & Hoskisson, R. E. Home Country Environments, Corporate Diversification Strategies, and Firm Performance. Academy of Management Journal, 2003, 46 (1), 27 -45.

[442] Wang, J. - C. Investigating market value and intellectual capital for S&P 500. Journal of Intellectual Capital, 2008, 9 (4), 546 -563.

[443] Ward, T. B. Cognition, creativity, and entrepreneurship. Journal of Business Venturing, 2004, 19 (2), 173 -188.

[444] Washington, M. & Ventresca, M. J. How Organizations Change: The Role of Institutional Support Mechanisms in the Incorporation of Higher Education

Visibility Strategies, 1874 - 1995. Organization Science, 2004, 15 (1), 82 -97.

[445] Weick, K. E. Sensemaking in organizations. Thousand Oaks, CA: Sage, 1995.

[446] Wernerfelt, B. A Resource-Based View of the Firm. Strategic Management Journal, 1984, 5 (2), 171 -180.

[447] Wiersema, M. F. & Bird, A. Organizational Demography in Japanese Firms: Group Heterogeneity, Individual Dissimilarity, and Top Management Team Turnover. Academy of Management Journal, 1993, 36 (5), 996 -1025.

[448] Wiley, J. Expertise as mental set: The effects of domain knowledge in creative problem solving. Memory & Cognition (pre -2011), 1998, 26 (4), 716 - 730.

[449] Wilson, L. O. & Norton, J. A. Optimal Entry Timing for a Product Line Extension. Marketing Science, 1989, 8 (1), 1 -17.

[450] Winter, S. G. & Szulanski, G. Replication as Strategy. Organization Science, 2001, 12 (6), 730 -743.

[451] Withane, S. How strategy changes through the public sector growth cycle. Long Range Planning, 1997, 30 (5), 689 -698.

[452] Woolhouse, L. S. & Bayne, R. Personality and the use of intuition: individual differences in strategy and performance on an implicit learning task. European Journal of Personality, 2000, 14 (2), 157 -169.

[453] Woolridge, J. R. & Snow, C. C. Stock Market Reaction to Strategic Investment Decisions. Strategic Management Journal, 1990, 11 (5), 353 -363.

[454] Wu, J. & Shanley, M. T. Knowledge stock, exploration, and innovation: Research on the United States electromedical device industry. Journal of Business Research, 2009, 62 (4), 474 -483.

[455] Yasai-Ardekani, M. & Nystrom, P. C. Designs for Environmental Scanning Systems: Tests of a Contingency Theory. Management Science, 1996, 42 (2), 187 -204.

[456] Yonelinas, A. Recognition memory ROCs for item and associative information: The contribution of recollection and familiarity. Memory & Cognition, 1997, 25 (6), 747 -763.

[457] Zahra, S. A. & Bogner, W. C. Technology strategy and software new ventures' performance: Exploring the moderating effect of the competitive environment. Journal of Business Venturing, 2000, 15 (2), 135 - 173.

[458] Zahra, S. A. & George, G. Absorptive Capacity: A Review, Reconceptualization, and Extension. Academy of Management Review, 2002, 27 (2), 185 - 203.

[459] Zahra, S. A., Ireland, R. D. & Hitt, M. A. International Expansion by New Venture Firms: International Diversity, Mode of Market Entry, Technological Learning, and Performance. The Academy of Management Journal, 2000, 43 (5), 925 - 950.

[460] Zahra, S. A., Neubaum, D. O. & El-Hagrassey, G. M. Competitive Analysis and New Venture Performance: Understanding the Impact of Strategic Uncertainty and Venture Origin *. Entrepreneurship Theory and Practice, 2002, 27 (1), 1 - 28.

[461] Zhang, J., Baden-Fuller, C. & Mangematin, V. Technological knowledge base, R&D organization structure and alliance formation: Evidence from the biopharmaceutical industry. Research Policy, 2007, 36 (4), 515 - 528.

[462] Zhang, S. & Markman, A. B. Overcoming the Early Entrant Advantage: The Role of Alignable and Nonalignable Differences. Journal of Marketing Research, 1998, 35 (4), 413 - 426.

[463] Zhou, K. Z. & Li, C. B. How knowledge affects radical innovation: Knowledge base, market knowledge acquisition, and internal knowledge sharing. Strategic Management Journal, 2012, 33 (9), 1090 - 1102.

[464] 艾肯鲍姆著，周仁来等译．记忆的认知神经科学——导论．北京：北京师范大学出版社，2008.

[465] 安德森著，秦裕林等译．认知心理学及其启示．北京：人民邮电出版社，2012.

[466] 陈禹．复杂性研究的新动向——基于主体的建模方法及其启迪．系统辩证学学报，2003，11 (1)，43 - 50.

[467] 丹尼尔·卡尼曼，保罗·斯洛维奇和阿莫斯·特沃斯基著，方文，吴新利和张擎译．不确定状况下的判断：启发式和偏差．北京：中国人民大学

出版社，2007.

[468] 德维利斯著，魏勇刚，席仲恩，龙长权译．量表编制：理论与应用．重庆：重庆大学出版社，2010.

[469] 福勒著，蒋逸民译．调查问卷的设计与评估．重庆：重庆大学出版社，2010.

[470] 高鸿业．西方经济学．北京：中国人民大学出版社，2000.

[471] 哥德·吉戈伦尔等著，刘永芳译．简捷启发式——让我们更精明．上海：华东师范大学出版社，2002.

[472] 郭力平，杨治良．关于再认双加工机制的实验——反应速度的影响研究．心理科学，2000，23（5），567－570.

[473] 黄芳铭．结构方程模式理论与应用．北京：中国税务出版社，2005.

[474] 侯杰泰．结构方程模型及其应用．北京：教育科学出版社，2005.

[475] 李岩松，周仁来．再认记忆双加工的理论模型及研究方法．北京师范大学学报（自然科学版），2008，44（3），243－246.

[476] 罗伯特·殷（Robert K. Yin）著，周海涛译．案例研究方法的应用．重庆：重庆大学出版社，2009.

[477] 罗伯特·殷（Robert K. Yin）著，周海涛、李永贤、李虔译．案例研究：设计与方法．重庆：重庆大学出版社，2010.

[478] 罗胜强，姜嬿．单维构念与多维构念的测量．In 陈晓萍，徐淑英和攀景立主编．组织与管理研究的实证方法．北京：北京大学出版社，2008.

[479] 吉仁泽著，刘永芳译．适应性思维：现实世界中的理性．上海：上海教育出版社，2006.

[480] 奥利弗·E. 威廉姆森著，姚海鑫，邢源源译．企业的性质：起源演变和发展．北京：商务印书馆，2007.

[481] 彭学兵．基于知识观的技术创业组织方式选择研究．博士学位论文，浙江大学，2008.

[482] 邱皓政，林碧芳．结构方程模型的原理与应用．北京：中国轻工业出版社，2009.

[483] 司马贺著，荆其诚，张厚粲译．人类的认知——思维的信息加工理论．北京：科学出版社，1986.

[484] 苏东水．产业经济学．北京：高等教育出版社，2000.

［485］温忠麟，刘红云，侯杰泰．调节效应和中介效应分析．北京：教育科学出版社，2012.

［486］吴明隆．问卷统计分析实务：SPSS 操作与应用．重庆：重庆大学出版社，2010.

［487］约翰·H. 霍兰（JohnH. Holland）著，周晓牧、韩晖译．隐秩序．上海：上海科技教育出版社，2000.

［488］张钢，薄秋实．问题解决中的启发式：一个整合性的理论框架．自然辨证法通讯，2012，34（6），55－67.

［489］张钢，薄秋实．产业进入时机研究述评．科技进步与对策，2012，29（8），149－154.

［490］张文彤．SPSS 统计分析高级教程．北京：高等教育出版社，2004.